KB141420

# 미국서부
# 맥주산책

# 미국 서부 맥주 산책

초판 1쇄 발행 2020년 1월 20일

지은이 이현수
감   수 손형진
발행인 조상현
마케팅 조정빈
편집인 김주연
디자인 Design IF
일러스트 김정은
펴낸곳 더디퍼런스

등록번호 제2018-000177호
주소 경기도 고양시 덕양구 큰골길 33-170
문의 02-712-7927
팩스 02-6974-1237
이메일 thedibooks@naver.com
홈페이지 www.thedifference.co.kr

ISBN 979-11-6125-241-4

〈일러두기〉
1. 한국에 맥주 수입 여부는 2020년 1월 기준이므로 이후 변동이 있을 수 있습니다.
2. 일부 구어체의 표현(치맥, 피맥, 감맥 등)이 사용되었음을 밝힙니다.

맥주덕후를 위한 달콤쌉싸름한 미국 여행

# 미국 서부 맥주 산책

이현수 지음

더디퍼런스

# 맥주에 대한 열정을 채워 준
# 미국 서부 맥주 산책

'맥주' 하면 떠오르는 나라는 여러 곳이 있지만 '맥주 최강국'을 꼽으라고 하면 나는 단연 벨기에와 미국을 꼽는다.

벨기에는 다양한 스타일의 맥주를 만들며 전통 방식을 활용한 맥주가 많다. 또한 맥주의 최고봉으로 꼽히는 트라피스트 맥주가 가장 많은 나라이기도 하다.

미국은 두말없이 크래프트 맥주의 최강자로 역사는 짧지만 전 세계 맥주 트렌드를 이끌어 가는 나라이다.

벨기에를 중심으로 인근 나라인 네덜란드와 룩셈부르크까지 알차게 다녀온 지난 베네룩스 맥주 산책. 매우 즐겁고 만족스러운 여행이었지만 맥주에 대한 열정이 가득 차 있는 나로서는 가슴 한 켠에 아쉬움이 남았다. 일상생활로 돌아와 미국 맥주를 즐겨 마시며, 나머지 채워지지 않은 아쉬움을 위해 미국을 가야겠다는 결론에 도달했다. 일정을 쪼개

★★★★★★★★★★★★★★★★★★★★★★★★★★★★★★★★★★★★★★★★★

고 쪼개서 마침내 2주간 긴 휴가를 마련했고, 미국 서부와 동부 중 고민 끝에 서부 지역을 둘러보기로 결정했다. 미국 서부 맥주 산책을 통해 마침내 맥주에 대한 열정을 가득 채울 수 있었다.

　이 책은 맥주를 좋아하는 사람이라면 꼭 방문해야 하는 맥주 명소를 도시별로 정리하였고, 꼭 마셔 봐야 할 맥주 추천 및 주문 팁 등을 담았다. 브루어리와 펍에 얽혀 있는 이야기와 미국 맥주 역사에 대해 소개하며, 쉬어가는 코너인 산책로 쉼터에서는 보다 깊은 맥주 지식도 얻을 수 있다. 뿐만 아니라 도시별 볼거리와 먹거리, 교통수단 등을 소개하고 여행 준비사항부터 일정까지 담아 여행자를 위한 친절한 안내서가 될 것이다. 미국 서부를 방문하는 여행자뿐 아니라 미국 맥주 이야기에 관심 있는 사람이라면 이 책과 함께 맥주 산책을 떠나 보자.

# Contents

## COURSE 6  로스앤젤레스

## COURSE 7 샌디에고

## COURSE 8 맥주 산책 준비하기

일정 짜기 | ESTA | 숙소 | 렌터카 | 우버 | 유심 | 환전 | 전압
맥주 평가 사이트 | 한국 입국 시 맥주 반입

# AMERICAN
# BEER

COURSE 1

# 미국 맥주 이야기

# 미국 크래프트 맥주 역사

### 크래프트 맥주 시기 이전

크래프트 맥주에 관심 있는 사람이라면 현재의 맥주 산업은 미국이 선도 역할을 한다는 점을 부정하지 않을 것이다. 하지만 몇 년 전만 하더라도 맛없는 맥주를 맛보고 싶다면 미국 맥주를 집으라는 농담이 있었다. 2010년경 초창기 맥주 창고에서는 비슷한 맛을 가진 미국 맥주가 즐비했다. 크래프트 맥주가 미국에서 태동할 때, 새로운 맥주에 관심을 가진 사람들 또한 같은 생각이었다. 맛이 '나쁜' 것이 아니라 '없는', 천편일률적인 스타일의 황금색 라거를 혐오하고, 이

최초의 황금색 라거, 필스너 우르켈

런 맥락에서 '맛없는 맥주를 마시기에는 인생이 짧다Life is too short to drink bad beer' 같은 표어가 생기기도 했다.

　크래프트 맥주 업계에서 황금색 라거는 어느새 '맛없는', '저렴한', '대중적인', '대기업의'라는 의미를 내포한 것처럼 여겨지지만, 실은 이 스타일이 맥주라는 발효주를 대변하게 된 것은 그리 오래된 일이 아니다. 오히려 황금색 라거는 개발 당시 엄청난 히트상품이었다. 황금색 라거의 원형이라 할 수 있는 체코 필스너는 1842년 체코의 도시 필젠에서 조셉 그롤Josef groll이 처음 개발했다. 그 전에는 황금색 라거가 없었냐고? 없었다. 1800년대 이전에는 필스너만큼 옅은

색의 몰트를 제조하는 기술이 없었기 때문이다. 대중적인 가격으로 보급되기 시작한 유리잔에 황금색 맥주를 담아 마시는 건 곧 세계적인 유행이 되었다. 그러면서 새로운 유행에 부합하는 맥주 스타일이 개발되었다. 저먼 필스, 쾰시, 벨지안 블론드, 벨지안 골든 스트롱 등이 이런 흐름에서 만들어진 것이다.

미국 초기 이민자들은 안정적인 식수를 확보하기 위해 맥주를 만들었다. 발효된 맥주가 나쁜 물보다 덜 해롭다는 것을 경험으로 알고 있었기 때문이다. 그래서 미국에 온 이민자들은 수자원을 확보하면 곧 맥주를 양조해서 마셨다. 1800년부터 1900년대에 이르기까지 유럽 사람들은 새로운 기회를 찾아 미국으로 이민했다. 이 가운데 독일 출신이 있었고, 그중 양조사도 있었다. 독일 양조사들이 주축이 되어 미국에도 맥주 회사가 만들어지기 시작했다. 잉링Yuengling, 1829, 팝스트Pabst, 1844, 안호이저부시Anheuser-Busch, 1854, 밀러Miller, 1855 등은 생산 과정을 자동화하고 대형화하면서 사세를 크게 확장한다. 한편 1870년에 개발된 저온살균법과 1876년에 개발된 냉장 기술, 1979년에 개발된 암모니아를 촉매로 이용한 냉동기의 발명 등은 맥주를 산업으로 만드는 데 큰 기여를 하였다. 저렴하고 시원한 맥주를 마시기 위해 사람들은 기꺼이 돈을 지불했고, 맥주 회사는 큰 돈을 벌었다.

미국 맥주 산업은 빠른 속도로 성장했지만 이로 인해 사회적인 문제가 발생

밀러의 청량음료 라벨

한다고 우려하는 사람들도 많아졌다. 술 취한 남편에게 폭력을 당한 여성들을 중심으로 금주 협회가 조직되어 정치권에 영향력을 행사했고, 결국 1919년 1월 16일에 금주법이 시행된다. 1933년에 금주법이 해금될 때까지 맥주를 만들지 못하자, 맥주와 관련 있는 수많은 회사가 파산했다. 반면 대기업은 맥주 사업을 위해 설치한 냉장, 냉동 시설을 이용해 아이스크림이나 유제품을 만들고, 몰트 재료를 이용해 베이킹이나 몰트 음료 사업 등을 하며 살아남았다. 밀러사는 몰트를 이용해 '맥주 맛 음료'를 만들어 판매했는데, 이때 '알코올 없이 맥주 맛을 내는 방법'을 본격적으로 연구하며 금주법이 해금된 이후에도 요긴하게 사용되었다. 금주법이 해금된 1933년에는 최대 3.2%의 저도주만 유통이 가능했다. 알코올 없이도 맥주 맛을 낼 수 있는 기술이 있었으니 알코올이 허용된 때에는 맥주 제조가 매우 쉽게 느껴졌으리라.

금주법이 해금된 이후에도 여전히 맥주 업계가 해결할 문제는 많았다. 기존에 사용하던 유통망을 다시 구축하고, 재료도 수급해야 했다. 무엇보다 또다시 금주법이 시행될 수 있다는 우려로 맥주를 부정적으로 보는 여성들을 회유해야 했다. 여성을 끌어들이기 위해 더 마시기 편하고, 더 아름답고, 더 '도덕적으로 결점이 없는' 저도수의 맥주를 뽑기 위해 노력했다. 쌀이나 옥수수 같은 부가물을 넣은 라이트 맥주는 이런 필요에 완벽하게 부합하는 술이었다. 이 기세를 몰아 맥주 기업은 다시 사업을 확장하였고 몇몇 대기업이 대부분의 시장을 점유했다.

문제는 이러한 흐름 속에서 맥주의 다양성이 완전히 묻혀버렸다는 것이다. 당시 미국인은 도수가 낮고 맛도 옅은 대기업의 페일 라거 외에 다른 선택이 없었다. 몇몇 대기업이 시장을 독점한 상황에서 새로운 맛의 맥주는 더 이상 만들어지지 않았기 때문이다. 두 차례의 세계대전이 끝난 후 맥주 애호가들은 과거에 있던 다양한 스타일의 맥주를 그리워했다. 몇몇 사람들은 유럽의 맥주를 마시면서 미국에서도 맛있는 맥주를 마실 수 있기를 바랐다.

## 크래프트 맥주의 시작

미국 크래프트 맥주의 역사는 1965년을 원년으로
삼는다. 바로 프리츠 메이텍Fritz Maytag이 앵커 브루잉
을 인수한 해다. 스탠포드를 졸업한 메이텍은 스파
게티 가게에서 식사를 하다가 앵커 브루잉이 문을
닫는다는 말을 듣고 양조장을 인수한다. 그는 천편
일률적인 '황금색 라거'가 아닌 골드러시 시대에 유
행했던 스팀 비어 스타일을 꾸준히 양조하면서, 시
즈널 맥주 등 새로운 시도를 계속했다. 새롭게 개발

최초의 크래프트 맥주 양조장,
뉴 알비온 브루잉

된 캐스케이드 홉을 사용해 '미국적인' 맥주를 만드는 데 힘썼다. 그 결과 탄생한
리버티 에일은 미국 크래프트 맥주를 대표하는 스타일인 IPA의 원형이 되었다.

1972년에는 미국 크래프트 맥주 역사에서 중요한 사건이 발생했다. 지미 카
터 대통령이 홈브루잉을 합법화한 것이다. 가정에서 맥주를 양조할 수 있게 되
자 창의적이고 새로운 재료를 쓰는 시도도 생겼다. 그렇게 차고에서 맥주를 만
들던 홈브루어들이 자신들이 가진 경험과 창의성을 무기로 양조장 설립을 꿈꾸
기 시작한 것은 우연한 일이 아니다.

다시 앵커 브루잉으로 돌아가서, 앵커 브루잉은 새로운 맥주를 위한 실험, 한
정 생산 맥주, 지역 밀착적인 성격 등 크래프트 맥주 정신을 잘 보여 주었다. 그
러나 앵커 브루잉을 최초의 크래프트 맥주 양조장이라고 하는 경우는 드물다.
상업 양조장과 크래프트 맥주 양조장의 과도기적 성격이 짙기 때문이다. 최초
의 크래프트 맥주 양조장으로 불리는 곳은 앵커 브루잉의 정신을 본받은 뉴 알
비온 브루잉New Albion Brewing. 1976년 엔지니어 출신 잭 매컬리프Jack McAuliffe가 세운 양
조장이다.

뉴 알비온은 자금이 부족하여 열악한 환경에서 양조했다. 농장 창고를 임대
하고, 양조 설비를 새로 사거나 제작하는 것이 어려워 시럽통을 발효조로 사용
했다. 영국 맥주의 영향을 받은 잭 매컬리프는 당시 미국에서는 양조되지 않는
스타일인 영국식 포터, 스타우트, 페일에일을 만들었다. 그러나 대기업을 중심

으로 유통되던 맥주 재료를 뉴 알비온 같은 작은 브루어리가 구매하기에는 매우 불리했다. 또한 이 새로운 사업은 투자자들이 관심 갖기에는 너무 앞서 있었다. 결국 6년 만에 뉴 알비온은 문을 닫고 만다.

성급한 도전으로 사업을 접은 뉴 알비온과는 다르게 사업적으로 성공한 곳도 있었으니, 시에라네바다 브루어리다. 설립자인 켄 그로스먼Ken Grossman은 양조장 설립 이전에는 홈브루잉 재료를 판매하는 사업을 했다. 그러던 중 앵커 브루잉과 뉴 알비온 브루잉을 견학하고 온 그는 자신의 브루어리를 만들기로 결심한다. 1980년 양조장을 설립하고 그해 출시한 시에라네바다 페일에일은 지금까지도 아메리칸 페일에일 스타일을 대표하는 맥주로 자리매김하고 있다. 뿐만 아니라 포터, 스타우트, 임페리얼 스타우트, 발리와인 등도 스타일의 모범적인 사례로 제시될 정도니 미국 맥주의 이정표를 세운 셈이다. 시에라네바다 브루잉은 매년 폭발적인 성장을 하며 현재는 미국 전체 브루어리 중에서 열 손가락 안에 꼽히는 규모가 되었다.


## 미국 크래프트 맥주의 발전과 현재

좋아하는 일을 하며 사업적으로도 성공한 시에라네바다의 사례 덕분에 1980년대 후반에는 작은 규모의 크래프트 맥주 양조장이 우후죽순으로 생겨났다. 특히 1988년은 많이 알려진 구스 아일랜드Goose Island, 로그Rogue, 브루클린Brooklyn, 드슈츠Deschutes, 노스 코스트North Coast 등의 양조장이 설립된 해로, 이때를 가리켜 '1988년 세대The Class of 1988'라고 부르기도 한다. 이들은 대기업을 견제하며 맛있는 맥주를 만들어, 협업과 상생을 기치로 지역 사회에 공헌하려고 노력했다.

한편 대기업도 크래프트 맥주의 성장을 예의주시하며 양조장을 인수하거나 지분 투자에 뛰어들었다. 이런 대기업의 참가가 크래프트 시장에 안 좋은 영향을 주었다는 시각도 있지만, 그들이 투자한 양조장은 새로운 장비를 들이고 더 많은 맥주를 만들 수 있었다. 이 시기를 전후하여 양조 협회나 교육 프로그램도 설립되어 지식적인 측면을 보완하면서 미국 크래프트 맥주는 양적으로나 질적

1988년 세대의 양조장들이
컬래버레이션한 맥주

으로 폭발적인 성장을 이루었다.

1995년에 운영한 크래프트 맥주 양조장은 500개가 채 되지 않았지만 2000
년에는 1,500개에 달하는 양조장이 운영되었다. 지나치게 급격한 성장 때문이
었을까? 이후로 몇 년간은 경영 문제로 문을 닫는 양조장 수가 새로 생기는 양
조장 수보다 많았다. 양조장 수는 줄었지만 내실은 더 탄탄해졌다. 기존에 설립
된 양조장은 지역을 중심으로 성장하며 이전보다 더 많은 양의 맥주를 만들었
고, 새롭게 설립된 양조장은 톡톡 튀는 맥주와 마케팅으로 무장하여 맥주 업계
의 한 축을 이뤘다. 2000년대에는 자신의 양조장 없이 세계를 돌아다니며 일회
성 양조를 하는 집시 양조장이 새로운 가능성을 보여 주었다. 맥주 개발도 지속
되어 전에 없던 새로운 스타일이 대중적인 인기를 얻었다.

한동안 주춤하던 미국 크래프트 맥주 양조장 수는 2010년부터 다시 폭발적
으로 증가하여 2018년 기준으로 7,300여 개가 있으며, 2020년에는 만 개를 넘
길 것이라는 전망도 있다. 결과적으로 현재는 안정적으로 대량 생산하는 기존
양조장과 새롭게 설립된 양조장이 각축전을 벌이고 있다. 기존 양조장 중에는
빠르게 변화하는 트랜드에 적응하지 못해 문을 닫는 곳도 있다. 다양한 양조장
수만큼이나 끝없이 새롭게 등장하는 맥주. 그 끝에 어떤 변화가 있을지 아무도
예측할 수 없다.

# 왜 미국 서부인가

## 크래프트 맥주의 선두 주자

미서부 양조장들은 미국 크래프트 맥주를 선도하는 역할을 해왔다. 앵커, 뉴 알비온, 시에라네바다와 같은 미국 크래프트 맥주의 1세대 브루어리는 서부를 근거지로 삼았다. 이후에 등장한 드슈츠, 로그, 노스코스트, 라구니타스, 스톤, 파이어스톤워커, 러시안리버 등 크래프트 맥주업계의 전설 같은 브루어리도 서부를 토대로 발전했다. 또한 설립된 지 오래되지 않은 브루어리도 상당수 좋은 평가를 받고 있다.

## 지리적 장점

미서부는 IPA 스타일 같은 홉 중심의 맥주를 양조하기 좋은 지리적 조건을 가지고 있다. 워싱턴주, 오리건주 등 미국 홉의 85% 이상을 생산하는 홉 산지가 서부 해안 최북단에 위치했고, 해안을 따라 홉을 이동하기 용이하다. 다시 말해, 양질의 홉을 좋은 가격으로 구할 수 있는 최적의 조건이다. 덕분에 홉 풍미 중심의 쌉쌀한 맥주를 '서부 해안가 스타일 IPAWest Coast IPA'이라고 지칭할 정도로 홉을 아낌없이 사용한 맥주를 만들 수 있다. 뿐만 아니라 캘리포니아 지역의 와인 산지와 버번 증류소에서 숙성용 배럴도 쉽게 구할 수 있어, 지금도 활발하게 연구하고 있는 배럴 숙성 맥주를 만들기에도 좋다.

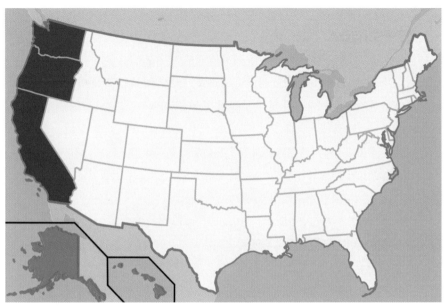

미국 서부 해안은 워싱턴주, 오리건주, 캘리포니아주를 의미한다.

맥주 생산에서 많은 이점이 있는 미서부 지역, 소비 측면에서는 어떨까? 서부 지역에서 북쪽에 위치한 워싱턴주의 시애틀과 오리건주의 포틀랜드는 젊음이 넘치는 도시다. 특히 포틀랜드는 수많은 힙스터들이 개성 있는 크래프트 맥주를 선호하여 미국에서 크래프트 맥주 소비율이 가장 높은 도시, 인구당 크래프트 맥주 양조장이 가장 높은 도시로 꼽힌다. 서부 해안을 따라 남쪽에는 캘리포니아주가 있다. 이 지역은 연중 따뜻한 기온과 온화한 날씨로 인해 미국인이 은퇴 후에 정착하고 싶은 도시로 항상 거론되는 곳이다. 여유로운 일상과 포근한 날씨에서 맥주를 만끽하는 것만큼 행복한 일이 있을까? 따뜻한 햇살이 펼쳐진 해변에서 파도를 타는 서퍼들을 상상해 보자. 자연스럽게 맥주를 마시고 싶어질 것이다. 이렇듯 미국 서부 지역은 맥주를 생산하기도 소비하기도 좋은 조건을 가졌다.

## 한국에서의 접근성

한국에 수입되는 미국 맥주를 살펴보면 유독 서부 지역 양조장의 맥주가 많다. 상대적으로 몰트 풍미에 밸런스가 맞춰진 '동부 해안가 스타일 IPA'에 비해 홉 풍미 중심으로 밸런스가 맞춰진 '서부 해안가 스타일 IPA'가 인기가 많기 때문이다.

다른 중요한 요소는 수입의 편의성이다. 미국 동부에서 맥주를 수입하려면 세 가지 루트가 있다. 남부 수에즈 운하를 통과해 무더운 적도 근처를 지나온 맥주, 새로 개척된 북극 항로로 추운 북극 지역을 건너온 맥주, 미국 서부로 육로 수송 후 태평양을 건넌 맥주를 받는 방법이다. 이 과정에서 맥주 품질이 저하되는 위험도 커지는 건 당연하다. 반면 미국 서부 맥주는 북태평양을 건너 한국에 오면 끝이다!

물론 미국 동부나 중부에서 서부 해안가 스타일의 IPA를 만들지 않는 것은 아니다. 실제로 서부 해안가 스타일 IPA가 미국식 IPA를 대변하면서부터 이 스타일을 양조장의 핵심 맥주로 삼는 경우도 많다. 그럼에도 불구하고 여전히 한국에서 구하기 쉬운 것은 미서부 양조장의 맥주이다.

한국에서 구할 수 있다는 것은 미리 예습하기 쉽다는 의미도 된다. 이미 수입된 맥주와 비교해서 현지 맥주는 어떻게 다른지, 또 한국에는 아직 수입되지 않은 맥주를 골라서 마실 수 있는 기회이다. 맥주 여행을 마치고 한국에 돌아와 현지에서 맛본 맥주를 찾아 마시면서 추억을 곱씹을 수도 있다.

미국 크래프트 맥주의 역사를 체험할 수 있는 곳, 지리적 조건을 바탕으로 훌륭한 맥주가 만들어지는 곳, 수많은 맥주 양조장이 있고 그만큼 많은 맥주가 소비되는 곳, 미국 서부로 맥주 산책을 떠나야 하는 이유는 가득하다.

# 웨스트 코스트 IPA
## vs 뉴잉글랜드 IPA

## 1. 미국식 IPA의 발전

### 혁명의 시작 리버티 에일

IPA는 인도가 영국 식민지이던 시절, 영국에서 인도까지 맥주를 상하지 않게 전달하기 위해 방부제 역할을 하는 홉을 대량으로 넣어 탄생했다. IPA라는 스타일의 맥주를 크래프트 맥주의 대표 스타일로 자리 잡게 한 곳은 다름 아닌 미국.

스탠포드 대학교를 졸업한 프리츠 메이텍Fritz Maytag은 1965년 샌프란시스코에 있는 앵커 브루잉을 인수해 운영하기 시작한다. 그는 수년간 스팀 비어 같은 기존 스타일을 만들며 브루어리를 운영했다.

그러던 중 홉을 재배하는 친구로부터 새롭게 개발한 캐스케이드Cascade홉을 추천받고 이 홉을 사용해 '리버티 에일Liberty Ale'을 양조한다. 캐스케이드홉 한 품종만 사용한 이 맥주는 발효 후에 홉을 넣어 풍미를 극대화하는 '드라이 호핑Dry Hopping' 기법을 활용했다.

이 맥주가 처음 시중에 공개된 것은 1975년. 기존의 유럽 홉과는 구별되는 오렌지나 자몽 같은 쌉쌀한 홉 풍미가 집중된,

리버티 에일

1 시에라네바다 페일에일
2 블라인드 피그

당시로서는 파격적인 맥주였다. 시간이 지나며 미국식 IPA 스타일은 보다 많은 홉 풍미를 갖게 되었다. 현재 기준으로 스타일을 정의하자면 리버티 에일은 미국식 IPA보다는 아메리칸 페일에일로 분류되는 경우가 많다. 그럼에도 불구하고 이 맥주는 '미국 품종 홉의 풍미가 강조되는' 미국식 IPA의 기초를 제공한 맥주로 평가받는다.

### 시에라네바다 페일에일과 블라인드 피그

1979년 설립된 시에라네바다 브루잉은 캐스케이드홉 등 미국 품종 홉을 적극적으로 활용했다. 이 양조장은 많은 시행착오를 거친 끝에 1980년, 시에라네바다 페일에일Sierra Nevada Pale Ale을 출시했고, 대중적인 인기와 함께 홉이 강조된 미국식 페일에일 스타일의 전형을 세웠다.

그 후 미국식 페일에일과 IPA는 크래프트 맥주를 대변하는 스타일로 자리 잡았다. 기존 대기업이 만들던 페일 라거와 확실히 선을 그으면서 시장을 확대해나간 것이다. 더 강력한 홉의 풍미와 쓴맛을 추구한 양조장의 노력은 마침내 '최초의 더블 IPA'라고 평가받는 블라인드 피그Blind Pig 맥주로 결실을 맺는다. 이 맥주는 1994년 블라인드 피그 브루잉의 양조사 비니 실루조Vinnie Cilurzo가 만들었다.

현재 이 양조장은 문을 닫았으나 비니는 러시안리버 브루잉의 오너로서 당시의
레시피를 기초로 동명의 맥주를 계속 생산하고 있다.

## 2. 서부식 맥주의 인기

### 웨스트 코스트 브루어리의 성장

미국식 IPA의 장은 리버티 에일이 문을 열고, 시에라네바다 페일에일이 저변을
넓혔으며, 블라인드 피그가 정점을 이루었다. 이러한 미국식 IPA는 미국 서부
해안가와 동부 해안가 스타일로 나뉜다. 동부 해안가 스타일은 홉의 특징이 상
대적으로 강하지 않고 맥아와의 밸런스를 중시한 반면, 서부 해안가 스타일은
홉이 완전히 주인공이 되어 짜릿함을 느낄 만큼 쓴맛이 주를 이룬다. 특히 서부
해안가 지역인 샌디에고에서 피자포트, 스톤, 발라스트 포인트, 그린플래쉬 등
IPA를 주력으로 하는 양조장이 급부상하면서 쓴맛이 강하고 오렌지 계열 과일
이 연상되는 상큼한 홉 맥주의 위상이 점점 커지게 되었다.

### 웨스트 코스트 IPA 시대 도래

결국 2000년대부터 서부 해안가 스타일의 IPA, 즉 웨스트 코스트West Coast IPA는
미국뿐 아니라 전 세계를 휩쓸고, 점차 '미국식 IPA = West Coast IPA'라는 인
식이 정착됐다. 물론 BCJP* Style Guidelines에는 웨스트 코스트 IPA가 별도
스타일로 등재되지 않아서 공식적인 스타일로 볼 수 없다는 견해도 있다. 그러
나 사람들이 별도의 스타일로 이름을 붙인 것 자체가 큰 특징이 있다는 반증 아
닐까?

미국식 IPA는 크래프트 맥주를 상징하는 대표 스타일로 자리 잡아 상당수의

---

★ BJCP : Beer Judge Certification Program, 맥주 심사관 인증 프로그램. 맥주 스타일을 분류하는 가이드
를 제공하고 맥주를 심사하는 심사관을 인증한다. 맥주 심사에 관해 가장 공신력 있는 단체 중 하나이다.

스톤 IPA

브루어리에서 웨스트 코스트 IPA를 기준으로 만들며 이를 잘 만드는 것이 브루어리의 실력을 가늠하는 잣대가 되기도 한다. 2012년 이후 생긴 우리나라 크래프트 브루어리에서도 이러한 경향이 나타난다.

이처럼 웨스트 코스트 IPA는 크래프트 맥주에서 핵심이며, 양조장 차원에서도 중요하게 생각하는 스타일! 이번 미국 서부 맥주 산책에서도 이 스타일을 중심에 두고 계획을 세웠다.

## 3. 뉴잉글랜드 IPA의 탄생

### 처음 마주하는 독특한 IPA

웨스트 코스트 IPA가 크래프트 맥주 업계에 돌풍을 일으키면서 사람들은 좀 더 자극적인 맥주를 원했다. 더블 IPA를 넘어 트리플 IPA를 만드는 등 도수와 풍미를 높인 맥주와, 상상 이상의 홉을 투여해 극도의 쓴맛을 내는 맥주도 만들었다. 그러던 중 2010년 미국 북동부에 위치한 버몬트주 알케미스트 브루어리The

Alchemist Brewery 에서 한 맥주를 출시한다. '해디 토퍼 Heady Topper'
라는 이 맥주는 기존 IPA와 달리, 탁한 외관을 띄고 쓴
맛이 강하지 않으면서도 홉 풍미를 풍부하게 느낄 수
있는 독특한 맛이 특징이다. 이 맥주는 줄을 서서 구입
할 정도로 큰 인기를 끌며, 자연스레 인근 지역 다른 양
조장에서도 유사한 맥주를 만들기 시작했다. 그 결과
일련의 특성을 공유한 뉴잉글랜드 IPA라는 하나의 맥
주 스타일이 탄생했다.

해디 토퍼

## 이제는 동부에서 서부로

'뉴잉글랜드'는 매사추세츠주, 코네티컷주, 로드아일랜드주, 버몬트주, 메인주,
뉴햄프셔주 6개로 이루어진 미국 북동부 지역 이름이다. 버몬트주에 있는 알케
미스트를 비롯해 뉴잉글랜드 지역에 있는 양조장이 이 스타일의 맥주를 많이
만들어 지역 이름을 따서 '뉴잉글랜드 IPA'라는 이름이 붙었다. 캘리포니아주,
오리건주 등이 있는 서부 해안가 West Coast 지역의 맥주, 즉 웨스트 코스트 IPA가 미
국 동부는 물론 전 세계에 퍼진 것처럼, 이제는 동쪽 뉴잉글랜드 지역의 맥주가
미국 서부를 포함한 전 세계를 휩쓸고 있다. 그야말로 뉴잉글랜드 IPA의 전성
기가 도래한 것이다.

## 4. 뉴잉글랜드 IPA의 발전

### 확실하게 자리 잡다

뉴잉글랜드 IPA의 전성기가 도래하면서, 미국 동부의 힐 팜스테드 브루잉 Hill
Farmstead Brewing, 아더 하프 브루잉 Other Half Brewing, 트리 하우스 브루잉 Tree House Brewing 등 이 스
타일을 잘 만드는 브루어리가 큰 인기를 끈다. 뉴잉글랜드 IPA의 바람은 미국

트리하우스 브루잉의 줄리어스Julius

서부 지역까지 불어와 2015년부터 본격적인 붐이 일었다. 이 스타일을 전문으로 하는 양조장이 생긴 것은 물론, 기존에 설립된 양조장도 너나 할 것 없이 뉴잉글랜드 IPA를 '연중 생산 맥주'로 하는 경우가 많아졌다. 또한 2018년 2년, BJCP에 잠정 스타일로 등재**되면서 완벽한 하나의 스타일로 자리 잡았다.


## 쥬시

웨스트 코스트 IPA와 대비되는 뉴잉글랜드 IPA는 명확한 특징이 있다.

효모를 거르지 않고 단백질 함량이 높은 밀이나 오트밀을 사용해 탁한 외관을 띄고, 오렌지 주스 같은 화사한 색감을 갖는다. 이런 색감은 보기에만 먹음직스러운 것이 아니라 입에서 느끼는 질감에도 영향을 미친다. 웨스트 코스트 IPA에 비해 좀 더 쫀득하고 부드러운 질감을 갖는다. 향은 홉에서 느껴지는 신선한 홉 향이 강한데, 웨스트 코스트 IPA에서 흔히 느껴지는 소나무, 감귤계 과일과 같은 향보다는 달콤한 열대 과일 향이 느껴지는 경우가 많다. 맛은 홉에서 오는 쓴맛을 줄이고 효모와 상호 작용으로 나오는 특성을 활용해 마시기 편한 경우가 많다. 이 스타일을 표현할 때 자주 사용되는 단어는 쥬시Juicy. 질감이나 맛이 주스와 유사하다는 의미이다.

기존 IPA와 구별된 특징을 갖는 뉴잉글랜드 IPA는 빠른 속도로 인기를 얻지만 단점 또한 있다.

첫째는 가격. 쓴맛은 줄이면서 홉의 풍미는 가득 채우기 위해 대량의 홉을 사용한다. 또한 발효 후에 홉 성분을 침출하는 드라이 호핑을 사용하는 경우가 많으며 이 공법을 두 번, 세 번, 그보다 훨씬 많이 반복하는 경우도 있어 홉이 더 많이 필요한 것은 당연지사. 홉 가격이 비쌀 뿐만 아니라 맥주를 머금은 홉을 걸러낼 때 손실되는 맥주도 있어서 더 많은 재료를 쓰고 더 적은 맥주를 얻는다. 결국 맥주 가격도 비싸질 수밖에 없다.

둘째는 유통 기한. 홉 특성을 강하게 준 만큼 산화에 취약해 상대적으로 맛이 빨리 변하고, 향도 오래 가지 않는다. 같은 맥주를 여러 개 구입해서 일주일 간격으로 마셔 보면 맛의 차이를 확연하게 느낄 정도다. 따라서 이 스타일은 가능한 한 빠르게 소비하는 것이 바람직하다. 최상의 맛을 느끼기 위해서는 양조장에서 갓 출시된 것을 구매하는 게 좋다.

**웨스트 코스트 IPA VS 뉴잉글랜드 IPA**

|  | 웨스트 코스트 IPA | 뉴잉글랜드 IPA |
|---|---|---|
| 외관 | 맑음<br>금색 또는 짙은 호박색 | 탁함<br>주스 같은 노란색 또는 오렌지색 |
| 향 | 귤, 송진 | 열대과일 |
| 맛 | 날카로운 쓴맛 | 약한 쓴맛, 상대적으로 달콤함 |
| 질감 | 깔끔하고 가벼움 | 부드럽고 점성이 있음 |

## 5. 헤이지 IPA와의 차이

뉴잉글랜드 IPA는 헤이지 IPA_Hazy IPA로 지칭되기도 한다. '헤이지_Hazy'라는 단어는 탁하다는 뜻. 이 스타일의 가장 큰 특징인 외관을 부각한 용어다. 하지만 일부 사람들은 뉴잉글랜드 지역 안에서 만들어야 뉴잉글랜드 IPA이고, 그 외의 지역에서 만들면 헤이지 IPA로 불러야 한다고 주장한다. 또한 이 스타일이 만들어진 초창기의 특징이 더 많이 드러나야 뉴잉글랜드 IPA이며 홉이 상대적으로 덜 들어가면 헤이지 IPA로 불러야 한다고 주장하기도 한다. 그 밖에도 헤이지 IPA는 말 그대로 외관이 탁한 IPA를 통칭하는 말이기 때문에 뉴잉글랜드 IPA가 헤이지 IPA 안에 교집합으로 들어가는 것이며 헤이지라는 단어가 일반인에게 더 친숙하므로 마케팅적인 것이라고 말하는 경우도 있다. 이렇게 사람들마다 주장이 다르지만 현재 대부분의 양조장에서는 헤이지 IPA와 뉴잉글랜드 IPA를 같은 의미로 두는 경우가 많다.

## 6. 브뤼 IPA

웨스트 코스트 IPA의 대항마로 등장해 크래프트 맥주계의 최고 스타로 떠오른 뉴잉글랜드 IPA. 이러한 뉴잉글랜드 IPA에 반기를 든 새로운 경쟁자가 나타났다. 바로 '브뤼 IPA_Brut IPA'.

　Brut는 영어로 '브룻', 프랑스어로 '브뤼'라고 발음하며 원래는 와인 업계에서 주로 사용하던 용어이다. 주로 샴페인의 특징을 나타낼 때 사용하는데, '단맛이 없고 드라이한'이란 의미가 있다. 발효가 끝난 맥주에 남은 당분을 제거하여, 마신 후 잔당감이 남지 않고 깔끔하게 마무리되는, 마치 드라이한 샴페인 같은 특징을 가진 IPA다. 이 스타일은 2017년 11월 샌프란시스코 소셜 키친 앤 브루어리_Social Kitchen & Brewery에서 처음 탄생했다. 효모가 섭취_대사할 수 없는 다당을 제거하기 위해 글루코아밀라아제_glucoamylase라는 효소를 사용하는 실험을 통해 쓴맛은 적

소설 키친 앤브루어리의 브뤼 IPA

고 홉의 풍미를 강하게 갖되 드라이한 특징을 가진 맥주를 만든 것이다. 양조사들은 이 새로운 맥주를 만드는 방법을 공유했고, 이후 인근 양조장에서도 유사한 맥주를 출시하면서 브뤼 IPA는 점차 퍼져 나갔다. 브뤼 IPA를 처음 만든 양조장은 이 스타일이 뉴잉글랜드 IPA의 대항하는 스타일이 될 것이라는 메시지를 남기기도 했다.

브뤼 IPA의 외관은 약간 흐릿하면서 밝은 빛이 돌며 중간 정도의 투명함을 가지는 경우가 많다. 맛은 웨스트 코스트 IPA처럼 날카로운 쓴맛으로 뉴잉글랜드 IPA처럼 달콤한 맛이 없어야 한다. 쓴맛이 과하지 않으면서 와인이 연상되는 과일 맛이 느껴지기도 하며, 마신 후 입안이 깔끔하고 건조한 느낌이 든다. 이처럼 현재 브뤼 IPA의 특징은 어느 정도 확립된 상태이지만 출시된 지 얼마 되지 않아서 앞으로 변화할 가능성도 있다. 또한 AHAAmerican Homebrewers Association 같은 일부 맥주 협회에서는 하나의 맥주 스타일로 등록되어 있지만 아직 BJCP에는 등재되지 않은 상태이다. 앞으로 브뤼 IPA가 어떤 모습으로 발전할지, 그리고 뉴잉글랜드 IPA의 인기를 따라잡을 수 있을지 지켜보는 것도 흥미롭다.

SEATTLE

# COURSE 2

# 시애틀

운명적인 만남이 기대되는
낭만의 도시

# SEATTLE

시애틀

©Checubus / Shutterstock.com

워싱턴주에 속한 미국 북서부 최대의 도시로 캐나다와 국경을 마주하고 있다. 바다와 숲에 둘러싸인 시애틀은 미국 도시 중 아시아, 알래스카와 가장 가까운 거리에 위치하여 무역이 발달하고 상업의 중심지로 번영했다. 항만, 철도, 항공 등이 발전하여 교통의 요충지 역할을 하며 현재는 유명 IT기업들의 본사가 위치한 첨단 도시로 자리 잡았다. 영화 〈시애틀의 잠 못 이루는 밤〉처럼 로맨틱한 분위기와 함께 운명적인 만남을 기대하며 미국 서부 맥주 산책을 본격적으로 떠나 보자.

### 맥주 산책로

1. **바틀웍스**: 아담하고 편안한 벨기에 콘셉트 펍
2. **프리몬트 브루잉**: 시애틀 북부 지역을 대표하는 브루어리
3. **브로우베어스 카페**: 64개 탭을 보유한 펍이자 벨기에 음식 맛집
4. **레드훅 브루랩**: 시애틀에서 가장 오래된 역사 깊은 브루어리의 실험실
5. **엘리시안 브루잉**: 호박이 마스코트인 워싱턴주 생산량 1위 브루어리
6. **더 비어정션**: 명실상부 시애틀 최고의 바틀샵이자 펍
7. **클라우드버스트 브루잉**: 홉 향이 쏟아지는 IPA를 맛볼 수 있는 신흥 양조장
8. **홀리 마운틴 브루잉**: 미국식 사워 맥주의 진수를 느낄 수 있는 곳
9. **루벤스 브루스**: 각종 대회를 싹쓸이한 내공 있는 패밀리 브루어리

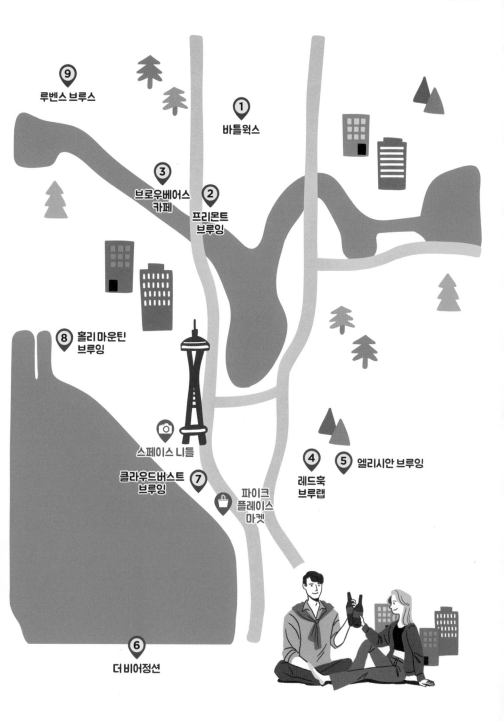

⑨ 루벤스 브루스

① 바틀웍스

③ 브로우베어스 카페

② 프리몬트 브루잉

⑧ 홀리마운틴 브루잉

스페이스 니들

클라우드버스트 브루잉 ⑦

파이크 플레이스 마켓

④ 레드훅 브루랩

⑤ 엘리시안 브루잉

⑥ 더 비어정션

# Bottleworks

바틀웍스

저녁 7시경 인천공항을 떠난 지 약 12시간 후. 시애틀 터코마 국제공항에 도착하니 공항 시계가 같은 날 오후 1시 반을 가리켰다. 한국과 시애틀은 무려 16시간 시차가 나기 때문이다. 비행기에서 밤을 보냈는데 출발시각보다 도착시각이 더 이르다니, 타임머신을 타고 여행한 것 같았다. '미국에 왔으니 빨리 맥주부터 마셔야지!' 하는 설렘을 안고 빠르게 이동하는데, 난관에 부딪혔다. 작은 공항에 여러 대의 비행기가 동시에 도착하는 바람에 입국 심사대에 엄청난 인파가 몰린 것이다. 결국 대기 줄에서 2시간이 넘는 시간을 보내야 했다. 가만히 서 있는 것도 힘들었지만 맥주를 마실 시간이 줄어든다는 초조함이 나를 더욱 애타게 만들었다. 심지어 내 차례가 다가왔을 때 입국 심사대 직원들은 10분간 휴식 시간이라며 칼같이 자리를 비웠다. 제발! 조금이라도 빨리 나갈 수 있기를.

간신히 입국 심사를 마친 후 예상보다 시간이 많이 지체되어, 대중교통을 이용하려던 계획을 변경하여 우버를 호출해 숙소로 향했다. 우리가 잡은 숙소는 시애틀 중심가에서 북쪽으로 약 5km 떨어진 프리몬트 주택가. 에어비앤비로 예약한 개인 주택의 한 방이었다.(미리 말하자면, 미국 여행의 절반은 우버와 에어비앤비를 얼마나 잘 이용하냐이다!)

3일 동안 묵을 방을 안내받고 짐을 정리하고 나니 벌써 저녁 6시. 피로가 쏟아지면서 고민에 휩싸였다. 과연 지금 컨디션으로 낯선 동네를 잘 돌아다닐 수 있을까? 하지만 고민은 길지 않았다. '어차피 고민해도 시간은 가는 거, 피곤한

냉장고와 맥주 소품으로 가득찬 매장

상태지만 이번 여행의 목적인 맥주를 마시고 와서 잠드는 것이 좋겠다.'라는 결론을 내렸다. 첫 번째 목적지인 '바틀웍스'로 향했다.

구글 지도가 안내하는 대로 시내버스를 타고 10여 분 지나 도착했다.

1999년에 오픈하여 시애틀에서 가장 오래된 바틀샵 중 하나이며, RateBeer*에서 98점이라는 높은 점수를 받은 곳이다. 약 천 가지 종류의 맥주를 판매한다고 하니 안 가 볼 수 없다.

벨기에 맥주 소품들로 꾸며진 입구를 보자 이번 여행의 첫 방문지로써 손색없는 곳임을 직감했다. 각종 맥주 소품들로 벽면과 천장을 꾸민 이곳은 맥주를 즐기기에 더할 나위 없는 분위기를 연출했다.

매장 양 벽면에 냉장고가 가득 있는 모습이 가장 인상적이었다. 냉장고가 많다 보니 천여 종류의 거의 모든 맥주를 보관하고 있었다. 매니저에게 물어보니

---

★ **RateBeer(레이트비어):** 가장 잘 알려진 맥주 평가 사이트. 맥주에 대한 평점뿐 아니라 도시별 브루어리와 펍에 대한 평점도 이뤄지며 100점 만점으로 점수를 매긴다.

1 냉장고에 보관된 수많은 맥주들
2 메뉴판과 16개 탭핸들이 있는 바

맥주 품질을 위해 가능한 한 많은 맥주를 냉장고에 보관하는 것이 원칙이라고 한다. 이 많은 맥주를 냉장 보관하려면 필연적으로 냉장고가 많아야 하고, 그것이 이 바틀샵의 독특한 분위기를 만들었다.

냉장고를 하나씩 구경하다 보니 시간 가는 줄 몰랐다. 한국에 수입된 맥주도 보였는데, 한국보다 가격이 반의반 정도로 저렴하여 이곳에 사는 사람들이 부러울 정도였다.

냉장고 안의 맥주를 구경한 뒤, 맥주 탭이 진열된 곳으로 향했다. 바틀웍스는 기본적으로 바틀샵이지만 드래프트** 맥주도 판매했다. 총 16개 탭을 보유했는데, 주로 인근 브루어리 맥주를 선별해서 사용한다고 한다.

16개 맥주 중 눈에 띄는 맥주는 바로 이곳과 앞으로 소개할 브로우베어스 카페에서만 맛볼 수 있는 한정판 맥주였다! 바틀웍스는 별도로 운영하는 양조장이 없기에, 다른 양조장에 위탁하여 자기 이름을 가진 맥주를 만든다. 우리나라의 펍들도 바틀웍스처럼 여러 브루어리의 맥주를 들여놓는 것뿐만 아니라, 양조장과 협업하여 자체 맥주를 생산하기도 한다. 이런 시도는 펍의 개성을 살리고 손님에게도 재미를 주는 장점이 있다. 만약 바틀웍스에 방문할 계획이라면

** **드래프트:** draft beer 또는 draught beer. 일반적으로 케그[ᴷᴱᴳ]라고 불리는 철제 또는 일회용 플라스틱 통에 담긴 맥주를 드래프트 시스템을 통해서 뽑아내는 맥주를 의미한다. 한국에서는 흔히 '생맥주'라고 표현하는데, 펍에서 즉석으로 뽑아내는 맥주라는 의미로 드래프트라는 표현이 더 적절하다.

한정판 맥주였던 7.3% IPA

미리 홈페이지에서 바틀웍스만의 한정판 맥주를 찾아보자.

우리가 주문한 한정판 맥주는 Sleeveless In Seattle이라는 이름의 도수 7.3% IPA. 최고의 맛이라고 할 수는 없지만 미국 서부 맥주 산책에서 첫 한 모금을 장식하기에 부족함이 없었다. 쌉쌀하면서도 상쾌한 홉 향이 코와 입을 가득 채워 주는 맥주였다. 높은 도수임에도 알코올에서 나오는 쓴맛이 잘 느껴지지 않아 더욱 좋았다. 역시 신선한 홉을 구할 수 있는 지역이라 그런지 홉 풍미가 남달랐다. 앞으로 맛볼 맥주는 얼마나 더 맛있을지 벌써부터 설레고 기대됐다. 이 설렘을 오랫동안 느끼고 싶었지만 다른 IPA를 한 잔 더 마시고 기분 좋은 아쉬움을 남긴 채 가게를 나왔다.

떠나려는 가게의 입구를 다시 보니 벨기에 초콜릿과 풍경이 담긴 벽화가 눈에 들어왔다. 순간 이곳이 지난 '베네룩스 맥주 산책'과 이번 '미국 서부 맥주 산책'의 연결고리라는 생각이 들었다. 벨기에를 다룬 '베네룩스 맥주 산책'은 끝났지만, '미국 서부 맥주 산책'은 이제 시작이다!

 **바틀웍스** Bottleworks
주소 1710 N 45th St #3, Seattle, WA 98103
홈페이지 http://www.bottleworks.com
이건 꼭! 메뉴판에 Exclusive라고 적힌 맥주를 먼저 주문한다!

# Fremont Brewing
## 프리몬트 브루잉

바틀웍스에서 가볍게 마신 후 버스를 타고 10여분을 달려 프리몬트 브루잉에 도착했다. 주변 길거리는 어둑하고 한적했으나 프리몬트 브루잉은 실내와 야외석 모두 사람들로 가득했다. 입구에는 맥주를 주문하려는 사람들이 길게 늘어서 있었다. 얼마나 기다릴 지 걱정하며 우리도 줄 끝에 가서 섰다.

프리몬트라는 지역 이름을 그대로 딴 프리몬트 브루잉은 시애틀에서 가장 좋은 평을 받는 크래프트 브루어리 중 하나이다. 이 양조장은 2009년 오픈한 이후 큰 인기를 끌지 못했는데, 2014년부터 각종 맥주 대회에서 상을 받으며 주목받게 되어 지금은 시애틀을 대표하는 브루어리로 성장했다. 특히 신선한 홉 중심의 맥주와 스타우트 계열의 맥주가 유명하다.

이곳은 환경운동가인 설립자의 철학이 브루어리 곳곳에서 드러난다. 멸종 위기종인 왜가리를 프리몬트 브루어리의 로고로 사용하고, 모든 제품은 유기농 재료만 사용한다. 양조 시 낭비되는 물도 줄이기 위해 노력하며, 그야말로 '지속 가능한 맥주 양조'를 표방하고 있다.

한참을 기다려 바에 가까이 가니 벽에 있는 맥주 메뉴가 보였다. 주문 가능한 맥주는 약 20개. 홉이 강조된 페일에일과 IPA 스타일이 대다수였다. 어떤 걸 마실지 여간 고민되는 것이 아니었다. 다행히도 5가지 맥주가 나오는 '테이스팅 세트'가 있어, 세트 2개를 주문해 총 10가지 맥주를 맛보았다.

첫 번째 테이스팅 세트에는 프리몬트 브루잉의 대표 IPA라 불리는 Interurban

IPA와 Field to Ferment IPA 시리즈 3종을 포함해 총 5가지 맥주가 나왔다. Interurban IPA는 프리몬트 지역에서 유명한 야외 조각품의 이름을 딴 맥주로, 연중 생산하여 언제든 마실 수 있다. Field to Ferment IPA 3종은 맥주 이름 끝에 각각 센테니얼Centennial, 심코Simcoe, 시트라Citra 라는 라벨이 붙어 있었다. 맥주에 관심이 많은 사람이라면 눈치 챘으리라! 센테니얼, 심코, 시트라는 미국의 대표적인 홉 품종 이름이다. 레시피는 동일하고 어떤 홉을 넣는지만 차이를 두어, 맥주를 맛보면서 홉의 특징을 비교하는 재미를 느낄 수 있다. 만약 이곳을 방문했을 때 Field to Ferment IPA처럼 홉만 차이를 둔 맥주가 있다면, 어떤 홉이 자신의 입맛에 맞는지 확인해 보는 것도 좋다.

두 번째 테이스팅 세트에는 맥주 이름 대신 ★을 표시해 놓은 다크 스타Dark Star 라는 맥주가 눈에 띄었다. 프리몬트 브루잉의 대표적인 스타우트로 다크 스타 버번 배럴, 다크 스타 체리아몬드, 다크 스타 누텔라 등 다양한 버전으로 출시된다. 특히 버번 배럴에 숙성시킨 높은 도수의 다크 스타Bourbon Barrel Aged Dark Star가 매우

다섯 종류의 맥주가 담긴 테이스팅 세트

1 무제한 제공되는 프레첼
2 연극 관객석 같은 맥주를 마시는 공간

좋은 평가를 받으며 종종 출시되는데, 방문 당시에는 판매하지 않아 아쉽게도 맛볼 수 없었다. 만약 이곳을 방문할 계획이 있다면 높은 도수의 배럴 숙성 맥주가 있는지 미리 확인해 보길 바란다.

이곳에서는 음식을 따로 판매하지 않는다. 대신 프레첼 과자를 무제한으로 제공하며, 음식을 가져와서 먹거나 배달시키는 것도 가능하다. 음식과 맥주를 함께 즐기고 싶은 사람은 미리 준비하는 것이 좋다.

우리가 맥주를 마신 곳은 평범한 테이블이 아닌 연극 관객석같이 생긴 공간이었다. 이 자리에서 여행 첫날의 설렘을 느끼며 맛있는 맥주를 즐길 수 있어서 더할 나위 없이 좋았다. 게다가 맥주가 숙성되고 있는 수십 개의 배럴들이 가게 곳곳에 있어서 양조장 특유의 분위기가 느껴지는 것도 만족스러웠다.

10가지 맥주를 다 마시니 어느새 브루펍이 마감할 시간. 이미 문을 닫은 굿즈 숍의 내부를 살짝 엿본 뒤 다음 장소로 이동하려는 찰나, 프리몬트 브루잉의 양조사 카일과 잠깐 이야기할 기회를 얻었다. 그런데 카일이 "독특하고 더 맛있는 맥주를 마실 수 있는 공간이 있는데, 오늘은 문 닫을 시간이니 내일 꼭 다시 방문하라"라고 하는 것이 아닌가! 다음 날 궁금함과 기대를 가득 품은 채 양조장을 다시 방문했다. 우리가 안내받은 곳은 바로 '블랙 헤론 프로젝트Black Heron Project'라고 불리는 실험 양조 공간. 프리몬트 브루잉에 대한 호기심을 완벽히 해소시켜 주기에 충분한 곳이었다. '헤론'은 프리몬트 브루잉의 로고로 사용되는 '왜가리'를 의미한다. 바로 프리몬트 브루어리의 메인 R&D센터로, 독특한 맥주들은 전부 이곳에서 탄생하는 셈이다!

사실 전날 정문으로 가던 중 입구를 봤는데, 양조하는 작업실인 줄만 알았지 일반인도 들어가서 맥주를 마실 수 있는지 몰랐다. 양조사 카일도 이곳을 이렇게 소개했다.

"대부분의 손님이 여기에 들어와도 되는지 몰라서 그냥 지나치는 경우가 많아요. 별도로 홍보하지는 않아서 아는 사람들만 찾아오죠. 모두에게 열려 있지만 숨은 장소인 셈이라고나 할까."

이곳에서 마신 맥주는 헤이지 브렛 IPA, 윗 라즈베리, 브렛 세 종. 전날 마신 맥주는 누구나 즐길 수 있는 것이라면, 이곳은 실험적이고 독특한 것이 특징이었다. 이 맥주들은 아직 정식 이름이 없는 대신 #8과 같이 번호로 표시한다. 맥주를 양조할 때 한 번에 만드는 단위를 '배치Batch'라고 표현하는데, IPA #8은 8번째로 만든 IPA, 즉 8번째 배치의 IPA인 것이다. 이곳에 자주 온다면 배치마다 레시피를 조금씩 바꿔가면서 최적의 맛을 찾아가는 과정을 경험할 수 있다. 실험 맥주를 만들다가 사람들의 반응이 좋고 품질이 만족스럽다면 정식으로 출시되기도 한다.

블랙 헤론 프로젝트의 내부

실험 양조장에서 맛본 독특한 맥주들

　미국 서부 맥주 산책 중 유일하게 두 번 방문한 곳이자 두 배의 만족감을 안겨 준 곳. 시애틀에서 큰 인기를 끄는 만큼 한국에서도 왜가리가 그려진 프리몬트 브루잉의 로고를 볼 수 있으면 좋겠다.

 프리몬트 브루잉 Fremont Brewing
주소 1050 N 34th St, Seattle, WA 98103
홈페이지 https://www.fremontbrewing.com
이건 꼭!! ❶ Bourbon Barrel Aged Dark Star가
바틀로 판매 중이라면 꼭 구입하기!
❷ 드래프트도 있다면 마셔 보기
여기서 꼭! 연극 관객석 같은 공간에서 맥주를 즐기자.

# Brouwer's Cafe

### 브로우베어스 카페

숙소에서 나온 지 약 3시간. 맥주도 앞서 두 곳에서 꽤나 마셨다. 하지만 이 정도로 하루를 끝낼 수는 없다. 이제 겨우 9시를 막 지났을 뿐이고, 무엇보다 '미국서부 맥주 산책'의 기념비적인 첫날 아닌가! 함께 간 아내와 나는 맥주를 조금더 마시기 위해 오늘의 마지막 목적지인 브로우베어스 카페로 향했다.

프리몬트 브루잉에서 5분 정도 걸어가면 도착하는 이곳은 네덜란드어로 '양

시애틀에서 만난 벨기에 브뤼셀의 오줌싸개 동상

2층에서 내려다본 1층 모습

조사의 카페'라는 뜻이 있다. 맥주 및 펍 평가 사이트 RateBeer에서 '시애틀의 제일 가는 펍'으로 소개한 브로우베어스는 무려 64개 탭이 있으며 다양하고 맛있는 벨기에 음식을 제공한다. 첫 번째로 방문한 바틀웍스도 벨기에 분위기가 물씬 풍겼는데, 이곳 또한 입구에 벨기에의 명물인 오줌싸개 동상이 있을 정도로 벨기에 느낌이 가득했다. 역시 벨기에는 맥주에 관해서 특별한 위상을 차지하는 것 같다.

1층에는 즐거운 표정으로 이야기꽃을 피우는 사람들로 꽉 차 있었다. 우리는 조용하게 맥주를 즐기고 싶어 직원의 안내를 받아 2층으로 자리를 잡았다. 매장 곳곳에 진열된 액자와 벨기에 국기, 고풍스러워 보이는 갈색톤의 테이블과 의자에서 벨기에 느낌이 물씬 풍겼다. 2층에서는 1층을 한 눈에 볼 수 있는데, 위스키를 진열해 놓은 백 바와, 일렬로 늘어선 각기 다른 모양의 맥주 탭도 볼 수 있어 즐거움을 더했다.

자리에 앉아 메뉴판을 살펴보니, 역시나 벨기에 음식이 많았다. 고민 끝에 감자튀김이 들어간 소고기 요리를 주문했다. 그다음 맥주 메뉴판을 보니 정말로

감자튀김과 함께 먹는 벨기에식 스튜, Stoofvlees

64개 맥주가 있었다. 국가 또는 지역별로 정렬된 맥주 목록에서, 가장 위쪽에 보이는 10여 개의 벨기에 맥주는 건너뛰고 약 20개 정도의 워싱턴주 맥주 중에 두 개를 골랐다.

첫 번째 맥주는 루벤스 브루스_Reuben's Brews IPA! 메뉴판에 'Our House IPA'라고 적혀 있기에 오래 고민하지 않고 고를 수 있었다. 어느 펍을 여행하든 그 펍을 대표하거나 그곳에서만 마실 수 있는 맥주가 보인다면 주저하지 않고 주문한다. 가끔 실패도 하지만 그곳을 여행한 보람을 느끼게 해 주기 때문이다. 주문한 맥주는 마시기 편하면서 신선한 홉 풍미가 느껴져, 앞으로 방문할 루벤스 브루스에 대한 기대감이 커졌다.

두 번째 맥주는 Fresh Hop Cask라고 적혀 있어서 주문한 스툽_Stoup 브루잉 IPA. 일반적으로 맥주는 케그_Keg에 담겨 유통되지만 간혹 캐스크_Cask에 담겨 유통되기도 한다. 캐스크는 전통적으로 맥주가 담긴 나무통을 의미한다. 대부분 생맥주라고 하면 발효와 숙성 그리고 탄산화가 끝난, 소위 완성된 맥주가 철제 또는 일회용 플라스틱 통에 담겨 유통되는 것을 떠올린다. 그러나 이와 달리 양조장에서 발효를 마친 뒤 캐스크에 담겨 펍으로 유통되는 전통 방식이 있다. 가장 큰 특징은 인위적인 탄산화나 살균 여과 등을 하지 않으며 캐스크 내에서 숙성되며 유통된다는 것. 맥주를 뽑을 때도 이산화탄소를 이용하는 것이 아닌 펌프 방식으로 추출한다. 관리가 어렵고, 맥주에 흔히 기대하는 탄산감이 거의 없어 최근에는 찾아보기 힘들지만 이곳에서는 캐스크에 보관해 숙성시킨 것을 제공했다. 캐스크에 담긴 IPA를 맛본 건 처음이었는데, 다른 맥주에 비해 덜 시원하여 맥주 맛에 좀 더 집중할 수 있었다. 쓴맛의 홉 풍미와 은은한 나무 향이 묘하게 섞인 듯한, 처음 느껴 보는 맛이었다. 음식으로 비유하자면 처음 맛본 평양냉면 육수 같은 느낌이랄까? 많이 마시기는 힘들지만 자꾸 맛을 보게 되는 느낌이었다.

오늘을 마무리할 맥주로 알코올 도수 12%의 묵직한 스타우트를 선택했다. 여행 후반부에 방문 예정인 에일스미스<sub>AleSmith</sub> 브루잉의 대표 맥주인 스피드웨이

오묘한 맛이 인상적인 캐스크(Cask) IPA

스타우트Speedway Stout였다. 달지 않은 다크 초콜릿 맛과 커피 향이 미묘하게 섞인 이 맥주는 강한 도수만큼, 마지막 남은 체력을 모두 소진하게 만들었다. 가게를 나오며 둘러본 1층에는 들어올 때보다 더 많은 사람들이 보여 시애틀 지역민들의 맥주 사랑을 엿볼 수 있었다.

몸은 많이 지쳤지만 걸어서 5분 만에 무사히 숙소에 도착했다. 이런 편리성이 프리몬트 한복판에 숙소를 잡은 이유다! 맥주 산책 첫날을 알차게 보낸 만큼 남은 여행도 기대하며 잠을 청했다.

 **브로우베어스 카페** Brouwer's Cafe
주소 400 N 35th St, Seattle, WA 98103
홈페이지 https://www.brouwerscafe.com
이건 꼭! 벨기에식 감자튀김인 Pommes Frites와 Our
House IPA로 '감맥'을 즐겨 보자.

SEATTLE

# Redhook Brewlab
## 레드훅 브루랩

시애틀에서 가장 인기 있는 브루어리는 어디일까? 많은 '맥주 마니아'들, 소위 맥덕들은 '프리몬트 브루잉'과 '홀리 마운틴Holy Mountain 브루잉', 그리고 떠오르는 신예인 '클라우드버스트Cloudburst 브루잉' 정도를 꼽는다. 하지만 시애틀 현지인이라면 '레드훅Redhook 브루어리'와 '엘리시안Elysian 브루잉'을 떠올릴 것이다.

빨간색 벽돌 외관이 인상적인 레드훅 브루랩

엘리시안 브루잉은 시애틀이 속한 워싱턴주에서 크래프트 맥주 생산량 1위인 만큼 대중에게 가장 익숙한 브루어리이다. 레드훅 브루랩은 시애틀에서 가장 오래된 크래프트 맥주 브루어리이다. 생산량 측면에서도 엘리시안을 바짝 따라잡고 있다.

2018년 기준 워싱턴주 크래프트 맥주 생산량 순위는 다음과 같다.

〈2018년 기준 맥주 생산량 순위〉

1. 엘리시안 브루잉 Elysian Brewing Company : 90,000배럴
2. 레드훅 브루어리 Redhook Ale Brewery : 82,000배럴
3. 조지타운 브루잉 Georgetown Brewing Company : 55,000배럴
4. 맥 & 잭 브루잉 Mac & Jack's Brewery : 43,000배럴
5. 프리몬트 브루잉 Fremont Brewing Company : 31,000배럴

엘리시안 브루잉과 레드훅 브루어리의 생산량이 압도적으로 많은 것을 확인할 수 있다. 이처럼 레드훅은 '전통 있고' '규모가 큰' 브루어리이기에 꼭 한 번 방문하고 싶었다. 오래된 만큼 다른 브루어리에 비해 트렌디함이 떨어진다는

거대한 설비가 있는 스타벅스 리저브 매장

세련되고 창의적인 내부 인테리어

평도 있으나, 워싱턴주를 대표하는 대중적인 브랜드의 맥주 맛을 느껴 볼 수 있는 기회였기 때문이다.

시애틀에서 레드훅의 맥주를 맛볼 수 있는 곳은 최근 떠오르는 동네, '캐피톨 힐Capitol Hill'에 있다. 마침 엘리시안 브루잉도 캐피톨 힐에 있어 두 곳을 묶어 하루에 방문했다. 사실 캐피톨 힐에서 관광객에게 유명한 명소가 있는데, 바로 캐피톨 힐 스타벅스 리저브 매장이다. 이 매장은 커피를 로스팅하는 공장이 가게 내부에 있다는 것이 큰 특징이다. 맥주를 직접 만드는 곳에서 맥주를 판매하는 브루펍BrewPub처럼, 커피를 직접 로스팅하는 곳에서 커피를 판매하는 로스터리 카페Roastery café인 셈이다. 거대한 설비를 구경하면서, 콘셉트별로 나눠진 커피를 고르고 맛보는 재미가 쏠쏠했다.

맛있는 커피로 시동을 걸었으니 이제 맥주를 마실 차례! 스타벅스 리저브 매장에서 약 5분 정도 걸어서 레드훅 브루랩에 도착했다. 이곳은 Lab이라는 명칭

그대로 레드훅의 맥주 연구실이자 맥주를 제공하는 펍이다. 레드훅 브루랩은 구석구석 세심하고 세련된 인테리어를 갖추었다. 레드훅이라는 브랜드가 오래된 만큼, 올드한 느낌의 펍일 것이라 생각했으나 예상과는 많이 달랐다. 가볍게 훑어볼 마음으로 방문했지만 편견이 깨지니 맥주 맛도 제대로 느껴 보고 싶은 생각이 들었다.

레드훅은 네 가지의 대표 맥주가 있는데 특히 엑스트라 스페셜 비터Extra Special Bitter*와 롱해머 IPALong Hammer IPA, Redhook IPA라고도 불림를 맛보고 싶었다.

하지만 메뉴판을 아무리 봐도 찾을 수 없어서 직원에게 물어보니, 이곳은 '연구실Lab'이기 때문에 기본 라인업의 맥주는 거의 없으며 현장에서 만든 것 위주로 판매한다고 했다. 다행히 네 가지 대표 맥주 중 더블 IPA 스타일인 빅 발라드Big Ballard가 있어서 한 잔 주문하고, 다른 한 잔은 메뉴판의 1번 맥주를 선택했다. 1번 맥주는 별도의 이름조차 없이 브루랩1Brewlab1이라고 적혀 있었다. 최근 가장 인기를 끌고 있는 뉴잉글랜드 IPA 스타일이었다.

매장을 둘러보며 한차례 깨졌던 편견은, 브루랩1 맥주를 한 모금 마시는 순간 완전히 사라졌다. 트렌디하고 실력 있는 브루어리에서 만드는 뉴잉글랜드

---

**★ Extra Special Bitter(ESB)** : 쓴맛(Bitter)이 강조된 영국식 페일에일 맥주 스타일로, 풀러스(Fullers) ESB가 가장 대표적인 맥주. 사실 옛날 기준에서 쓴맛이 강조됐다는 것이지 요즘의 홉 중심 맥주에 비하면 훨씬 밸런스가 잡혀 있는 편이다.

레드훅 브루어리의 대표 맥주 네가지

EXTRA SPECIAL BITTER          LONG HAMMER IPA          BIG BALLARD          BICOASTAL IPA

IPA에 전혀 뒤떨어지지 않는 훌륭한 맛이었다! 탁한 외관과 신선한 홉 향, 여과가 덜 된 효모에서 느껴지는 신선함 등 뉴잉글랜드 IPA의 특징을 잘 살린 맥주였다.

우리가 맥주에 대해 평가할 때 브랜드가 영향을 미치는데, 레드훅 브루랩에서 맥주를 마시면서 브랜드 이미지라는 편견이 얼마나 우리의 눈을 흐리고 있는지 깨닫는 순간이었다.

시애틀 크래프트 맥주의 역사인 레드훅, 걱정과 달리 최근 트랜드도 놓치지

뉴잉글랜드 IPA인 브루랩1(Brewlab1)

않고 꾸준히 발전하고 있다. 레드훅 브루어리 맥주는 최근 몇 년 동안 한국에 수입되지 않았는데, 새로운 경향의 맥주들이 다시 수입되기를 바라 본다.

레드훅 브루랩 Redhook Brewlab
주소 Pike Motorworks Building, 714 E Pike St, Seattle, WA 98122
홈페이지 http://redhook.com

이건 꼭! 소량 생산되는 실험 맥주가 대부분,
눈이 가는 맥주를 자유롭게 선택한다.

# Elysian Brewing

### 엘리시안 브루잉

엘리시안 브루잉은 1996년에 문을 연 양조장으로, 1981년 오픈한 레드훅보다 늦게 설립됐으나 현재는 워싱턴주에서 가장 많은 크래프트 맥주를 생산하고 있다.

'워싱턴주 크래프트 맥주 생산 1위 브루어리'라는 타이틀 이외에도 엘리시안 브루잉을 상징하는 것은 바로 '호박'이다. 엘리시안 브루잉은 다양한 호박맥주를 만들고, '호박맥주축제Great Pumpkin Beer Festival'까지 개최하고 있으니 그야말로 호박 전문 브루어리인 셈이다. 구글 이미지에 엘리시안 브루잉을 검색하면 호박

회색 건물의 엘리시안 브루잉

매장 안쪽에 있는 양조 설비

과 관련된 자료들이 쏟아져 나오니, 이 지역 사람들은 '엘리시안' 하면 호박을 떠올린다고 해도 과언이 아니다.

20년간 크게 성장한 엘리시안은 현재 4개의 펍 지점이 있는데, 처음으로 브루펍을 열었던 곳이 바로 이번에 방문한 캐피톨 힐 지점이다. 번화하고 세련된 레드훅 브루랩 근처 길거리에 비하면 엘리시안으로 가는 길은 조금 한적했다. 이내 엘리시안 브루잉이 보였는데, 약간 투박해 보이는 문 앞에는 호박이 그려진 포스터와 인형들로 할로윈 분위기를 한껏 띄우고 있었다.

내부는 음식을 먹을 수 있는 테이블이 대부분이었지만 우리는 맥주만 간단히 마시기 위해 바 쪽에 자리를 잡았다. 매장 안쪽에는 엘리시안의 성장과 함께한 역전의 용사, 맥주 양조 설비가 보였다.

바에 앉아 맥주 메뉴판을 훑어보니 엘리시안을 대표하는 맥주 이름이 눈에 들어왔다. ESB 스타일인 더 와이즈The wise, IPA 스타일인 스페이스 더스트Space Dust 및 임모탈Immortal, 스타우트 스타일인 드래곤스투스Dragonstooth가 그것들이다. 또한

1 호박 소품이 놓여 있는 바
2 코팅지와 함께 나온 비어 플라이트

Pumpkin이라고 적힌 다양한 호박맥주도 보였다.

어떤 것을 맛볼지 고민하던 중, 메뉴판 위쪽에 '비어 플라이트Beer Flight $10'이
보였다. 우리나라에서는 여러 가지 맥주를 조금씩 묶어서 판매하는 것을 '샘플
러'라고 하지만, 미국에서는 테이스팅 세트Tasting Set 또는 비어 플라이트라는 표현
을 많이 사용한다. 직원에게 '비어 플라이트!'를 외치니 직원이 코팅지와 펜을
가져다 주고 맥주 이름을 적으라고 한다. 얼마 되지 않아 투박해 보이는 트레이
에 맥주 4잔이 담겨 나왔다.

나이트 아울Night Owl이라는 호박맥주는 생강맛이 나는 것이 인상적이었고, 나머지 맥주는 큰 특징이 느껴지지 않았다. 임모탈과 스페이스 더스트는 IBU가 각각 62와 73으로 쓴맛이 상당히 강한 IPA였는데 기억에 딱히 없는 것은, 아마도 여행 기간 동안 더 강렬한 맥주를 많이 접했기 때문이 아닐까 싶다. 또한 여행을 준비하며 엘리시안이 레드훅보다 세련될 것이라고 막연하게 생각했는데 실제로 보니 오히려 엘리시안 캐피톨 힐 지점이 더 올드한 느낌이라 아쉬움이 많았다. 하긴 이 지점이 벌써 20년도 넘은 곳임을 고려하면 당연한 일이기도 하다. 맥주 맛은 기대보다 아쉬웠지만, 시애틀에서 가장 거대한 브루어리가 시작된 현장에 왔다는 것에 의의를 두었다.

엘리시안을 나와 우버를 이용해 다음 목적지인 조지타운 브루잉Georgetown Brewing으로 향했다. 매니스 페일에일Manny's Pale Ale을 대표 맥주로 내세우는 조지타운은 현재 엘리시안과 레드훅에 이어 워싱턴주 크래프트 맥주 생산량 3위를 자랑하는 시애틀의 유명 브루어리이다. 이곳은 시애틀 중심지에서 약간 떨어져 있는데, 맥주 공장 안에서 마실 수 있는 테이스팅 룸이 있다고 해서 방문했다. 하지만 하필 이날은 평일보다 2시간 일찍 마감하는 토요일이었기에 허탕하고, 다음 목적지로 이동할 수밖에 없었다.

**엘리시안 브루잉 Elysian Brewing**
주소 1221 E Pike St, Seattle, WA 98122
홈페이지 https://www.elysianbrewing.com
이건 꼭! 달달한 호박맥주인 Night Owl

# The Beer Junction
## 더 비어정션

조지타운 브루잉에서 허탕한 뒤 우버를 타고 도착한 곳은 여러 맥주 평가 사이트에서 시애틀 최고의 바틀샵 겸 펍으로 꼽는 '더 비어정션'이다. 이곳은 자타공인 시애틀에서 가장 많은 맥주를 제공하는 곳으로 병맥주는 50여 나라의 1,300여 가지를 보유하고, 탭은 35가지 이상을 취급한다. 시애틀 중심에서 상당히 멀리 떨어져 있어서 대중교통으로 방문하기 쉽지 않지만 맥주 마니아라면 반드시 와야 할 곳이다. 또한 매주 목요일에 다양한 맥주 행사를 진행하고 있어 일정을 조율해서 목요일에 방문하는 것도 좋은 방법이다.

매장 문을 들어서자마자 맥주 마니아들이 설렐 만한 광경이 펼쳐졌다. 양옆

1 매장 양옆으로 늘어선 수십 개의 냉장고
2 냉장고마다 표시된 번호와 맥주 스타일

복잡해 보이는 바의 모습

에 자리 잡은 수십 개의 맥주 냉장고! 그 안에 가득 있는 맥주! 천국이라면 바로
이곳이리라. 모든 냉장고 위쪽에는 번호와 함께 맥주 스타일이 적혀 있고, 안에
는 해당 스타일의 맥주로 가득했다.

　1번부터 39번 냉장고까지 하나하나 둘러보는데, 보는 내내 감탄이 끊이지
않았다. '세상에 이게 전부 맥주라니!' 그러던 중, 유독 눈에 띄는 녀석이 있었는
데 바로 한국의 캔 막걸리. '왜 막걸리가 이곳에 있을까?' 전부 둘러본 후 직원에
게 한국의 막걸리는 어떻게 알게 되었고, 왜 판매되는지 물어보기로 했다.

　냉장고를 실컷 구경한 뒤, 입구 한 켠에 있는 펍 공간으로 발걸음을 옮겼다.
이곳에서는 메뉴판 대신 대형 TV로 어떤 것이 주문 가능한지 보여 주었다. 맥
주 라인업은 하나같이 마니아들이 열광할 법한 맥주로 가득했다. 다행히도 약
40가지 맥주 중 대다수가 4온스약 113㎖로 판매해 여러 가지 고를 수 있었다. 바
쪽으로 가니 코팅지와 펜이 있었는데, 엘리시안에서의 경험을 살려 5가지 맥주
를 적어 직원에게 건넸다. 얼마 지나지 않아 맥주 트레이가 앞에 놓였다.

5가지 맥주 중 가장 기억에 남는 것은 3-Way IPA. 뉴잉글랜드 IPA인 이 맥주는 포트 조지 브루잉, 홀리 마운틴 브루잉, 모던 타임즈 등 세 곳의 양조장이 합작으로 만들었다. 이 세 곳은 여행 때 모두 방문할 예정이라 한 잔의 맥주를 통해 세 양조장의 스타일을 상상해 보는 재미가 있었다.

드래프트 맥주를 만족스럽게 마신 뒤, 뭔가 아쉬움이 남아 다시 냉장고 쪽으로 이동했다.

바틀샵에 왔으니 드래프트 외에 냉장고 안의 맥주를 맛봐야 한다는 생각이 들었다. 직원에게 조지타운 맥주 두 가지를 추천받았다. 마침 방금 전에 조지타운 브루어리에서 허탕하고 왔으니 더할 나위 없이 적절한 추천이었다. 직원에게 고맙다는 말을 전하며 캔 막걸리가 왜 여기에 있는지 물어보자 의외에 대답이 돌아왔다. 그 직원은 몇 년 전 한국에 살면서 맥주 아카데미에서 양조 교육을 담당했다는 것이다! 그는 맥주 강사로서 활동하며 한국을 많이 알게 되었고 막걸리 또한 좋아하여 이곳에서 판매하고 있다고 한다. 막걸리 외에도 한국 술을

코팅지와 함께 나온 테이스터 트레이

낮익은 한국의 캔 막걸리

판매하고 싶지만, 법적인 제약 때문에 막걸리만 판매하고 있다고 덧붙였다. 한국의 메주처럼 독특한 효모와 유산균에 관심이 많아 다양한 연구를 할 계획이라고 하니, 언젠가 우리는 시애틀에서 만든 메주를 사용한 맥주를 마시게 될지도 모를 일이다. 한국과 수천 킬로미터 떨어진 이곳에서 맥주를 통해 인연을 만들 수 있다는 것도 맥주 여행의 묘미가 아닐까.

수많은 맥주와 특색 있게 선별된 드래프트 맥주만으로도 훌륭했던 더 비어정션. 좋은 사람과의 만남이 있어 더 기분 좋은 추억이 남는 곳이다.

 더 비어정션 The Beer Junction
주소 4511 California Ave SW, Seattle, WA 98116
홈페이지 https://www.thebeerjunction.com
이건 꼭! 테이스팅 트레이로 다양하게 맛보자.
냉장고 구경은 덤!

# Cloudburst Brewing
## 클라우드버스트 브루잉

'집중호우'라는 뜻이 있는 클라우드버스트Cloudburst 는 2016년에 문을 열어 시애틀에서 단기간에 높은 평가를 받은 신예 양조장이다. 클라우드버스트가 인기 있는 이유는 뛰어난 맥주 맛도 있지만 시애틀의 관광 중심지인 파이크 플레이스 마켓 근처여서 쉽게 찾아갈 수 있기 때문이다. 따라서 이 양조장은 언제나 사람들로 북적거린다.

매장에서 바라본 도로변 모습

1 사람들로 북적이는 매장 내부
2 테이블 너머로 훤히 보이는 양조 설비

클라우드버스트는 맥주 이름을 고심해서 짓는 것으로 유명하다. 노래, 영화, 소설의 등장인물, 때로는 뉴스에 거론되는 사회, 정치적 문제를 의미하는 단어를 이용해 이름을 짓는다. 이 양조장에서 만들어지는 맥주는 이름에서부터 독특한 의미를 가지는 셈이다.

벽돌 건물의 클라우드버스트 입구는 마치 공사 현장을 보는 것처럼 투박했다. 페인트칠이 벗겨진 벽과 천장을 보며 안으로 들어가니 비로소 바가 모습을 드러냈다. 바의 반대쪽에는 만들다 만듯한 맥주 테이블이 있고 그 뒤로 양조 설

윗홉으로 만든 IPA 세 종류

비가 보였다. 대개의 브루펍은 양조 공간과 펍이 분리되어 있는데, 이곳은 맥주를 만드는 공간에서 펍 영업을 하고 있었다. 투박하고 약간은 불편할 수 있지만 맥주를 만드는 현장에서 마시는 느낌이 매우 특별했다.

클라우드버스트는 다양한 스타일의 맥주를 만들지만 특히 IPA에 집중하는 곳이다. 메뉴판에 있는 15가지 맥주 중 10가지가 IPA이니, IPA 전문 양조장이라고 말해도 손색없다. 아쉽게도 테이스팅 메뉴는 없으며 맥주 가격은 종류에 상관없이 작은 잔10온스은 $5, 큰 잔16온스은 $6이다. 메뉴판에는 맥주에 대한 설명과, 맥주 이름을 지은 이유가 자세하게 쓰여 있었다. 역시 클라우드버스트답다고 생각하며 고민 끝에 세 가지 IPA를 골랐다.

주문한 세 가지 IPA는 모두 색상이 진하고 탁한 편이었다. 특히 인상적인 것은 맥주 이름에 '윗홉Wet Hop'이 붙은 점이다. 윗홉은 8월 말부터 9월에 수확한 신선한 홉을 건조 가공 처리하지 않고 최대한 빠르게 활용하는 홉이다. 보관성과 편의성을 목적으로 건조시킨 펠렛pellet 형태의 홉에 비해 훨씬 많은 양을 넣어야 하지만, 가공되지 않은 신선한 홉 풍미를 느낄 수 있다. 웻홉은 24시간만 지나도 신선도가 떨어진다고 하니 이 홉으로 만든 맥주는 그야말로 계절 상품인 셈이다. 웻홉이라는 이름이 머릿속을 맴돌아서였을까. 날카로운 홉 향이 느껴지는 다른 IPA와 달리, 은은하면서 입안에 촉촉하게 지속되는 홉 향이 느껴졌다. 클라우드버스트가 짧은 시간에 큰 인기를 얻은 이유를 단번에 설명해 주는 맥주였다.

IPA를 좋아한다면 클라우드버스트의 맥주를 통해 입안에 홉비가 쏟아지는 기분을 즐겨 보길 바란다.

클라우드버스트 브루잉 Cloudburst Brewing
주소 2116 Western Ave, Seattle, WA 98121
홈페이지 http://cloudburstbrew.com
여기서 꼭! 시애틀 도시 경관을 볼 수 있는 입구
자리에 앉아 보자.

# 배럴 숙성 맥주
## Barrel Aged Beer

현재 크래프트 맥주 산업에서 가장 주목받는 양조 기법은 '배럴 숙성Barrel Aging'으로 오크통에 맥주를 숙성해 독특한 풍미를 부여하는 방법이다. 이를 배럴 숙성 맥주Barrel Aged Beer라고 하며, 많은 브루어리에서 다채로운 시도를 하고 있다. 다양한 원주原酒를 담았던 통을 활용해 수많은 조합을 만들 수 있기 때문에 마니아들의 사랑을 받는다. 최근에는 그 인기에 힘입어 배럴 숙성 맥주만 전문적으로 생산하는 브루어리가 등장할 정도다.

### 베럴 숙성 맥주의 역사

배럴 숙성 맥주는 언제부터 시작됐을까? 우리가 흔히 생각하는 배럴, 즉 원통 모양의 오크통은 기원전 350년경에 처음 만들어진 것으로 추정된다. 배럴은 식초, 오일, 피클, 소스 등 다양한 식재료를 보관하고 운송하는데 사용됐다. 맥주도 마찬가지이다. 중세 시대에는 양조 설비도 모두 나무로 제작했으니 맥주를 보관하거나 운송할 때 배럴을 사용한 것은 당연한 일이다. 하지만 배럴은 습도, 온도 등 외부 환경에 의해 변화가 일어나기 쉽고 청소 또한 어렵다는 단점이 있다. 당시에 사람들도 유해한 미생물을 완벽하게 살균하기 어려워 기껏 만든 맥주가 못 쓰게 되는 경우를 경험으로 알았을 것이다. 시간이 지나 금속 산업이 발전하면서 금속으로 된 양조 설비와 맥

구스 아일랜드 버번
카운티 스타우트

주 저장 탱크 등이 등장했고 목재 장비는 차츰 사라졌다. 물론 벨기에, 독일 등 일부 유럽 국가 중에는 전통 방식을 고수하는 경우도 있다.

맥주의 보관과 운송이라는 측면을 넘어, 풍미를 입히기 위해 숙성 목적으로 배럴을 사용한 최초의 맥주로는 '구스 아일랜드의 버번 카운티 스타우트Bourbon County Stout' 를 꼽는다. 1992년 만들어진 이 맥주는 미국의 버번 위스키인 짐 빔Jim Beam을 만든 배럴에 스타우트를 숙성한 것이다. 배럴에서 나오는 나무, 바닐라, 코코넛 뉘앙스의 풍미와 초콜릿, 캐러멜 등이 결합된 강렬한 향과 맛은 다른 맥주에서 느낄 수 없는 경험을 주며 많은 이들을 놀라게 했다. 버번 카운티 스타우트를 출발점으로 배럴 숙성 맥주는 꾸준히 발전했다. 현재는 버번 배럴 외에도 럼, 브랜디, 데킬라, 칼바도스 등 다양한 고도수의 술을 담았던 배럴은 물론 샤르도네, 메를로, 피노누아 등의 와인, 심지어 시럽이나 핫소스를 담았던 배럴을 활용한 맥주가 시도되고 있다.

### 베럴 숙성 맥주의 특징

배럴에 숙성하면 어떤 특징이 생길까? 가장 큰 특징은 원래 담겨 있던 술의 특색이 맥주에 스며든다는 것이다. 그 결과 위스키나 와인 등 원주의 풍미를 공유하는 맥주가 탄생한다. 또한 나무의 풍부한 맛과 더불어 배럴에 존재하는 다양한 향미 물질이 작용해 바닐라, 코코넛, 견과류, 알싸한 향신료 느낌 등도 줄 수 있다. 즉 기존의 양조 방식으로는 얻기 어려운 복합적이고 풍부한 향미가 만들어지는 것이다. 한편 배럴의 종류와 숙성 기간, 숙성 환경 등의 요소로 인해 같은 맥주도 미묘하게 맛이 달라지는 것도 재미있는 특징이다. 이 때문에 배럴 숙성 맥주는 생산 연도가 다르면 빈티지를 다르게 해 출시하는 경우가 많다.

아울러 배럴 숙성 맥주는 높은 도수이거나 사워한 특성을 가진 경우가 많다. 최근에는 페일에일이나 필스너 같은 스타일에도 배럴 숙성을 시도하고 있으나 대다수의 배럴 숙성 맥주는 위와 같은 특성을 지닌다. 어떤 이유 때문일까?

먼저 높은 도수의 맥주가 배럴 숙성에 어울리는 이유는 다음과 같다.

첫째, 미생물에 의한 오염에 강하다. 배럴은 나무의 미세한 틈이나 나무끼리의 접합부에 미생물이 존재하는 경우가 많고 완전히 살균하기 어렵다. 이 때문에 알코올 도수가 낮은 맥주를 숙성할 경우 종종 오염될 수 있다. 반면 알코올 도수가 높다면 미생물 번식을 저해해 상대적으로 오염이 덜 일어난다.

둘째, 부적절한 산화 특성을 가릴 수 있다. 배럴은 완전히 밀폐되는 스테인리스 숙성 탱크와는 달리 나무의 미세한 틈으로 출입하는 공기를 원천적으로 차단하기 어렵다. 따라서 맥주의 산화도 100% 막기 어렵다. 그러나 맥주 도수가 높고 풍미가 꽉 찬 맥주라면 이러한 산화 특성을 다른 풍미로 가리기에 용이하다.

셋째, 배럴에서 유래한 맛과 조화를 이룰 수 있다. 낮은 도수의 풍미 적은 맥주는 배럴에 담겨 있던 원주나 나무 풍미 등에 눌려 밸런스가 맞지 않는 경우가 있다.

사워 맥주가 배럴 숙성에 어울리는 이유는 다음과 같다.

첫째, 사워 맥주는 알코올 도수가 그리 높지 않은 경우도 있지만 낮은 pH로 인해 맥주의 풍미를 나쁘게 하는 유해균의 성장을 저해한다.

둘째, 사워 맥주의 풍미와 어울리는 미생물을 활용할 수 있다. 대표적으로 자연 효모인 브레타노마이세스는 과거에는 맥주를 망치는 원인으로 지목되었으나,

배양 중인 브레타노마이세스

현재는 사워 맥주와 어울리는 점이 많아 재평가되고 있다. 배럴과 공존하는 미생물 중에는 나무의 섬유질을 천천히 섭취(대사)하여 독특한 향미를 만드는 종도 존재한다.

한편 IPA 등 홉이 중심이 되는 맥주는 배럴에서 숙성되는 동안 홉 풍미가 대부분 휘발하므로 배럴 숙성에 적합하지 않은 것으로 알려져 있다. 물론 낮은 도수의 맥주나 호피한 맥주를 배럴 숙성하는 연구도 진행하고 있으나 아직까지는 메이저 지위를 얻지 못했다. 이론적인 이유를 차치하더라도 배럴 숙성과 잘 어울리는 스타일이 완성도가 높아 더 많이 만들어지는 것이 아닐까 싶다.

수많은 매력을 지닌 배럴 숙성이지만 섣불리 시도하기에는 어려운 점이 많다.

일단 배럴 숙성 맥주를 만드는 일 자체가 어렵다. 배럴 숙성 과정을 거친 뒤 맥주가 어떻게 변할지 아무도 확신할 수 없고, 오랜 시간을 들여 완성된 맥주가 잘못되면 모두 버려야 할 수도 있다. 시행착오를 감수해야 하기에 비용과 시간이 많이 든다. 또한 온도나 습도 등 다양한 환경적 요인으로 인해 해마다 차이가 생길 수 있어 일정한 맛을 내기 어렵다. 하지만 배럴 숙성을 통해 그동안 접해 보지 못한 새로운 맛을 찾을 수 있고 무엇보다 시간이 갖는 가치를 맥주에 녹일 수 있다

고릴라 브루잉의 소주 배럴 숙성
임페리얼 스타우트

는 점에서 배럴 숙성 맥주는 계속해서 소비자들을 사로잡고 있다.

### 한국에서의 배럴 숙성 맥주

과연 우리나라 크래프트 맥주 시장에서 배럴 숙성 맥주의 상황은 어떨까? 최근 2~3년 사이에 사워 맥주를 전문으로 하는 브루어리에서 배럴을 대량으로 구입하고, 여러 브루어리들이 연합해 배럴을 공동 구매하기도 했다. 그 결과 요즘에는 국내에서 생산한 배럴 숙성 맥주가 차츰 나오고 있다. 한 브루어리에서는 소주를 숙성했던 배럴에 스타우트를 넣은 '소주 배럴 에이지드 스타우트'를 출시해 많은 인기를 누리며 조기에 완판된 사례도 있다.

크래프트 맥주 시장의 추세에 맞춰 배럴 숙성 맥주가 연구되는 현 상황은 긍정적이지만 한편으로는 국내 맥주 업계에 태생적 한계가 있다는 점이 아쉽다. 미국의 경우 한 번 위스키 숙성에 사용한 배럴을 재사용할 수 없기 때문에 위스키 배럴을 구매하기 쉽고, 다양한 종류의 술과 와인을 만드는 곳이 많아 배럴을 구하는 것이 가격이나 환경적인 면에서 어렵지 않다. 하지만 우리나라의 경우 배럴을 구하는 일 자체가 어렵고, 높은 가격에 수입하기 때문에 브루어리 입장에서 많은 부담이 된다. 그렇기 때문에 숙성 실험을 하는 일도 어렵고 생산 측면에서도 난점이 있다. 하지만 이런 어려운 상황에서도 배럴 숙성 맥주가 꾸준히 시도되길 기대해 본다.

## 미국 서부 유명 브루어리에서 배럴 숙성 맥주를 즐기자

### 고도수 맥주

임페리얼 스타우트는 본래 커피, 초콜릿 등의 몰트 특성이 있다. 이는 배럴에서 유래하는 바닐라나 코코넛 같은 풍미와 잘 어울리기에 배럴 숙성할 경우 맛이 더 풍부해지고 긍정적인 영향을 준다. 특히 여러 배럴 중, 버번 배럴의 풍미와 잘 어울리기 때문에 이 배럴에 숙성하는 경우가 많다.

### 사워 맥주

미국 사워 맥주는 개방 발효조에서 맥즙을 식히고 공기 중의 자연 효모를 받아 맥주를 발효하는 '벨기에 람빅 방식'으로 만드는 경우도 있으나 대부분 좀 더 통제된 환경에서 맥주를 만든다. 독특한 과일과 다양한 부재료, 배럴의 종류를 다양하게 사용하며 숙성 시간에 차이를 두는 등 창의적인 시도를 통해 람빅과는 다른 미국적 특색을 담기도 한다. 아메리칸 사워(미국식 사워 맥주, 흔히 '아메리칸 와일드 에일'이라는 스타일로 분류한다)는 복잡하고 다채로운 풍미의 람빅보다 좀 더 직관적인 맛으로 입안과 혀를 자극하는 소위 '펑키'함을 강조하는 경우가 많다. 다양한 실험과 시도를 통해 무궁무진한 맛의 향연을 펼치는 미국 사워 맥주에도 도전해 보자.

# Holy Mountain Brewing

## 홀리 마운틴 브루잉

시애틀 크래프트 맥주의 수준을 크게 높인 것으로 평가받으며 맥주 애호가들이 시애틀 최고의 브루어리로 꼽는 곳, '홀리 마운틴 브루잉'. 클라우드버스트에서 우버를 타고 약 5분을 달리니 금세 한적한 도로변이 나왔는데, 그곳에 홀리 마운틴이 있었다.

2014년 설립된 홀리 마운틴에서 가장 강점인 맥주를 말한다면 바로 '오크통

홀리 마운틴 브루잉 건물 정면

1 창문 사이로 보이는 수많은 오크통
2 양조 설비가 보이는 바 자리

숙성 맥주'이다. 이곳은 야생효모를 이용해 시큼새콤한 사워 맥주와, 진하고 도
수가 높은 임페리얼 스타우트를 중점적으로 생산하고 있다. 특히 과일을 이용
한 '프룻 사워' 맥주는 홀리 마운틴을 시애틀 최고의 브루어리로 성장시킨 일등
공신이다.

건물 안으로 들어가기 전에 창문을 통해 내부를 엿보니 양조 설비와 오크통
들이 눈에 들어와 이곳에서 마실 맥주에 대한 기대감이 더욱 커졌다. 저 오크통
각각에 숙성된 맥주가 우리를 기다리고 있는 것 같았다. 약간 좁은 입구로 들어

인심 좋게 담겨 나온 '반 잔'짜리 맥주들

서니 세련된 화이트톤의 멋들어진 내부 공간이 우리를 반겼다. 우리는 널찍한 테이블 자리가 아닌, 메뉴판과 양조 설비가 눈앞에 보이는 바 자리를 선택했다. 고개를 창가 쪽으로 돌리면 철길 위로 화물 컨테이너를 실은 육중한 기차들이 움직이는 모습이 보였다. 메뉴판에 표시된 오늘 마실 수 있는 맥주는 총 9가지! 모든 맥주를 한 잔 단위뿐 아니라 $3 내외의 반 잔 단위로 판매했기에 골고루 맛보고 싶은 우리에게 최고의 상황이었다.

심사숙고한 끝에 5가지를 골라 반 잔 사이즈로 주문했는데, 한결같이 '한 잔' 같이 푸짐하게 나왔다. 이렇게 주문해도 2만 원이 안 되는 가격이라니! 시애틀에 살고 싶은 마음이 들 정도였다.

먼저 맛본 맥주는 테이블 비어라고 불리는 베스퍼Vesper였다. 레스토랑에서 편하게 즐길 수 있는 '하우스 와인' 개념처럼 부담 없는 도수인 3.8%짜리 맥주였다. 이어서 마신 맥주 두 가지는 홉 향을 강조한 페일에일 스타일로 오크통에서 숙성한 특징이 있다. 일반적으로 홉 풍미 중심의 맥주는 오크통에 숙성하지 않지만, 이 맥주는 페일에일 스타일답게 홉 향이 느껴지면서 오크통 숙성 과정에서 밴 나무 향이 은은하게 입안에 퍼지는 새로운 재미를 선사했다. 마지막은 임페리얼 스타우트 스타일의 킹스 헤드King's Head. 11%라는 높은 알코올 도수임에도 독한 쓴맛이 거의 느껴지지 않고 마시기 편하면서 은은한 달콤함이 느껴져, 왜 홀리 마운틴이 임페리얼 스타우트 맥주로도 유명한지 알 수 있었다.

이날 마셨던 맥주의 공통된 특징을 꼽으라면 새new 오크통에서 나올 법한 나무 풍미가 강하다는 것이다. 대부분의 오크통 숙성 맥주는 일정 기간 와인이나 위스키 등을 담았던 오크통을 사용해 원주의 복잡한 풍미가 느껴졌던 반면 홀리 마운틴의 맥주들은 갓 생산된 오크통에 숙성시킨 느낌이 들 정도로 신선한 나무 향과 목재의 알싸함이 강하게 느껴졌다. 양조장 안쪽에 위치한 오크통 외관은 어느 정도 연식이 되어 보였는데, 맛은 새 오크통에서 만든 것 같은 느낌이었다. '사용한 오크통 안쪽을 갈아 내어 새 통처럼 쓰는 방법이 있다고 들었는데 그 방법을 사용한 것이 아닐까?' 하고 생각했다. 독특한 나무 느낌 덕분인지 홀리 마운틴의 맥주는 더 신선하고 특색 있어 기억에 선명하게 남는다.

한 가지 아쉬운 점은 홀리 마운틴 펍 내부에서만 마실 수 있는 한정판 바틀을 맛보지 못한 것. 홀리 마운틴에서는 테이크 아웃만 가능한 바틀과 구매 후 펍 내에서 바로 마셔야 하는 바틀을 판매하는데, 둘이서 마시기에는 양도 많고 가격도 비싼 편이어서 주문하지 못했다. 비록 한정판 바틀 맥주는 맛보지 못했으나 창밖 풍경을 볼 수 있는 바 자리에 앉아 즐긴 5잔의 드래프트는 홀리 마운틴을 매력 있는 브루어리로 각인시키기에 충분했다.

홀리 마운틴 브루잉 Holy Mountain Brewing
주소 1421 Elliott Ave W, Seattle, WA 98119
홈페이지 https://holymountainbrewing.com
이건 꼭! 하프 사이즈로 마실 수 있는 만큼 모두 주문!

# Reuben's Brews

## 루벤스 브루스

'캐피톨 힐'과 더불어 시애틀 힙스터의 사랑을 한 몸에 받고 있는 '발라드Ballard' 지역. 관광 중심지에서는 약간 떨어져 있지만, 다른 지역에서 느낄 수 없는 발라드만의 분위기로 인해 젊은 사람들이 많이 찾는 동네다. 이곳은 특히 아기자기한 물건이 가득한 소품 가게를 비롯해 멋진 옷과 독특한 액세서리를 파는 빈티지 숍 그리고 분위기 좋은 카페들이 곳곳에 있어 쇼핑하기 좋은 곳으로 알려졌다. 또한 젊은 사람들이 많이 찾는 동네인 만큼 크래프트 브루어리도 발라드 곳곳에 있다.

벽에 걸려 있는 수많은 수상 메달

여행을 계획할 당시에는 조금 일찍 발라드에 도착해 쇼핑하고 커피도 마시며 여유를 즐긴 후 브루어리에 갈 생각이었는데, 여행이 계획대로만 될까 있나! 홀리 마운틴을 나와 발라드에 도착했을 때는 이미 해가 떨어진 저녁이었다. 대부분의 가게가 불이 꺼져 있어 발라드 특유의 분위기는 제대로 느낄 수 없었다. 다만 소품 가게 유리창 안으로 보이는 독특한 물건을 보며 이곳의 매력을 간접적으로 느꼈다. 분위기 좋은 레스토랑에서 햄버거를 먹는 것으로 아쉬움을 달랜 뒤, 오늘의 마지막 목적지인 루벤스 브루스로 발걸음을 옮겼다.

루벤스는 2012년 오픈한 곳으로, 가족 구성원이 함께 운영하는 '패밀리 브루어리'이다. 필스너, IPA, 스타우트 등 기본적인 스타일의 라인업은 물론, 오크통을 사용한 독특한 스타일까지 다양한 맥주를 생산하고 있다. 특히 맥주를 만드는 공정에서 여러 변화를 주어 특유의 스타일을 만드는 것이 루벤스의 철학이다. 그래서인지 오픈 이후 각종 대회에서 수상 경력이 대단하다. 3일 동안 시애틀의 여러 브루어리와 바틀샵을 다닐 때 빠지지 않고 있던 것이 루벤스의 맥주였으니, 이미 루벤스의 유명세를 느끼고 있었다.

주택가인지 공장 단지인지 분간되지 않는 도로를 걷다 보니 루벤스 브루스가 보였다. 안으로 들어가니 깔끔하게 정리된 바와 함께 양조 설비가 모습을 드러냈다. 클라우드 버스트와 마찬가지로 이곳 역시 오픈 양조장 형태였다. 바 쪽으로 가까이 다가가 메뉴판과 맥주 탭 설비를 살펴보니 모든 것이 깔끔하게 정리되어 있었다. 24개 맥주 리스트가 일목요연하게 정리된 메뉴판, 일정한 간격으로 배치된 24개 탭핸들, 맥주를 담은 케그가 연결된 비어라인까지! 그야말로 정리의 신이 작업한 것 같았다. 벽면에는 백 개는 넘어 보이는 맥주 수상 메달들

1 작은 은색 쟁반에 나온 테이스팅 사이즈 맥주
2 맛있는 맥주가 만들어지고 있는 오크통

로 가득했다.

깔끔하게 정리된 메뉴판을 보니 주문하고 싶은 욕구가 절로 들었다. 문제는 탭으로 마실 수 있는 맥주가 24개나 된다는 것. 모든 맥주를 마시고 싶지만 그렇게 했다가는 시애틀에서 쓰러져 미국 서부 맥주 산책은 막을 내려야 할 것이다. 직원에게 테이스팅 세트가 있는지 물으니 정해진 테이스팅 세트는 없고, 모든 맥주를 테이스팅 잔으로 주문할 수 있다고 한다. 그것도 단돈 2달러!

코팅지에는 A부터 L까지 알파벳 옆에 맥주 번호를 적는 칸이 있어 한 번에

12개 맥주를 주문할 수 있었다. 마음 같아선 번호를 가득 쓰고 싶었지만, 고민 끝에 5가지를 선택했다.

홉 향을 좋아하는 아내와 나는 페일에일과 IPA를 골라 주문했다. 그중 인상적이었던 맥주는 헤이지 더블 IPA Hazy Double IPA. 뉴잉글랜드 IPA답게 탁한Hazy 외관을 띄었고, 더블 IPA답게 도수도 높으면서 신선한 홉 풍미로 가득한 맛있는 맥주였다. 미국의 주요 홉 산지와 가까운 곳이어서 시애틀의 홉 중심 맥주는 유독 신선한 홉 향을 즐길 수 있는 것 같다. 맥주 마니아들이 꼽는 유명한 뉴잉글랜드 IPA 맥주에 전혀 뒤지지 않는 훌륭한 맛이었다.

맥주를 마시며 직원과 이야기를 나누다가 한국에서 가져간 맥주를 선물로 주었더니, 보답이라며 몇 가지 맥주를 맛보게 해 주었다. 브레타노마이세스브렛라는 야생효모를 사용해 쿰쿰한 향이 느껴지고 구아바 향도 가득한 맥주를 비롯해 홈브루잉 대회에서 우승한 스카치에일 스타일의 맥주까지, 정말 다양한 스타일을 맛볼 수 있었다. 그러고는 양조 설비 안쪽까지 구경하게 되었는데, 내부는 생각보다 크지 않았다. 이렇게 작은 규모에서 다양한 맥주가 나오다니! 직원은 아직 규모가 작다 보니 주문 물량을 맞추는 데 집중하고 있다고 한다. 다양하게 보유한 오크통으로 더 많은 실험적인 맥주를 만들 거라고 하니 앞으로가 더욱 기대되는 곳이다. 조만간 한국으로 맥주 견학을 갈 거라는 직원의 말에 한국에 오면 언제든지 연락을 달라고 하며 작별 인사를 나누었다.

아직은 규모가 크지 않지만 앞으로의 발전이 기대되는 곳. 좋은 기억을 남긴 루벤스 브루스였다.

루벤스 브루스 Reuben's Brews
주소 5010 14th Ave NW, Seattle, WA 98107
홈페이지 https://reubensbrews.com
이건 꼭! 테이스팅 잔으로 주문하여 골고루 맛보자.

# ★ 시애틀 투어리스트 ★

 볼거리

### 파이크 플레이스 마켓 Pike Place Market

1907년 개장한 미국에서 제일 오래된 시장 중 하나로, '파이크 플레이스'라는 도로 이름에서 따왔다. 해산물을 주로 취급하며 다양한 볼거리와 먹거리가 있어 시애틀 여행의 필수 방문지로 꼽히는 곳.

### 스타벅스 1호점 Original Starbucks

1971년 개점한 1호점이 문을 닫게 된 뒤, 1977년 파이크 플레이스 마켓에 새롭게 문을 연 스타벅스. 초창기 갈색 로고를 사용하는 유일한 곳으로, 이 로고가 찍힌 기념품을 구입할 수 있어 늘 사람들로 북적인다.

### 껌벽 Gum Wall

1993년 경 골목길에 위치한 극장 벽면에 한 손님이 껌을 붙이고 그 안에 동전을 넣은 것으로 시작된 껌벽. 몇 차례 청소 후에도 다시 껌으로 가득차자 결국 관광 명소가 되었다.

### 스페이스 니들 Space Needle

UFO를 형상화한 시애틀의 랜드마크. 약 160m 높이의 전망대에서 시애틀 전역을 감상할 수 있다.

### 아마존 고 Amazon Go

세계 최초의 무인 슈퍼마켓. 스마트폰에 애플리케이션을 다운받은 후, QR코드를 출입문에 대고 입장한 뒤 물건을 고르고 매장을 나오면 애플리케이션에 등록된 신용카드로 자동 결제된다. 신기술을 경험하고 싶은 사람들에게 추천.

### 프리몬트 트롤 Fremont Troll, 레닌 동상 Statue of Lenin

트롤이 다리 밑에서 기어오르는 듯한 형상을 하고 있는 거대 조각상. 트롤에서 조금 이동하면 공산주의의 상징인 레닌 동상도 볼 수 있다. 프리몬트는 사회주의 성향이 강한 사람들이 많이 이주 온 곳이어서 미국 내에서도 '공산주의의 집결지'라고 불린다.

### 개스 웍스 공원 Gas Works Park

©Checubus / Shutterstock.com

석탄을 이용해 가스를 만드는 발전소가 공원으로 탈바꿈했다. 공원 언덕에서 멋진 풍경을 감상할 수 있어 산책하기 좋은 장소이다. 프리몬트 트롤에서 시작해 해안가를 걷다 보면 도착한다.

### 발라드 Ballard

©cdrin / Shutterstock.com

캐피톨 힐(Capitol Hill)과 더불어 시애틀에서 핫한 동네로 각광 받는 지역. 다양한 소품 가게와 빈티지 숍, 분위기 좋은 레스토랑과 카페들이 곳곳에 자리 잡고 있다. 매주 일요일 열리는 파머스 마켓(Ballard Sunday Farmers Market)도 상당히 볼만하다.

## 🍽 먹거리

### 클램 차우더 Clam Chowder

조개, 양파, 감자 등을 넣고 끓인 걸쭉한 스프 요리. 가장 인기많은 레스토랑은 파이크 플레이스 마켓 근처에 있는 '파이크 플레이스 차우더(Pike Place Chowder)'.

### 해산물

신선한 해산물로 유명한 시애틀. 킹크랩을 비롯해 다양한 해산물을 맛볼 수 있는 '크랩팟(The Crab Pot)'이라는 레스토랑이 관광객들에게 유명하다. 양동이에 담겨 나와 테이블에 쏟아서 먹는 것이 이 집의 묘미.

# 교통

## 시애틀공항에서 시내 가기

### 링크 경전철 Link Light Rail

©EQRoy / Shutterstock.com

공항 도착 후 Link Light Rail 표지판을 향해 약 15분 걸어가면 티켓판매기가 보이는데, 이곳에서 티켓을 구매한다(현금, 카드 모두 가능). 티켓을 소지한 채로 탑승하면 된다. 종착역인 University of Washington Station까지 40분 소요되고 단돈 $3의 저렴한 가격이 장점이다. 파이크 플레이스 마켓에서 가까운 역은 Westlake Station과 University Street Station.

### 우버, 리프트 Uber, Lyft

링크가 정차하는 역에서 숙소가 가깝다면 링크를 이용하는 것도 좋지만, 시애틀이 첫 입국 도시라면 오랜 비행과 입국 심사 시간으로 심신이 지쳐 있을 것이다. 조금 비쌀지라도 우버 또는 리프트를 이용해 한 번에 숙소 앞까지 이동하는 것을 추천한다.

시애틀공항에는 택시를 탑승하는 장소가 별도로 있다. 'App-Based Rideshare', 'TNC/Rideshare', 'LYFT', 'UBER'라고 쓰인 표지판을 따라가면 승차장이 나온다. 택시 호출 시 탑승 주소가 'Sea-Tac Airport Parking Garage 3rd Floor'로 나오면 된다. 택시는 정해진 대기 장소에 있다가 앱으로 호출이 오면 승객을 태우러 오는 구조이다.

## 시애틀 대중교통

T-Money와 유사한 ORCA카드를 구입하면 여러 대중교통을 이용할 수 있다. 하지만 맥주 명소를 이동하기 위해서는 우버를 자주 사용하게 되므로 ORCA카드를 추천하지 않는다. 시내를 관광할 때는 구글 지도를 활용하며 버스 탑승이 필요한 경우, 탑승 시 인당 $2.75를 기사에게 지불한다.(거스름돈은 받기 어렵기 때문에 잔돈을 준비하는 것이 좋다.) 이때 받은 종이 티켓을 갖고 있으면, 2시간 동안 다른 버스도 계속 이용할 수 있다(탑승 시 종이 티켓을 기사에게 보여 준다).

©Cari Breeze / Shutterstock.com

PORTLAND

# COURSE 3

# 포틀랜드

### 개성 넘치는 자유의 도시

# PORTLAND 포틀랜드

©ARTYOORAN / Shutterstock.com

오리건주에서 가장 큰 도시이자 북서부(Northwest)에서 시애틀 다음으로 큰 도시. 목재를 수송하는 항구로 시작해 펄프, 알루미늄, 농산물 등의 교역을 담당하며 경제 · 상공업 · 교통의 심장부로 성장한 도시이다. 미국에서 가장 진보적인 도시로 손꼽히며, 자유분방하고 독립적인 문화를 갖고 있는 힙스터의 성지로 불린다. 강렬하게 시선을 끄는 랜드마크는 없지만 여유 있고 개성 넘치는 포틀랜드에서 활기차게 맥주를 즐겨보자.

## 맥주 산책로

1. **브레이크사이드 브루어리:** 대중적이면서 개성 넘치는 브루어리
2. **텐배럴 브루잉:** 숫자 10을 떠올리면 생각나는 곳
3. **드슈츠 브루어리:** 맛있는 음식점으로도 유명한 대형 브루어리
4. **벨몬트 스테이션:** 20년 넘은 포틀랜드 최고의 바틀샵
5. **에이펙스:** 새벽까지 영업하는 포틀랜드 최고의 펍
6. **캐스케이드 브루잉 배럴하우스:** 미국 사워 맥주를 선도하는 브루어리
7. **베일리스 탭룸:** 친근한 아지트 같은 펍
8. **그레이트 노션 브루잉:** 포틀랜드 최고의 뉴잉글랜드 IPA 맛집
9. **엑스 노보 브루잉:** 젊은 에너지로 빠르게 성장하는 브루어리
10. **헤어 오브더 독 브루잉:** 진하고 독한 아메리칸 스트롱 에일의 명가

※ 거리가 많이 떨어져 있는 부분은 화살표 (••••▶)로 표시했습니다.

**8** 그레이트 노션 브루잉

**9** 엑스 노보 브루잉

**1** 브레이크사이드 브루어리

*Portland Oregon*

**2** 텐배럴 브루잉

**3** 드슈츠 브루어리

파월 서점

**7** 베일리스 탭룸

**번사이드 브릿지**

**10** 헤어 오브더 독 브루잉

**6** 캐스케이드 브루잉 배럴하우스

**4** 벨몬트 스테이션

**5** 에이펙스

# Breakside Brewery

### 브레이크사이드 브루어리

시애틀에서 볼트<sub>Bolt</sub> 버스를 탄 지 약 3시간 만에 도착한 미국 서부 맥주 산책 두 번째 도시, 포틀랜드. 이 도시에서 첫 방문지로 선택한 곳은 브레이크사이드 브루어리이다. 이곳은 2010년 오픈하여 다양한 실험적인 맥주를 만들면서 주목받기 시작했으며, 특히 상쾌한 호피에일<sub>Hoppy Ale, 홉 향이 강조된 에일맥주</sub>로 유명하다. 이 브루어리는 포틀랜드에 3개 지점을 보유할 만큼 인기 있다. 우리는 그중 시내와 가까운 노스웨스트 슬랩타운<sub>NW Slabtown</sub>점을 방문했다.

벽화가 인상적인 건물 외관

브레이크사이드 건물은 주택으로 가득한 동네에 있다. 멋진 벽화가 그려진 외관을 보고 범상치 않은 곳임을 한눈에 알 수 있었다. 자리를 안내받고 내부를 둘러보니 바는 물론이고 2층 자리까지 사람들로 꽉 차 있었다. 친구나 연인끼리 온 사람들이 대부분이었지만 아이와 함께 온 가족도 있는 것이 인상적이었다. 평일 오후 5시경인데도 이렇게 사람이 많다니, 저녁이 있는 삶을 사는 사람들이 내심 부러웠다.

사실 가장 부러운 것은 이들이 맛있는 맥주를 마시고 있다는 점! 메뉴판에서 음식 두 가지를 고른 뒤, 맥주 메뉴판을 살펴보았다. 16가지 맥주는 브레이크사이드 브루어리 3개 지점 중 이곳에서 만든 맥주를 의미하는 'Slabtown Beers'와 브레이크사이드의 기본 라인업인 'Classic Breakside Beers'로 구분했다. 또한 세 종류의 테이스팅 세트도 있는데, 기본 라인업만

어떤 테이스팅 세트에 포함되는지 아이콘으로 표시함

모아둔 것, 이 지점에서만 유통되는 것, IPA만 모아놓은 것으로 분류되어 있다. 맥주 리스트에 각각 브루어리 로고와 별 그리고 홉으로 표시되어 어떤 맥주가 어떤 세트에 해당되는지 쉽게 파악할 수 있었다. 테이스팅 세트를 주문할 때 어떤 맥주를 고를지 결정하기 어려운데, 이렇게 유형별로 맥주가 정해져서 나오는 것도 좋은 아이디어였다. 홉 풍미가 강한 맥주가 장점인 브루어리인 만큼, 우리가 주문한 테이스팅 세트는 당연히 IPA 세트.

연중 생산하는 대표적인 맥주인 Breakside IPA, Wanderlust IPA는 웨스트코스트 IPA로 홉의 쌉쌀함과 자몽 또는 오렌지류의 과일 풍미가 입안을 깔끔하게 채웠으며, 쓴맛이 과하지 않고 은은하게 느껴지고 목 넘김 또한 부드러웠다. 질리지 않고 마실 수 있는 느낌이었다. 나머지 4가지 IPA에서도 홉의 향과 맛이 무척 신선하게 느껴져서 왜 이곳이 홉을 잘 다루는 것으로 정평이 났는지 알 수

1 6가지 맥주가 담긴 원형 트레이
2 안이 꽉차 있는 치킨 랩

있었다. 함께 주문한 와플 타워 Waffle Tower 와 치킨 랩 Chicken Wrap 도 맥주와 잘 어울렸다.

개인적으로 조금 아쉬웠던 점은 다른 브루어리에 비해 기억에 남을 만한 특색이 부족했다는 것이다. 아무래도 맥주에서 느껴지는 홉의 느낌이 자극적이지 않았기 때문인 듯하다. 강렬한 느낌보다는 여러 잔 마실 수 있는 편한 맥주가 대부분이었다.

바로 그 점이 브레이크사이드 브루어리의 장점이기도 하다. 대중적으로 어필할 수 있는 맥주인 만큼 포틀랜드에서 어떤 마트를 가든 브레이크사이드 맥주를 볼 수 있다. 이른 저녁 화창한 날씨로 좋은 분위기에서 맛본 음식과 맥주 덕분에 포틀랜드에서의 맥주 산책을 기분 좋게 시작했다.

 브레이크사이드 브루어리 Breakside Brewery
주소 1570 NW 22nd Ave, Portland, OR 97210
홈페이지 https://breakside.com
이건 꼭! Sampler Tray 세 가지 중,
Slabtown 또는 IPA 추천!

# 10 Barrel Brewing

## 텐배럴 브루잉

포틀랜드에서 숫자 '10' 하면 떠오르는 것은? 포틀랜드의 맥주 마니아라면, 텐배럴 브루잉이라고 말할 것이다. 텐배럴 브루잉은 2006년 맥주를 좋아하는 세명이 뭉쳐 오리건주에 위치한 벤드Bend에 세운 양조장이다. 2009년부터 포틀랜드에 양조한 맥주를 유통하기 시작했고 그 후 승승장구하며 양조장을 확장했다. 여러 지역에 펍을 오픈하면서 현재는 상당한 규모의 양조장과 6곳의 지점을 보유할 정도로 성장했다. 브루어리 이름에 숫자 10이 붙은 이유는 무엇일까? 맥주를 처음 양조할 때 10개의 배럴이 있었기 때문이라고 한다. 고작 10개의 배럴로 시작한 이곳은, 현재 세계 최대 맥주 회사인 AB Inbev가 인수해서

사거리 한 블록을 차지하고 있는 텐배럴 브루잉

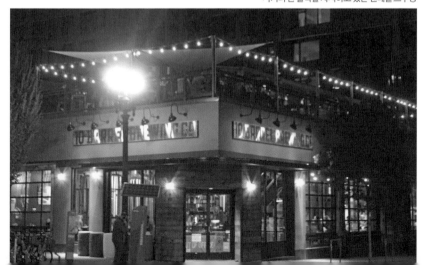

자유석과 바가 있는 2층 모습

운영한다.

어느 골목을 가도 브루어리로 가득한 포틀랜드. 텐배럴 브루잉 포틀랜드 지점은 시내 중심가에서 가까워 방문하기도 편하다. 매장 입구를 들어서자마자 향한 곳은 2층으로 올라가는 계단. 2층 야외석에서 경치를 즐기면서 맥주를 마시는 것이 이곳의 매력이니까! 2층으로 올라가면 오른쪽으로는 식사할 수 있는 지정 자리가, 왼쪽으로는 맥주만 마실 수 있는 자유석과 바가 있는 공간이 펼쳐진다. 우리는 맥주만 마실 생각으로 활기찬 분위기의 왼쪽 공간에 자리를 잡았다.

메뉴판을 살펴보니 약 20가지 맥주가 스타일별로 구분되어 있었다. 그중 눈에 띄는 것은 '와일드 카드Wild Card'라고 분류된 맥주. 말 그대로 '비장의 카드'로 꼽히는 독특한 맥주를 의미한다. 방문 당시의 와일드 카드는 Grapebrut라는 이름의 맥주였다. 포도향과 드라이한 뒷맛이 특징이라고 적혀 있는 것을 보니, 포도를 의미하는 Grape와 샴페인에서 드라이한 스타일을 의미하는 Brut를 합쳐 만든 이름인 것 같다. 와일드 카드는 수시로 변경되니 방문하기 전 미리 확인해 보는 것도 이 브루어리를 찾는 재미 중 하나이다.

　메뉴판에 별 표시와 함께 'Brewed here By Whitney Burnside'라고 적힌 맥주가 보였다. 이 지점에서 해당 양조사가 만든 맥주를 의미한다. 홈페이지에 도 펍별로 양조 담당자가 소개되어 있을 만큼, 지점별로 담당자 이름을 내세운 점이 독특했다. 양조사는 자신의 이름을 건 맥주를 만들고, 소비자는 자신이 좋 아하는 양조사의 맥주를 찾을 수 있으니 서로에게 좋은 방식이 아닐까 싶다.

　사실 이곳에서 우리가 주문할 메뉴는 이미 정해져 있었으니 바로 샘플러! 10 이라는 숫자를 상호에 쓴 브루어리답게, 샘플러를 주문하면 무려 10가지 맥주 가 나온다. 그것도 단돈 10달러! 다만 직접 고를 수는 없고 정해진 맥주가 나온 다. 10개짜리 샘플러 트레이는 배럴 테이블에 딱 맞게 걸쳐졌다. 이렇게 맥주가 담긴 트레이는 처음 보았는데 보기만 해도 푸짐해서 절로 신이 났다.

배럴 테이블에 딱 맞는 샘플러 트레이

루프탑에서 즐기는 포틀랜드 야경

　이중 가장 기억에 남는 것은 'Savage Belly'라는 이름의 맥주. Pepper Beer 스타일이라고 적힌 이 맥주를 입에 한 모금 머금으니 그야말로 통후추를 갈아 입안에 털어 넣은 느낌이었다. 사실 맛이 썩 좋지는 않았지만 독특한 자극 때문인지 자꾸 손이 갔다. 이 외에도 레드와인통에 숙성한 맥주, 사과를 발효 재료로 쓴 사이더Cider 등 다양한 스타일이 있어 흥미로웠다.

　포틀랜드의 야경이 사방으로 둘러싸인 루프탑에서 맥주를 마시는 것은 또 다른 기분 좋은 경험이었다. 탁 트인 공간에서 밤공기를 마시며 즐긴 맥주는 추억의 한 장면을 만들어 주기에 충분했다.

 텐배럴 브루잉 10 Barrel Brewing
주소 1411 NW Flanders St, Portland, OR 97209
홈페이지 https://10barrel.com
이건 꼭! 고민할 필요 없이 무조건 10종 샘플러!

PORTLAND
★

# Deschutes Brewery
## 드슈츠 브루어리

포틀랜드의 랜드마크이자 이정표가 되는 파월서점Powell's City of Books에서 가장 가까운 드슈츠 브루어리. 1988년 벤드Bend라는 지역에서 작은 브루어리로 시작해 포틀랜드 펍에 맥주를 납품하면서 크게 성장했다. 사실 1988년은 미국 브루어리의 역사에서 대단히 중요한 해이다. 시에라네바다 같은 기존 브루어리의 장점을 흡수해 새롭고 대담한 맥주를 만들면서 사업적으로도 대성공을 거둔 소위

단골로 보이는 바 자리의 사람들

1988년 세대The Class of '88 브루어리가 다수 설립된 해이기 때문이다. 로그Rogue, 브루클린Brooklyn, 구스아일랜드Goose island, 노스코스트North Coast, 그레이트 레이크Great Lake 같은 브루어리가 여기에 해당한다. 물론 드슈츠도 미국 크래프트 맥주 역사의 한 페이지를 장식하는 브루어리답게, 어마어마한 맥주 출하량을 자랑한다.

드슈츠는 규모에 걸맞게 지속 가능한 브루어리가 되기 위해 사회 공헌에도 힘쓴다. 예를 들면 수원이 되는 드슈츠 강을 복원하는 데 노력하고 있다. 맥주 양조는 물을 대량으로 사용하기 때문에 수원의 복원과 보호는 브루어리를 오랫동안 유지하기 위해서 필요한 일이다. 이런 사회활동 덕분인지 드슈츠는 포틀랜드 시민들의 큰 지지를 받으며 매년 크래프트 맥주 매출 순위에서 상위권을 차지한다. 포틀랜드에 온 이상 방문하지 않을 수 없는 이유이다.

드슈츠에 들어서니 포틀랜드의 대기업(?) 브루어리답게 거대한 공간이 모습을 드러냈다. 멋진 바가 잘 보이는 테이블로 자리를 잡았다. 주위를 둘러보니 바에 앉아 맥주를 즐기는 마니아들, 그들과 이야기를 나누며 서빙하는 직원, 편안한 레스토랑 같은 분위기 속에서 테이블에 앉아 있는 사람들, 주방에서 음식을 만드는 요리사까지 모두 즐거워 보였고 다채로운 모습이었다.

Classic Beers VS Brewer's Choices

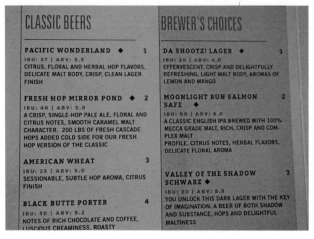

## CLASSIC BEERS

**PACIFIC WONDERLAND ◆**   1
IBU: 37 | ABV: 5.5
CITRUS, FLORAL AND HERBAL HOP FLAVORS, DELICATE MALT BODY, CRISP, CLEAN LAGER FINISH

**FRESH HOP MIRROR POND ◆**   2
IBU: 40 | ABV: 5.0
A CRISP, SINGLE-HOP PALE ALE, FLORAL AND CITRUS NOTES, SMOOTH CARAMEL MALT CHARACTER. 200 LBS OF FRESH CASCADE HOPS ADDED COLD SIDE FOR OUR FRESH HOP VERSION OF THE CLASSIC

**AMERICAN WHEAT**   3
IBU: 25 | ABV: 5.0
SESSIONABLE, SUBTLE HOP AROMA, CITRUS FINISH

**BLACK BUTTE PORTER**   4
IBU: 30 | ABV: 5.2
NOTES OF RICH CHOCOLATE AND COFFEE, LUSCIOUS CREAMINESS, ROASTY

## BREWER'S CHOICES

**DA SHOOTZ! LAGER ◆**   1
IBU: 20 | ABV: 4.0
EFFERVESCENT, CRISP AND DELIGHTFULLY REFRESHING, LIGHT MALT BODY, AROMAS OF LEMON AND MANGO

**MOONLIGHT RUN SALMON SAFE ◆**   2
IBU: 60 | ABV: 6.0
A CLASSIC ENGLISH IPA BREWED WITH 100% MECCA GRADE MALT, RICH, CRISP AND COMPLEX MALT PROFILE. CITRUS NOTES, HERBAL FLAVORS, DELICATE FLORAL AROMA

**VALLEY OF THE SHADOW SCHWARZ ◆**   3
IBU: 20 | ABV: 5.3
YOU UNLOCK THIS DARK LAGER WITH THE KEY OF IMAGINATION. A BEER OF BOTH SHADOW AND SUBSTANCE, HOPS AND DELIGHTFUL MALTINESS

나비 모양의 테이스팅 세트 트레이

드슈츠는 맥주뿐 아니라 음식이 맛있기로 유명하다. 그래서인지 살짝 엿본 주방은 전문 레스토랑 못지않았다. 수십 가지 음식 가운데 간단히 먹을 수 있는 '포크 윙'이라는 돼지고기 요리를 골랐다. 이제 맥주 메뉴판에 집중할 시간. Classic Beers 6종, Brewer's Choices 6종, 그리고 나머지 맥주들로 분류되어 있었다. 이곳에서 직접 양조한 맥주는 ◆표시가 되어 있어 맥주를 고르는 데 도움이 되었다. 한 곳에서 최대한 많은 맥주를 마셔 보려면 테이스팅 세트를 고르는 게 이득이다. Classic Beers 6종과 Brewer's Choices 6종 모두 $14이었다. 둘 중 어떤 것을 주문할지 고민하다가 직원에게 조언을 구하니 2달러를 추가로 내면 원하는 맥주를 고를 수 있다는 꿀팁을 알려 주었다. 덕분에 호피에일 스타일 위주로 6가지 맥주를 선택했다.

나비처럼 생긴 트레이에 좌우대칭으로 6개의 맥주가 가지런히 놓여 나왔다. 하지만 맥주는 기껏해야 100ml 남짓으로 양이 조금 아쉬웠다. 전체적으로 특별히 인상에 남는 맛은 아니었지만, 향이 자극적이지 않고 마시기 편해 음식과

Cask Conditionded IPA

잘 어울렸다. 몇 시간 전 방문했던 브레이크사이드 맥주의 콘셉트와 유사하다고 생각했다.

기대보다 적은 양의 테이스팅 세트를 마신 뒤, 이대로 떠나기 아쉬워 다시 메뉴판을 보니, 'Cask Conditionded'라고 표시된 캐스크 맥주가 눈에 띄었다. 게다가 맥주 이름이 적혀 있지 않고, '오늘의 맥주를 직원에게 문의하세요.'라는 문구가 있어서 더욱 궁금증을 유발했다. 직원에게 문의하니 IPA와 윗비어 두 가지 스타일이 있다고 한다. IPA를 좋아하는 우리로서는 당연히 IPA로 주문할 수밖에. 캐스크 맥주답게 다른 맥주에 비해 미지근한 온도로 탄산감은 거의 없다시피 했는데, 입안에 머금으면 나무 향이 슬며시 퍼지는 것이 재밌었다. 며칠 전 프리몬트와 브로우베어스 카페에서 캐스크 IPA를 마실 때도 그랬지만, 이렇게 색다른 맥주를 마신다는 것은 즐거운 경험이다.

포틀랜드의 첫날 밤 마지막 맥주 산책 장소였던 드슈츠 브루어리. 다시 포틀랜드에 올 기회가 있다면, 저녁 시간에 방문해 맛있는 요리와 함께 맥주를 마시고 싶은 곳이다.

 드슈츠 브루어리 Deschutes Brewery
주소 210 NW 11th Ave, Portland, OR 97209
홈페이지 https://www.deschutesbrewery.com
이건 꼭! 'ASK YOUR SERVER FOR TODAY'S
　　　SELECTION' 라는 문구를 찾아 직원에게 문의하자.

# Belmont Station

벨몬트 스테이션

포틀랜드는 '맥주의 도시'로 불릴 정도로 수많은 브루어리가 있으며, 그에 걸맞게 수많은 펍과 바틀샵이 영업 중이다. 포틀랜드의 여러 바틀샵 가운데 가 볼만한 곳을 한 군데 꼽자면 벨몬트 스테이션이다. 이곳은 1997년 오픈하여 20년 넘게 성업 중인 바틀샵으로 1,400가지 이상의 바틀이 있을 뿐 아니라 다양

도로변에 있는 건물 외관

한 맥주 행사도 정기적으로 열린다. 여러 맥주 평점 사이트에서 최고의 평가를 받고 있는데, 20년이 넘는 동안 Oregon Beer Awards라는 상을 비롯해 수십 개의 수상 경력이 있으니 단연 포틀랜드 최고의 바틀샵이라고 해도 과언이 아니다.

날씨는 약간 쌀쌀했지만 맑은 하늘이 매력적이었던 포틀랜드 둘째 날. 숙소에서 버스를 타고 포틀랜드의 경치를 즐기며 30분 정도를 달려 벨몬트 스테이션 근처 정류장에서 내렸다. 정류장에서부터 벨몬트 스테이션으로 향하는 거리는 개인 주택이 늘어선 전형적인 미국의 골목이었다. 몇 블록을 걷자 벨몬트 스테이션이 보였다. 얼핏 보기에는 작은 카페나 편의점이 연상될 정도로 단출한 모습이었다.

벨몬트 스테이션은 바틀샵과 펍 공간으로 나뉘어 있어, 우리는 우선 펍에서 맥주를 마시기로 결정했다. 펍 공간에는 약 30여 가지 맥주를 드래프트로 마실 수 있었다. 내부로 들어가니 길쭉한 형태의 벽면과 천장에는 300개 정도 맥주 탭핸들이 전시되어 있었다. 20년 넘게 같은 자리를 지키고 있는 곳답게 목재로 된 테이블과 바의 인테리어에서 세월의 흔적이 묻어났고, 편안함이 느껴졌다. 예스러운 분위기가 풍기는 이곳에서 메뉴판만은 하이테크놀로지였다. 넓은 벽면에 빔프로젝터로 메뉴를 표시했기 때문. 맨 위에 있는 글씨는 잘 안 보이긴 했지만 색다른 형태의 메뉴판은 또 다른 재미를 주었다.

1 벽을 가득 채운 맥주 탭핸들
2 빔프로젝터를 이용한 메뉴판

신선한 홉 풍미가 살아 있는 맥주

메뉴판에 표시된 35가지 맥주는 대부분 4온스 사이즈로 판매했고 가격은 2~3달러였다. 가격도 저렴하고 양도 적당하니 원하는 맥주를 골고루 마시기에 최적이었다. 고민 끝에 고른 맥주는 4가지. 마치 테이스팅 세트를 위해 준비한 듯, 네 잔이 쏙 들어가는 트레이에 나왔다.

우리는 호피한 맥주만 골라서 주문했는데 하나같이 신선한 홉 풍미를 즐길 수 있었다. 맥주를 마시며 가게를 둘러보니 안쪽 깊숙하여 잘 보이지 않는 좌석에 생각보다 많은 사람들이 있었다. 평일 오후 시간이라 손님이 많지 않을 거라 예상했으나 이미 안쪽부터 자리가 차 있던 것이다. 역시 오랫동안 영업한 곳답게 사람이 끊이지 않았다.

신선한 맥주를 맛있게 마셨으니 이제 바틀샵을 구경할 시간. 자리에서 일어나 매장 한 켠에 보이는 작은 문을 지나니 환상적인 바틀샵이 모습을 드러냈다.

약 20개 맥주 냉장고가 매장 벽면을 둘러싸고, 매장 가운데는 진열대가 빼곡했다. 대부분 미국 맥주였고, 벨기에 맥주도 보였는데 스타일별로 냉장고에 분

맥주가 빼곡하게 진열된 바틀샵 내부

류되어 있었다. 한국에서도 구할 수 있는 맥주도 꽤 많았는데 이 맛있는 맥주를 국내에서도 맛볼 수 있다는 점이 참 다행이라는 생각이 들었다. 물론 가격은⋯ 수입품이니까 어쩔 수 없지만 말이다. 사고 싶고 맛보고 싶은 맥주는 많았지만, 포틀랜드에서 맛봐야 하는 맥주가 많기에 눈으로만 가득 담고 두 손은 가볍게 가게를 나왔다. 아늑한 주택가에 자리한 벨몬트 스테이션. 맥주 맛도 맛있지만, 화창한 야외 풍경과 고즈넉한 내부 모습이 조화를 이루는 곳. 내가 살고 있는 집 근처에도 이런 곳이 있다면 얼마나 행복할지 상상하며 다음 장소로 발걸음을 옮겼다.

 벨몬트 스테이션 Belmont Station

주소 4500 SE Stark St, Portland, OR 97215

홈페이지 https://www.belmont-station.com

여기서 꼭! 펍 안쪽에 있는 야외석에서 운치 있게 마시자!

# APEX
## 에이펙스

벨몬트 스테이션이 포틀랜드 최고의 바틀샵으로 꼽힌다면, 최고의 펍으로 꼽히는 곳은 어디일까? 사람마다 '최애펍'이 다르겠지만 많은 포틀랜드 주민들이 최고의 펍으로 이야기하는 곳은 바로 에이펙스Apex다. 이곳의 장점은 직관적이고 확실하다. 첫째는 50여 개나 되는 포틀랜드 최다의 탭을 취급한다는 점, 둘째는 오전 11시 30분부터 새벽 2시 30분까지 포틀랜드에서 가장 긴 영업시간을 운영한다는 점이다. 이곳은 포틀랜드가 속한 오리건주 맥주는 물론, 미국 전역의 수준급 맥주를 선별해 놓았다. 특히 미국 서부 최고의 IPA로 평가받는 러시안리버 브루잉의 맥주까지 있으니, 포틀랜드 여행 중 시간이 없다면 이곳만

입구에 배치된 오락 기계

널찍한 자유석과
일렬로 배치된 바 자리

들러도 본전은 찾는다.

포클랜드는 대중교통이 잘 갖춰져 있어, 벨몬트 스테이션에서 버스를 타고 쉽게 에이펙스에 도착했다. 에이펙스 매장 앞에 자전거 주차장이 눈에 띄었다. 한적한 골목을 자전거로 누비다 맥주 한 잔 즐기며 쉬었다 가기에 좋아 보였다.

매장 문을 열고 들어서는 순간, 오락실에 온 것이 아닌가 하는 착각이 들 정도로 여러 대의 오락 기계가 있었다. 조금 더 들어가면 맥주를 마시기 좋은 탁 트인 공간이 펼쳐진다.

에이펙스 매장 내부는 따스한 햇살이 깊숙이 들어와 맥주를 마시며 신선놀

음하기에 더할 나위 없는 공간이었다. 맥주를 주문받는 곳 안쪽에는 탭핸들과 소량의 선별된 맥주가 일렬로 있었다. 평일 낮 시간이어서 주인을 찾지 못한 의자들이 덩그러니 있었지만, 저녁 시간이나 주말이었다면 아마도 의자보다 많은 수의 사람이 펍을 가득 메웠으리라.

50가지의 맥주 메뉴는 커다란 모니터 전광판에 빼곡해서 눈에 잘 들어오지 않았다. 눈을 부릅뜨고 꼼꼼히 살펴보니 약 70% 이상이 홉 중심의 맥주였다. 방문 전 미리 생각해 둔 러시안리버 브루잉의 플리니 디 엘더Pliny the Elder를 주문했다. 한정판을 제외하고 평상시 마실 수 있는 서부식 IPA 중에서 단연 최고의 평가를 받는 맥주. 물론 며칠 뒤면 러시안리버 브루잉을 방문할 예정이지만, 무척 마셔 보고 싶었기 때문에 주문하지 않을 수 없었다.

플리니 디 엘더와의 첫 입맞춤. 마시는 순간 번쩍하는 감동을 기대해서인지, 아니면 그동안 맛있는 IPA를 많이 맛봐서인지 충격 받을 정도의 맛은 아니었

러시안리버 브루잉의 '플리니 디 엘더'

에이펙스 맞은편에 위치한 '더 비어 몽거스'

다. 하지만 쌉쌀한 홉 풍미와 입안에서 느껴지는 맥아 풍미의 밸런스가 좋고, 은
근하게 퍼지는 청량감 등이 IPA의 장점만 모아 놓은 맥주 같았다. 돌이켜 보면
마시는 순간에는 큰 감흥이 없었지만 이후 맛있는 IPA 한 잔을 마시고 싶을 때
플리니 디 엘더가 떠오르니 훌륭한 맥주임은 분명하다.

시큼한 사워 맥주 한 잔 더 맛본 뒤, 에이펙스를 나섰다. 화창한 날씨에 멋진
공간에서 취하도록 마시고 싶었지만, 맥주 명소가 많은 포틀랜드이기에 한 곳
에서 에너지를 쏟을 수는 없었다. 매장을 나와 사거리 맞은편에 보이는 또 하나
의 맥주 명소인 더 비어 몽거스The Beer Mongers는 눈으로만 담은 채, 다음 목적지를 향
해 버스에 몸을 실었다.

 에이펙스 APEX

주소 1216 SE Division St, Portland, OR 97202
홈페이지 https://www.apexbar.com
이건 꼭! 러시안리버 브루잉의 '플리니 디 엘더(Pliny the Elder)'

PORTLAND
★

# Cascade Brewing
# Barrel House

## 캐스케이드 브루잉 배럴하우스

미국에 수많은 브루어리 중, 사워 맥주 하면 가장 먼저 생각나는 곳은 캐스케이드 브루잉이다. 이곳의 맥주는 한국에도 수년 전부터 수입되어 다수의 팬이 있다. 다만 가격이 착하지 않아 나 역시 한국에 수입된 모든 종류를 맛보지 못했다. 이번 미국 서부 맥주 산책 때 다양한 맥주를 마셔 보리라!

캐스케이드는 둘이 합쳐 40년 맥주 내공을 가진 두 사람이 1998년 설립한

바 자리에 있는 사람들

양조장이다. 미국 북서부 지역은 오랜 기간 홉 중점의 맥주만 인기가 높아 캐스케이드 창립자들은 소비자에게 홉 이외에 다른 풍미를 즐길 수 있는 경험을 주고 싶었다. 그들은 인근 와인 공장으로부터 배럴을 공수받고, 포틀랜드의 각종 과일을 사용해 맥주를 만들었다. 캐스케이드는 와인뿐 아니라 위스키 배럴에도 맥주를 숙성하는 등 끊임없이 새로운 도전을 했다. 이후 각종 맥주 대회에서 메달을 휩쓸며 명실상부 최고의 사워 맥주 브루어리로 인정받게 된다. 또한 2010년 포틀랜드 시내 인근에 맥주 작업장 겸 시음 공간인 '캐스케이드 브루잉 배럴하우스'를 오픈하며 맥주 마니아들의 성지로 거듭난다.

배럴하우스는 야외에 배치된 오크통이 특유의 분위기를 만들었다. 아직 퇴근 시간 전이라 야외석은 비어 있었지만 내부에는 맥주에 집중한 사람들이 다수 보였다. 특히 바 자리는 혼자 온 사람들이 대부분을 차지했다. 아늑한 분위기의 내부에는 패밀리레스토랑 느낌의 편안한 테이블도 있지만, 군데군데 있는 오크통 테이블이 훨씬 매력적으로 보였다. 테이블에 있는 메뉴판에는 병맥주 리스트가 있는데, 그 수만 해도 무려 50여 가지! 2013년부터 2017년까지 연도별로 다양한 맥주가 있었다. 눈에 띈 것은 포 팩 버티컬4 Pack Verticals 메뉴. 버티컬은 같은 맥주를 생산 연도별로 비교하며 맛보는 것을 의미한다. 예를 들어 피가로Figaro라는 이름의 750ml 병맥주를 2012년부터 2015년까지 4병을 동시에 맛

**4 pack Verticals**
(Each vertical contains four 750ml bottles)

| | |
|---|---|
| Figaro '12,'13,'14,'15 | 116 |
| Strawberry '12,'13,'14,'15 | 110 |
| Apricot '13,'14,'15,'16 | 108 |
| Blueberry '13,'14,'15,'16 | 98 |

**Guest Bottles**

Upland Pearpawsterous (500ml)  16
Sour ale aged with paw paw fruit & pear
Little Beast  Dream State( 375ml)  14
Foeder-aged ale with strawberries

포 팩 버티컬(4 pack Verticals)
메뉴판

2온스 사이즈로 주문한 맥주들

보는 것이다. 매년 맥주를 만드는 레시피에 미묘한 차이도 있지만 숙성 정도에 따라 맛이 변한다. 시간이 지남에 따라 어떻게 맛이 변하는지 알 수 있는 재미있는 경험이다.

메뉴판에는 온탭*된 맥주가 약 25가지 정도로, 20가지는 사워 맥주였고 나머지는 사워 스타일이 아닌 맥주였다. 대부분의 맥주를 2온스약 57㎖로도 판매한다는 점이 가장 마음에 들었다. 별도의 테이스팅 세트를 주문하지 않아도 원하는 맥주를 조금씩 골라 마실 수 있기 때문이다. 2온스 맥주는 주문할 때 한 사람당 2잔만 주문할 수 있지만 횟수 제한은 없다. 사워 스타일이 아닌 맥주를 살펴보니 꽤나 흥미로웠다. 포틀랜드의 유명 커피 매장인 스텀프타운Stumptown과 협업해 만든 맥주, 네덜란드 최고의 크래프트 브루어리인 드몰렌de Molen과 함께 만든 맥주도 있었다. 맥주가 아닌 다른 장르 또는 국경을 넘어 이루어지는 협업이 멋지게 느껴졌다.

아내와 나의 첫 주문은 2온스 맥주 4잔과 샌드위치. 다양한 종류의 과일을

---

★ **온탭(On Tap)**: 드래프트를 제공할 수 있도록 매장에 준비되어 있다는 의미

사용해 만든 맥주를 주문했다. 효모가 맥주를 발효할 때 당분을 먹고 알코올을 내기에 맥주에는 과일의 단맛이 남아 있지 않았지만, 입안에서 신선한 과일을 감지할 수 있었다.

펍에 처음 가면 주문할 때까지 긴장되다가 맥주를 마시면 괜찮아지곤 하는데, 캐스케이드에서는 오히려 시간이 지날수록 긴장되었다. 그 이유는 곧 있을 특별한 행사의 주인공이 바로 나와 아내였기 때문! 캐스케이드 브루잉에서는 실제 맥주를 숙성시킨 배럴에 탭핸들을 꽂아 맥주를 뽑아내는데, 배럴하우스에서 매주 화요일 오후 6시에 'Tap it Tuesday'라는 행사가 열린다. 손님이 직접 배럴에 탭을 꽂는 행사다. 이 행사에서 가장 중요한 탭을 꽂는 역할을 우리가 맡은 것이다. 행사 10분 전, 나는 탭을 배럴에 대고 있는 홀더Holder 역할, 아내는 망치로 탭을 때리는 탭퍼Tapper 역할로서 연습을 마쳤다. 6시 정각이 되자 행사 시작을 알리는 사인이 들어왔고, 매장 내 모든 사람이 바 쪽으로 몰려들었다. 멀리 한국에서 맥주 여행을 온 부부라는 매니저의 소개 멘트가 끝난 뒤, 카운트다운 원, 투, 쓰리!

Tap it Tuesday 행사에
참가한 아내와 나

직접 꼽은 탭으로 갓 뽑아낸 맥주

탁탁탁탁탁. 5번의 망치질 만에 깔끔하게 탭이 배럴에 꽂혔다. 사람들의 박수소리와 함께 행사는 끝이 났다. 간혹 탭이 한 번에 꽂히지 않으면 배럴에서 맥주가 순식간에 뿜어져 나와(세상에, 그 맛있는 맥주가 말이다!) 온 매장이 맥주로 뒤덮이기도 하는데 다행히 큰 사고 없이 행사를 치렀다. 탭잇 행사는 끝났지만, 이어지는 선물에 나의 입꼬리는 내려올 줄 몰랐다. 첫 번째 선물은 탭을 꽂은 배럴에서 나온 맥주를 가장 먼저 맛볼 수 있는 영광이다. 게다가 홀더와 탭퍼에게 제공되는 맥주는 무료라는 사실! 이번에 우리가 탭핑한 맥주의 이름은 Nocino Pianissimo로 Nocino는 '호두로 만든 리큐르', Pianissimo는 '매우 여리게'라는 의미로 말하자면 '연한 호두주'를 뜻한다. 증류주를 만드는 회사와 컬래버레이션해 호두를 넣어 견과류 향이 미묘하게 느껴지는 특별한 맛이었다. 이어지는 선물은 바로 캐스케이드의 특별한 옷! 'I TAPPED IT TUESDAY'라고 써진 티셔츠였다. 탭잇 행사의 주인공에게만 주는 옷이기 때문에 의미가 남달랐다. 탭잇 행사에 참여한 것만으로도 영광인데 특별한 선물까지 받다니! 잊지 못할 추억까지 덤으로 받았다.

행복한 기분을 만끽하며 우리는 계속해서 맥주를 주문했다. 다양한 재료로 만든 6%에서 13%까지 여러 도수의 맥주를 이것저것 골고루 마셨다. 작은 사이즈로 조금씩 맛볼 수 있어 축제에 온 것 같은 기분이었다. 미국 최고의 사워 맥주를 마음껏 맛보고 잊지 못할 행사까지, 정말 완벽한 시간이었다.

탭잇 행사는 홈페이지에서 신청 가능하다.
몇 달 이후까지 예약되어 있는 경우가 많으니 미리미리 신청하자.

홈페이지 https://www.cascadebrewingbarrelhouse.com/tap-it-tuesday/

  캐스케이드 브루잉 배럴하우스 Cascade Brewing Barrel House
주소 939 SE Belmont St, Portland, OR 97214
홈페이지 https://www.cascadebrewingbarrelhouse.com
이건 꼭! 배럴에서 바로 뽑아낸 맥주 (LIVE FROM THE BARREL)

PORTLAND
★

# Bailey's Taproom
## 베일리스 탭룸

포틀랜드 둘째 날의 마지막 맥주를 책임진 곳은 베일리스 탭룸. 2007년에 오픈한 이곳은 시내 중심가에 있어 많은 사람들에게 사랑받는 유명한 펍이다. 참고로 이곳은 별도로 음식을 판매하지 않기 때문에, 따로 가져와서 먹을 수 있다. 어둑어둑해진 시간에 베일리스 탭룸에 도착하니 갈색 조명이 내부를 약하게 비추어 포근한 분위기를 자아냈다. 바에는 맥주가 표시된 모니터와 그 아래에 탭 핸들들이 가지런히 있었다.

차분한 분위기를 만드는 내부 조명

1 맥주별로 케그 잔량이 표시된 메뉴판
2 샘플러 주문 시 명함에 적힌 번호에 표시한다.

모니터에 표시된 독특한 메뉴판이 흥미로웠다. 맥주의 이름과 스타일, 도수, 판매되는 잔의 모양과 사이즈를 대형 모니터에 표시한 것은 다른 펍과 크게 다르지 않다. 포인트는 가장 오른쪽에 보이는 케그 모양의 아이콘! 해당 맥주가 케그에 얼마나 남아 있는지 보여 준다. 케그와 자동으로 연동되는 시스템인 걸까? 아니면 주문 수량을 체크해서 아이콘을 일일이 변경하는 걸까? 어느 쪽이든 한국에서는 볼 수 없는 시스템이기에 마냥 신기했다.

케그는 잔량에 따라 가득차 있으면 초록색, 얼마 남지 않았으면 빨간색으로 표시된다. 따라서 초록색 아이콘은 그만큼 맥주가 신선하다는 의미가 될 수도 있기에 주문할 때 참고한다. 어떤 케그는 초록색으로 가득차 있으면서 Just Tapped라고 표시되어 있다. 케그 잔량에 큰 의미를 두기보다는 '이런 것도 보여 주니 신기하다' 정도의 재미요소로 생각하면 좋다.

이곳은 오리건주 브루어리들 위주로 다양한 스타일의 맥주 26가지를 준비해 놓았다. '이 많은 맥주 중 어떤 것을 고르지?' 모든 맥주를 마셔 볼 수 없으니 역시 테이스팅 세트가 정답이다. 직원에게 테이스팅 세트로 주문이 가능하냐고 물으니 시크하게 명함과 펜을 건네준다. 명함에는 1~26번까지 번호 중 5개를 고르라는 문구가 적혀 있다. 손님이 종이에 직접 적어서 직원에게 준 뒤, 직원은 다시 손님에게 종이를 건네주는 방식이다. 직원은 맥주 서빙에 실수할 일이 적고, 손님도 자신이 주문한 맥주가 어떤 것인지 잊어버릴 염려가 없어서 좋은 방법인 것 같다.

잠시 뒤 5종류의 테이스팅 세트가 나왔다. 가격은 겨우 10달러. 가장 눈길을 끈 맥주는 12번, Movement 001이라는 맥주였다. 팜하우스 에일*Farmhouse ale 스타일로 포틀랜드에 위치한 업라이트Upright 브루잉의 맥주다. 업라이트 브루잉은 팜하우스 에일을 전문으로 만드는 브루어리로 유명하지만 포틀랜드 여행 당시 휴무일이었던 관계로 방문하지 못했다. 베일리스 탭룸에서 마시는 맥주 한 잔으로 조금이나마 아쉬움을 달랬다.

낮부터 하루 종일 맥주를 마신 탓에 체력이 거의 소진되어 이곳에서 오랜 시간을 보낼 수 없어 아쉬웠다. 포틀랜드의 일상적인 정취가 느껴지는 공간이자 여행객에게 사랑받는 펍을 뒤로 하고 숙소로 이동했다.

★ **팜하우스 에일(Farmhouse ale)**: 농가에서 만드는 맥주 스타일이라는 의미. 벨기에 농부들이 농사일을 하면서 마시던 '세종' 스타일과 거의 같은 뜻으로 쓰인다. 효모에서 나오는 다양한 풍미를 즐길 수 있고, 다채로운 변주가 가능한 스타일이다.

 베일리스 탭룸 Bailey's Taproom
**주소** 213 SW Broadway, Portland, OR 97205
**홈페이지** https://www.baileystaproom.com
**이건 꼭!** 메뉴판의 아이콘이 초록색인 맥주

5가지 맥주가 담겨 나온 트레이

# 킨포크 라이프
## Kinfolk Life

괴짜들이 많다고 알려진 이 도시의 슬로건은 'Keep Portland Weird'. '포틀랜드를 기괴한 상태로 둬라'라는 뜻의 이 문구는 도시의 공식 슬로건은 아니지만 포틀랜드의 면모를 잘 보여 준다. 좀 더 적극적으로 해석하면, '포틀랜드의 독특한 개성을 버리지 말자'라는 의미로 읽을 수 있다. 포틀랜드 사람들은 비주류 문화와 지역 고유의 문화를 수용하고 대기업보다는 지역 브랜드를 좋아한다. 자신들이 힙스터라고 불리는 것에는 크게 관심이 없다. 그저 그들만의 삶의 모습을 긍정하고 천천히 살아가는 것에 만족할 뿐이다.

이런 포틀랜드의 특징을 담은 잡지, 킨포크Kinfolk가 2011년 창간되었다. 불필요한 물건과 일을 줄여 생활을 단순화하고, 여유로운 마음으로 자신의 관심사를 즐김으로써 더 풍요로운 삶을 살 수 있다는 '미니멀 라이프'를 추구하는 잡지다. 라이프 스타일과 음식, 집, 일, 공동체 등을 주제로 하는 이 잡지는 전 세계에 큰 반향을 일으켰다.

킨포크는 직접 수확한 유기농 식재료로 친환경 요리를 만들어 이웃과 자연스럽게 식사를 나누어 먹는 소소한 삶, 엄선된 제철 식재료를 사용하는 오가닉 레스토랑과 직접 맥주를 만드는 크래프트 브루어리, 독자적인 로스팅과 추출 방식으로 각기 다른 특색을 가진 커피를 만드는 로스터리 카페 등을 자주 소개한다.

'킨포크 라이프'라는 단어는 이 잡지가 보여 주는 포틀랜드의 생활 방식으로 먹고 마시고 즐기는 삶을 의미한다. 가족, 친구와 더 많이 어울리며, 자연 속에서 느리고 여유로운 소박한 삶을 즐긴다. 이러한 방식을 추구하는 이들을 '킨포크족'이라고 부른다.

포틀랜드를 잘 나타내는 문구

대기업보다는 이웃이 직접 경영하는 조그만 회사를 사랑하는 도시답게 포틀랜
드는 미국 전역에서 1인당 브루어리가 가장 많은 도시이다. 2019년 이 도시
의 인구는 약 667만 명. 2019년 12월 기준 크래프트 브루어리는 126개*이므
로 인구 5294명당 하나의 브루어리가 있는 것이고. 미국 전체 평균보다 9배, 한
국보다는 6배나 많은 인구당 브루어리를 가진 셈이다. 또한 포틀랜드가 속해 있
는 오리건주는 소비세가 없는Tax Free 도시이므로 맥주도 다른 도시보다 저렴하게
마실 수 있어 그야말로 맥주의 천국이다. 포틀랜드를 여행한다면 독특한 맥주를
즐기는 것은 물론, 느긋하고 여유로운 킨포크 라이프를 즐겨 보자.

★ 출처 : http://www.portlandbeer.org

# Great Notion Brewing
## 그레이트 노션 브루잉

전 세계적으로 큰 인기를 끌고 있는 뉴잉글랜드 IPA. 미국 전역에 수천 개가 넘는 브루어리 중 맥주 마니아에게 손꼽히는 '뉴잉글랜드 명가'가 몇 군데 있다. 그중 포틀랜드에서 뉴잉글랜드 IPA 하면 가장 먼저 떠오르는 브루어리는 바로 2016년 오픈한 신생 양조장인 그레이트 노션 브루잉이다.

표지판 역할을 하는 로고

낮에도 사람들로
북적이는 내부

그레이트 노션은 쥬시juicy, 과일 주스를 마시는 듯한 느낌하고 헤이지Hazy, 탁한한 IPA를 비롯
해 사워 맥주와 스타우트를 잘 만들기로 정평이 났다. 이곳은 끊임없이 새로운
시도와 노력을 하기로 유명하다. '배럴 프로그램'이라는 것을 운영하면서 오크
통에 복숭아, 살구, 딸기, 체리 등을 넣고 9~24개월 동안 숙성해 맥주를 만드는
등 지속적으로 맥주 레시피를 개발하고 있다.

포틀랜드 3일차. 첫 번째 방문지로 맥주 맛을 온전히 느끼기 위해 그레이트
노션을 선택했다. 날씨가 화창한 오후 1시경, 버스를 타고 30분 정도 달려 도착
한 곳은 아기자기한 상점이 모여 있고 벽화도 군데군데 보이는 소위 힙한 느낌
의 거리였다. 거리를 둘러보며 걷다 보니 한 손에는 도끼를, 다른 한 손에는 맥
주잔을 들고 있는 수염 난 아저씨 간판이 보였다.

건물 입구에는 푸른 나무와 야외테이블이 있어 캠핑장 같은 느낌이 들었다.
입구 안쪽으로 들어가니 평일 낮술을 한가로이 즐기는 20~30명의 사람들로
가득했다! 시끌벅적한 바 쪽도 좋아 보였지만, 우리는 점심 식사를 해야 해서
조용한 곳의 테이블로 자리를 잡았다.

음식을 먼저 주문한 후 맥주 메뉴판을 확인했다. 16가지 맥주 중, 4가지는 사
워, 하나는 스타우트였고, 나머지 11가지는 모두 IPA였다. New England IPA,

1 노란색 IPA 5가지로 채워진 트레이
2 맥주와 잘 어울리는 맥&치즈

Hazy IPA, Fruited Hazy IPA, Hazy Fruited Double IPA 등 메뉴판을 가득 채운 IPA를 보니 벌써 행복해지는 기분이었다. 메뉴판 끝에 적힌 Flights of 5 5oz Pours for $15 5가지 맥주 5온스가 15달러! 우리는 설렘을 안고 한 번에 두 개의 플라이트를 주문했다.

오리건주 모양의 트레이에 나온 10가지 맥주. 한 세트는 IPA로만 채웠다. 맥주의 면면을 살펴보니 뒤가 비치지 않는 노란색이 신선한 주스처럼 보였다. '보기도 좋은 맥주가 마시기도 좋다'라고 했던가. 정말 훌륭한 맛이었다. 며칠 동안 다른 브루어리에서 마셨던 뉴잉글랜드 IPA, 헤이지 IPA에 비해 좀더 과즙의 풍미가 느껴지고, 쫀득한 질감으로 입안을 온갖 과일로 가득 채우는 느낌이었다.

겉보기에는 비슷한 스타일의 맥주도 마셔 보면 특색이 확연히 달랐다. Guava Flow라는 이름의 맥주는 이름 그대로 구아바 맛과 향이 느껴졌고, MoMojito는 맥주에 모히토를 섞은 듯한 맛이었다. 그 외에도 망고, 코코넛 등 맥주 이름 그대로의 특징이 느껴져 다양하게 맛보는 재미를 더해 주었다. 맥주에 과일이나 다른 부재료를 사용했을 때 원하는 맛이 나지 않는 경우도 있는데, 이곳에서는 양조사가 각 재료를 사용한 의도를 바로 알 수 있을 정도로 특징이 뚜렷하게 드러났다.

며칠째 쉬지 않고 맥주만 마셔 지쳐 있던 아내도, 이곳의 맥주를 맛본 후 '이 정도의 맛이라면 계속 마실 수 있겠다.'라고 할 정도로 만족스러워 했다.

16가지 맥주 중 10가지를 맛보았지만, 너무 맛있어서 5종 플라이트를 추가로 주문했다. 그런데 서빙된 플라이트에 맥주잔 하나가 반쯤 비어 있었다. 직원은 '맥주가 떨어졌으니, 원하는 것을 새 잔에 주겠다'라고 하는 게 아닌가. 마침

운 좋게 마신 16번째 맥주

16가지 중 하나를 못 마실 뻔했는데, 이런 행운이 따를 줄이야! 덕분에 매진될 뻔한 맥주를 포함해 나머지 하나도 마셔서 그레이트 노션의 16가지 맥주를 모두 맛보았다.

쉬지 않고 달려온 맥주 여행. 이미 맥주 산책이 아니라 맥주 마라톤이 아닌가 생각하던 중 다시 맥주에 대한 열정을 불어넣어 준 그레이트노션 브루잉. 왜 뉴잉글랜드 IPA가 전 세계적인 인기를 끌고 있는지, 그런 맥주를 만드는 양조장 중에서 이곳이 왜 유독 유명한지 실감했다. 만약 이 책을 보고 포틀랜드에 방문할 예정이라면, 최신 트렌드의 맥주를 제대로 맛보기 위해 반드시 그레이트 노션을 방문해 보길 권한다!

---

필자가 방문한 뒤인 2019년 3월, 브루펍이 추가로 문을 열었다.
필자가 방문한 곳은 alberta brewpub, 새로 문을 연 곳은 NW brewpub으로 불린다.
NW brewpub에서는 토요일 아침 9시에 캔 릴리즈 행사를 진행하니 토요일에 포틀랜드에 갈 계획이 있다면 방문해 보자.
**NW brewpub** 주소 2444 NW 28th Ave, Portland, OR 97210

---

 **그레이트 노션 브루잉** Great Notion Brewing
주소 2204 NE Alberta St #101, Portland, OR 97211
홈페이지 https://greatnotion.com
이건 꼭! 플라이츠(Flights)를 이용해 IPA를 모두 마셔 보자!

# Ex Novo Brewing
## 엑스 노보 브루잉

자신의 가게를 운영하면서 아무런 이익을 남기지 않는 것이 가능할까? 투철한 사명감이나 특별한 이유가 있지 않고서는 불가능할 것이다. 하지만 이 불가능한 일을 꾸준히 하는 곳이 있으니 바로 이번에 소개할 엑스 노보Ex Novo 브루잉이다.

 Ex Novo는 '아무것도 없다'는 의미로, 포틀랜드에서 새롭게 시작한다는 마

완전히 개방된 양조 공간

1 네방향으로 구성된 테이스터 트레이
2 트레이에나온 네 잔의 테이스팅 잔

음으로 지은 이름이라고 한다. '더 나은 세상을 위해서'라는 사명감으로 운영하는 이곳은 2014년에 오픈하여 지금까지의 모든 이익을 자선 단체에 기부하는 등 이익을 남기지 않는 것을 추구한다. 전통적이면서 실험적인 스타일을 혼합하여 다양한 맥주를 만든다고 해서 꼭 한 번 가 보고 싶었다.

　해가 진 뒤 도착했을 무렵, 공원 맞은편에 자리 잡은 엑스 노보만이 밝은 불빛을 내고 있었다. 입구에서 직원의 안내를 기다리며 서 있는데, 멀리 양조 설비가 보여서 내부가 더욱 궁금해졌다. 여느 브루어리나 펍과 마찬가지로 바 자리는 이미 직원과 이야기를 나누는 사람들로 가득했다. 테이블 공간과 양조 설비 사이에 아무런 경계가 없는 것이 인상적이었다. 차단선은 물론 출입금지 표지 판조차 없는 완전한 오픈 양조장인 셈이다. 우리는 양조 설비와 가장 가까운 테이블에 앉았다.

엑스 노보는 크게 홉 중심Hop forward, 몰트 중심Malt forward, 라이트&프레쉬Light&Fresh, 벨지안&사워Belgian&Sour 4가지 스타일로 맥주를 분류했으며, 가격은 한 잔당 6달러 내외였다. 다행히 4가지 맥주를 골고루 맛볼 수 있는 테이스터 트레이Taster Tray, $9가 있었다. 마시고 싶은 맥주를 종이에 적어 직접 제출하는 시스템이었는데 번호를 적는 게 아니라 네 방향에 맥주 이름을 채워 넣는 방식이 독특했다. 포틀랜드는 노스웨스트NW Portland, 노스이스트NE Portland, 사우스웨스트SW Portland, 사우스 이스트SE Portland 네 구역으로 분류되는데 이를 본떠서 만든 것으로 보인다.

네 가지 맥주 중 웨스트 코스트 스타일 IPA인 WEST WE FORGET과 헤이지 IPA인 SUN'S OUT BUNS OUT를 비교하며 마시는 재미가 있었다. 상큼하고 쌉쌀하면서도 날카로운 송진 향이 퍼지는 웨스트 코스트 IPA, 탁한 색상과 주스 같은 맛 때문에 달달하면서 마시기 편했던 헤이지 IPA를 동시에 맛보니, 마치 두 맥주가 이번 여행을 요약하는 것 같았다.

양조 설비가 훤히 보이는 브루어리에서 맥주를 좀 더 즐기고 싶었지만 포틀랜드에서의 마지막 브루어리를 방문하기 위해 자리를 뜰 수밖에 없었다. 다시 이곳에 올 기회가 있다면 햇살이 비치는 화창한 날 낮에 공원을 산책한 후 방문하고 싶다.

엑스 노보 브루잉 Ex Novo Brewing
주소: 2326 N Flint Ave, Portland, OR 97227
홈페이지: http://www.exnovobrew.com
여기서 꼭! 양조 설비에서 가장 가까운 곳

# Hair of the Dog Brewing
## 헤어 오브더 독 브루잉

**헤어 오브더 독(해장술) :** '전날 술을 마셔 거북한 속을 풀기 위해 마시는 술'을 의미하는 단어.

영국에서는 개에게 물려 상처가 났을 때, 그 개의 털Hair of the Dog 을 뽑아 상처에 대면 낫는다는 속설이 있다. 말하자면 개에게 물린 상처를 개로 치료한다는 것이다. 이러한 속설처럼 '헤어 오브더 독'은 숙취가 있을 때, 전날 방문했던 술집에서 다시 술을 마시면 숙취가 해소된다는 믿음을 반영한 말이다. 즉, '헤어 오브더 독'은 해장술을 의미한다.

불독이 마스코트인 로고

헤어 오브더 독 브루잉은 이 표현을 그대로 활용한 양조장으로, 우리나라에서는 흔히 '개털 브루어리'라는 애칭으로 불린다. 로고부터 중절모를 쓰고 시가를 물고 있는 불독이 상징이다. RateBeer 99점으로 포틀랜드 최고의 브루펍으로 꼽히는 이곳은 1993년 오픈해 독특하고 특색 있는 맥주를 만들며 '아메리칸 스트롱 에일' 스타일의 명가로 이름을 떨치고 있다. 아메리칸 스트롱 에일은 10% 정도 되는 높은 도수를 지니며 홉과 몰트의 풍미가 강하게 느껴지는 맥주 스타일이다. 이름에서도 느껴지듯이 기존 맥주 스타일과 달리 미국식의 녹진한

매장 외관 정면과 내부 모습

맥주인 셈이다.

밤 9시쯤 방문한 헤어 오브더 독. 다른 곳에 비해 상대적으로 이른 시각인 밤 10시에 문을 닫기 때문에 우리가 맥주를 즐길 수 있는 시간은 1시간 정도였다. 그래서인지 사람이 거의 없어 마음에 쏙 드는 자리에 앉을 수 있었다. 사전에 조사한 바로는 매장이 꽉 차는 경우가 많아 주문하기 어려울 때도 있다고 해서, 텅 빈 매장이 더 기분 좋게 느껴졌다.

맥주 메뉴판에는 드래프트가 10가지 있었다. 이곳의 맥주를 이해하기 위해서는 몇 가지 알아야 할 것이 있다. 먼저 대표 맥주인 아담Adam과 프레드Fred라는 이름. 맥주에 영향을 준 사람의 이름을 따와서 지었다고 한다. 아담은 창립자의 친구이자 헤어 오브더 독의 브루어 이름이다. 성경에 나오는 '아담과 이브'에서 아담이 '첫 사람'인 것처럼 '첫 맥주'의 의미 또한 담겨 있다. 이렇듯 헤어 오브더 독 맥주에는 제각기 이름에 스토리가 담겨 있어 직접 뜻을 찾아보는 것도 재미이다. 아담은 진한 갈색에서 옅은 검은색을 띤 아메리칸 스트롱 에일, 프레드는 연갈색을 띠는 벨지안 골든 스트롱 에일 스타일이다. 이외에도 맷Matt, 오토Otto 라는 이름이 붙은 맥주 역시 유명하며, 발리와인 스타일의 데이브Dave, 세 차례 동결 농축을 거쳐 만든 이브Eve를 가장 자신 있게 내세운다. 또한 맥주가 담긴 병에는 배치 번호가 있어 번호를 알면 언제 만들어진 맥주인지 확인할 수 있다. 대체로 도수가 높아 병에 담긴 채로 숙성이 가능한데, 아담은 상온에서 5년 정도 숙성할 때 가장 맛이 좋다고 한다.

메뉴판에는 호기심을 자극하는 맥주 이름이 있었는데 '? From the WOOD' 와 '? From the STONE'이 그것이다. 설명을 보니 WOOD는 다양한 종류의 '배럴'에, STONE은 와인을 숙성하는 '콘크리트 에그Concrete Egg'에 숙성한 맥주라고 한다. 직원에게 왜 물음표가 있는지 물으니, 아담이나 프레드를 상황에 따라 배럴이나 콘트리트 에그에 숙성하는데, 시기에 따라 어떤 맥주가 있는지 달라

콘크리트 에그(Concrete Egg)

3온스로 주문한 10가지 맥주

지기 때문이라고 한다.

호기심을 자극하는 것이 많을 때 어떤 것을 고를지 고민하기 마련이다. 하지만 우리는 굳이 그럴 필요가 없었다. 왜냐하면 전부 주문하면 되니까! 모든 맥주를 3온스약 85㎖, 각각 $2.5~3의 작은 사이즈로 판매해 10가지 맥주 모두 주문했다. 사실 펍에서 이렇게 모든 맥주를 주문하면 의기양양한 기분이 들곤 하는데, 아마도 주변 사람들에게 우리의 맥주 사랑을 보여 줄 수 있기 때문이 아닐까 싶다.

다리가 길쭉하고 예쁜 테이스팅 잔에 가득 채워져 나온 10가지 맥주. 밝은 색부터 진한 색까지, 3.2% 낮은 도수부터 11.5% 높은 도수까지, 평범하게 만들어진 것에서 배럴과 콘크리트 에그에 숙성시킨 맥주까지 정말 다양한 스타일의 맥주가 테이블에 놓였다. 자, 이제 마셔 볼까!

금색을 띠는 프레드와 짙은 밤색의 아담은 모두 10%의 높은 도수였지만 입 안에서 독한 느낌이 많이 들지 않았다. 프레드는 밝은 색깔답게 맥아에서 오는 풍미가 발랄하면서 홉의 풍미와 어우러져 마시기 좋았고, 아담은 역시나 어두운색 맥아에서 오는 초콜릿 풍미와 진한 훈연 풍미 등 풍부한 맛과 향이 입안을 꽉 채워 주었다. 같이 나온 STONE 맥주로는 아담이, WOOD 맥주로는 프레드가 나와 본래의 맥주와 숙성된 맥주를 비교하는 재미도 느낄 수 있었다.

10가지 개성 있는 맥주를 마시고 슬쩍 오르는 취기와 함께 이미 행복한 기분이었지만 이대로 끝낼 수는 없었다. 세월 속에 숙성된 병맥주를 마셔 봐야 했기 때문이다! 헤어 오브더 독의 맥주는 드래프트도 물론 훌륭하지만, 숙성된 병맥주가 더 높은 인기를 자랑한다. 빈티지 바틀Vintage Bottles이라고 적힌 메뉴판에는 매장 내에서만 마실 수 있는 다양한 맥주가 있었다. 2011년에 생산된 맥주, 14% 높은 도수의 맥주 등이 보였는데, 종류가 너무 많아 직원에게 추천을 부탁했다. 직원의 선택은 25달러의 2013년산 멧Matt! 비싼 가격이긴 하지만 이곳이 아니라면 웃돈을 주고서도 구하기 힘든 맥주인지라 흔쾌히 주문했다.

멧이라는 이름은 며칠 전 시애틀에서 방문했던 브로우베어스 카페Brouwer's Café

5년 동안 숙성된 멧(Matt)

와 바틀웍스Bottleworks의 창립자 이름인 Matt Bonney에서 따왔다고 한다. 원래 '멧'은 바틀웍스 10주년을 기념하기 위해 만들었으며 이후에는 몇 년에 한 번씩만 출시하고 있다. 이 맥주를 만든 지 30년이 넘은 배럴과 사과 오드비사과를 베이스로 한 증류주 배럴에 숙성했다고 하니 정말 귀한 맥주인 셈이다.

5년 숙성된 멧에서는 초콜릿, 캐러멜, 훈연 향, 나무 향, 농익은 자두맛 등 다양한 맛이 복합적으로 느껴졌다.

케이크, 티셔츠, 맥주잔까지 총 $90.
$100 지불 후 잔돈은 직원 팁으로…

이미 종일 맥주를 마셔서 입안에서 모든 맛을 느끼기 쉽지 않았지만 강력한 특징이 있는 것은 분명했다.

한 시간이라는 짧은 시간이었지만 정말 다양한 맥주를 맛보았다. 포틀랜드의 마지막 브루어리로 부족함 없는 훌륭한 곳이었다. 특히 IPA 위주로만 즐기다가 아메리칸 스트롱 에일이라는 독특한 스타일의 맥주를 즐길 수 있어서 더욱 즐거운 시간이었다. 포틀랜드는 역시 맥주의 천국임이 분명하다. 땡큐 포틀랜드!

 헤어 오브더 독 브루잉 Hair of the Dog Brewing
주소: 61 SE Yamhill St, Portland, OR 97214
홈페이지: http://hairofthedog.com
이건 꼭! '? From the WOOD'와 '? From the STONE'

# ★ 포틀랜드 투어리스트 ★

 볼거리

포틀랜드는 다른 관광도시와 달리 랜드마크가 많지 않다. 방문지에 얽매이지 않은 채
산책하듯 도시를 둘러보고 건강한 음식과 커피·맥주를 즐기며 킨포크 라이프를 느껴 보자.

### 파월서점 Powell's City of Books
거리의 한 블록 전체가 서점으로, 100만 권이 넘
는 책을 보유하고 있다. 포틀랜드 시내 여행의 기
준점이자 이정표 역할을 하는 곳.

### 워싱턴 파크 Washington Park
자연 친화적인 포틀랜드의 진면목을 볼 수 있는
곳으로 동물원, 장미공원, 일본식 정원, 산책로가
있는 거대한 공원.

### 윌래밋 강 수변 공원
Willamette River Waterfront Park
한강 공원처럼 강변을 따라 조성된 공원. 철도 다
리인 스틸 브릿지(Steel Bridge)를 시작으로 남
쪽으로 쭉 이어져 있다. 톰 매컬 워터프런트 공
원(Tom McCall Waterfront Park) 인근에서는 매
주 주말에 포틀랜드 토요 마켓(Portland Saturday
Market)이 열린다.

# 🍽 먹거리

## 푸드카트 Food Cart

포틀랜드 전역에 약 700개의 푸드카트(푸드트럭)가 있을 정도로 문화가 발달했다. 수십 개의 카트가 모여 있는 푸드카트 팟(Food Cart Pod)에서 전 세계의 다양한 먹거리를 즐겨 보자.

포틀랜드 중심가에서 가까운 푸드카트 팟
: 5th Avenue Food Cart Pod

## 커피 Coffee

포틀랜드만의 감성이 담긴 로스터리가 가득하다. 스텀프타운(Stumptown), 코아바(Coava), 리스트레토(Ristretto), 허트(Heart), 워터애비뉴(Water Avenue) 등 유명한 포틀랜드 로컬 커피를 마셔 보자.

## 도넛 Doughnut

커피 못지않게 도넛 또한 유명하다. 부두 도넛(Voodoo Doughnut), 블루스타 도넛(Blue Star Donuts) 등 포틀랜드를 대표하는 도넛을 맛보자.

## 동남아시아 음식

포틀랜드에는 다양한 나라의 음식을 맛볼 수 있는데, 특히 베트남 음식과 태국 음식이 강점이다. 인기 맛집인 룩락 비엣나미즈 키친(Luc Lac Vietnamese Kitchen)의 쌀국수는 숙취 해소에 도움이 된다.

# 교통

## 시애틀에서 포틀랜드 가기

시애틀에서 포틀랜드로 이동하는 방법은 크게 세 가지가 있다.

**❶ 비행기**
**❷ 기차:** 암트랙(Amtrak)
**❸ 버스:** 볼트버스(BoltBus), 그레이하운드(Greyhound)

이중 필자가 탑승했던 볼트버스를 추천한다.

### 볼트버스

- **소요시간:** 약 3시간
- **요금:** $18~40. 미리 예약하고 오전 시간에 탑승하면 $18에 구입 가능
- **예약 방법:** BoltBus 앱 이용

　　　　출발지(Departing from…) Seattle, WA 선택

　　　　도착지(Going to…) Portland, OR 선택

　　　　출발일(Depart Date) 선택 후 검색 버튼 클릭하고 원하는 시간 선택,

　　　　승객 정보 입력 후 카드 결제

- **탑승 장소:** 5th Avenue South & South Dearborn St, Seattle, WA (BoltBus 표지판 앞)

※ 여러 대의 버스가 오면 버스 앞 전광판에 '유진 행(EUGENE OR)'인지 확인,
　 기사가 예약 명단을 갖고 있으므로 호명하면 앱 예약 화면과 여권을 보여 준다.

- **도착지:** NW 8th Ave. Portland, OR

# 포틀랜드 대중교통

대중교통이 잘 발달된 포틀랜드에서는 맥주 명소들 대부분 대중교통으로 방문이 가능하다. 우버를 거의 사용하지 않은 유일한 도시! 1회 탑승 시 $2.5를 지불해도 되지만, 마음 편한 1-Day Pass 구입을 추천한다.

포틀랜드의 대중교통은 버스와 경전철을 통칭하여 트라이멧(Trimet)이라고 부르는데, 1-Day Pass로 하루 종일 무제한 탑승이 가능하다. 다만 일정 구역을 넘어가면 추가 금액을 내는데, 포틀랜드 시내 이동 시에는 문제없다.

Bus Lines　　　　　MAX Light Rail　　　　　WES Commuter Rail

## 티켓 구매 및 탑승 방법

**❶** 버스탑승 시 기사에게 $5 지불 후 1-Day Pass를 구입하여 티켓을 받는다.

**❷** 승차장의 무인 기계에서 현금 또는 카드로 티켓을 구입한다.

**❸** 트라이멧 앱을 설치하여 구입 후 사용 개시 처리한다.
　　탑승 시 기사에게 1-Day Pass 티켓 또는 앱화면을 보여 준다.
　　버스는 앞문으로 탑승하여 뒷문으로 하차하고,
　　내릴 때는 줄을 잡아당겨 하차 의사를 표시한다.

---

### 추천 브루어리

## 업라이트 브루잉

프랑스/벨기에 팜하우스 에일(세종)을 기반으로 하는 곳. 상당수의 맥주가 오픈 발효(open fermentation)를 통해 만드는 것이 특징이며 팜하우스 에일의 특징을 베이스로 한 다양하고 독특한 스타일의 맥주를 만든다. 또한 과일을 활용한 맥주와 배럴 숙성 맥주도 선보이며 소량 생산 체제를 유지해 시즈널 및 한정판 맥주를 끊임없이 생산  하고 있다. 국내에도 매우 잘 알려진 브루어리이며, 브루어리겸 테이스팅 룸이 빌딩 지하에 있다는 점도 독특한 매력 포인트.

# PORTLAND
# SUBURBS

COURSE 4
# 포틀랜드 근교
바다를 품은 힐링 도시

# PORTLAND SUBURBS

포틀랜드 근교

특별한 랜드마크가 없는 포틀랜드는 여행객 입장에서 조금 심심하게 느껴질 수 있다. 하지만 바다가 맞닿아 있는 포틀랜드 서쪽으로 눈을 돌리면 멋진 명소를 찾을 수 있다. 오래된 항구 도시 '아스토리아', 끝없이 펼쳐진 해변 도시 '캐넌 비치' 그리고 치즈마을 '틸라묵'까지. 포틀랜드 중심가에서 차로 2시간 이내의 거리이기 때문에 렌터카를 이용해 당일 여행을 하기에 무리가 없다. 여유로운 마음으로 자연을 느끼며 힐링하는 시간을 가져 보자.

## 🍾 맥주 산책로

1. **포트 조지 브루어리**: 역사적인 도시 아스토리아의 대표 브루어리
2. **드 가르드 브루잉**: 미국식 람빅의 명가
3. **펠리컨 브루잉**: 가장 아름다운 경치를 지닌 브루어리

① 포트 조지
브루어리

캐넌 비치

포틀랜드

② 드 가르드
브루잉

③ 펠리컨
브루잉

# Fort George Brewery
### 포트 조지 브루어리

포틀랜드에서 맞이한 마지막 날 아침. 맥주 성지인 이 도시에 좀 더 머물고 싶지만 뒤이어 포틀랜드 근교 여행이 계획되어 있기에 아쉬움을 뒤로 한 채 포틀랜드를 떠났다. 오전 10시경 예약해 둔 렌터카를 수령한 뒤, 숙소로 돌아와 짐을 싣고 첫 목적지를 향해 운전을 시작했다.

산림 지역의 넓지 않은 도로를 2시간 정도 달려 도착한 곳은 오리건주 북서

아스토리아 콜럼 정상에서의 경관

양조 공간과 로벨 탭룸이 있는 건물

쪽 끝에 위치한 항구 도시, 오리건주에서 가장 오래된 도시인 아스토리아이다. 이곳은 포틀랜드 근교에 위치해 여행객이 많이 찾는 곳이기도 하다.

우리가 먼저 향한 곳은 아스토리아 콜럼The Astoria Column. 1926년 세워진 이 타워는 콜롬비아 강이 내려다보이고 아스토리아의 경관을 360도로 감상할 수 있는 역사적 명소다. 164개 계단을 올라가야 멋진 경관을 볼 수 있어 힘들긴 했지만, 화창한 날씨 덕에 아름다운 아스토리아의 전경을 두 눈에 가득 담을 수 있었다.

멋진 풍경도 봤으니 이제 아스토리아에 온 목적을 이룰 차례. 첫 번째 목적지는 포트 조지 브루어리이다. 아스토리아 시내로 들어온 뒤 15번가를 따라 해변가로 가다 보면 벽돌이 연상되는 직사각형 모양의 건물이 보이는데, 이곳이 바로 포트 조지 브루어리이다. 차량 수리점으로 사용하던 건물을 개조했다고 한다. 2007년 설립하여 6명의 작은 브루어리로 시작한 포트 조지는, 현재 95여명의 직원이 근무하는 아스토리아 대표 브루어리로 자리 잡았다.

포트 조지 브루어리는 두 건물을 사용하는데 용도는 서로 다르다. 한 건물은

1 메뉴판 그림이 인상적인 바
2 테이스터 트레이 4종

음식과 함께 맥주를 즐길 수 있는 곳으로 1층에는 '퍼블릭하우스Public House'라는 레스토랑 겸 펍이 있고 2층에는 '업스테얼스 피자Upstairs Pizza'라는 가게가 있다.

다른 건물은 양조 시설과 맥주에 집중하길 원하는 사람들을 위한 탭룸으로 운영되고 있다. 1층은 양조 공간으로 커다란 양조 설비와 배럴이 가득했다. 2층이 바로 로벨 탭룸LOVELL TAPROOM! 맞은편 건물에서는 판매하지 않는 스페셜한 맥주들이 있다.

당연히 우리는 로벨 탭룸으로 들어…가고 싶었지만 점심시간에는 퍼블릭

하우스만 운영하여 갈 수 없었다. 직원의 안내를 받아 자리에 앉은 후 점심 식사를 할 겸 음식을 고르고 이어서 맥주 메뉴판을 확인하니 12가지가 있었다. 가능한 한 많은 맥주를 마시고 싶었기에, 테이스터 트레이Taster Tray, 4종 13달러를 주문했다.

이후 제공된 네 가지 맥주 중 유독 다른 색을 띤 하나가 있었는데, 바로 대표 맥주 중 하나인 볼텍스VORTEX IPA이다. '소용돌이'라는 뜻을 가진 이 맥주는 노스웨스트 코스트 스타일 IPA라고 표시되어 있고, 파인애플 향이 가득하면서 시원하고 깔끔한 맛이었다. 나머지 맥주는 헤이지 IPA로 포트 조지 역시 유행에 맞춰 맥주를 생산하고 있었다. 그중 '3-WAY IPA 2018'이라는 맥주가 눈길을 끌었다. 유명 브루어리인 홀리마운틴, 모던타임즈와 함께 세 곳이 협업으로 만든 맥주였다. 포트 조지는 매년 여름, 두 곳의 브루어리를 초대해 IPA를 함께 만든다.(2019년에는 Ruse Brewing, Cloudburst Brewing과 협업했다.) 맛은 송진과 같은 쓴맛이 느껴지고, 마시고 난 뒤 입안에서는 달달한 향이 은은하게 맴도는 재미있는 맥주였다.

멋진 항구 도시인 아스토리아 맥줏집에서, 여유를 즐기며 더 마시고 싶었지만 방문할 곳이 많은 우리는 남아 있는 맥주를 한입에 털어 넣고 자리에서 일어났다.

 포트 조지 브루어리 Fort George Brewery
주소: 1483 Duane St, Astoria, OR 97103
홈페이지: https://fortgeorgebrewery.com
이건 꼭! 세 곳의 브루어리가 만든 3-Way IPA

# de Garde Brewing
## 드 가르드 브루잉

포트 조지 브루어리에서 나와 약 한 시간가량 운전하여 도착한 캐논 비치. 이곳에는 72m 높이의 거대한 바위인 헤이스택 락<sub>Haystack Rock</sub>이 있다. 이 바위는 멀리서도 보이는데, 압도적인 크기에서 나오는 위압감이 일품이다. 우리는 바위가 배경으로 보이는 해변을 천천히 산책했다. 이 해변은 포틀랜드 인근에서 가장 인기 있는 여행지로, 많은 예술가들이 영감을 얻은 곳이기도 하다.

짧은 관광을 뒤로 하고, 캐논 비치에서 다시 한 시간 정도 운전하여 틸라묵에

기울어진 형태의 지붕

도착했다. 틸라묵은 '치즈의 도시'로 불릴 만큼 치즈가 유명하다. 여행객의 필수 방문지인 틸라묵 치즈 팩토리에서 치즈와 아이스크림을 맛본 후 오늘의 가장 중요한 목적지, 틸라묵 시내에 위치한 드 가르드 브루잉에 방문했다.

드 가르드 브루잉을 소개하기 전에 람빅맥주에 대해 간단히 알아보자. 람빅Lambic 맥주는 제한된 환경에서 배양된 효모를 맥즙에 직접 투입하여 발효시키는 일반 맥주와 달리, 맥즙을 개방된 발효조Open Fermenter에 두고 대기 중의 야생효모와 박테리아를 이용한다. 주로 벨기에 수도인 브뤼셀 남서쪽 지방에서 만들어지며 렘비크Lembeek라는 지역에서 이름을 따왔다는 이야기도 전해진다. 칸티용, 드리폰타이넌, 오드비어셀 등 듣기만 해도 맥주 마니아들을 설레게 하는 브루어리 또는 블랜더리*들이 주로 만든다.

람빅맥주는 대기 중의 야생효모와 박테리아를 이용하는 만큼 환경적인 요인이 매우 중요하다. 람빅맥주를 생산하는 벨기에의 칸티용에서는 거미줄 하나까지도 건드리지 않는다고 하니 그야말로 '환경을 최대한 이용하는' 맥주인 셈이다. 벨기에 외의 다른 국가에서는 람빅 전문 브루어리를 찾기 쉽지 않다. 하지만 최근 미국에 여러 양조장에서 람빅맥주를 시도하며, 맥주의 품질 또한 꾸준히 좋아지고 있다. 드 가르드 브루잉이 바로 미국의 람빅 전문 브루어리로, 수준 높은 람빅을 만들기로 유명하다.

드 가르드 브루잉은 2013년에 문을 열어 두 차례나 RateBeer에서 세계 톱 10 양조장으로 평가받는 등 빠른 시간에 많은 맥주 애호가들을 사로잡았다. 처음 오픈 당시 양조장은 틸라묵 외곽 쪽에 있었으나 2~3년 전 현재의 위치로 이전했다. 드 가르드 브루잉 건물은 자동차 수리점을 리노베이션해 감각적인 디자인을 자랑한다. 그도 그럴 것이 조소학을 전공한 오너와 미술에 조예가 깊은 그의 아내가 양조장의 리노베이션을 지휘했다고 한다. 비스듬한 지붕이 인상적인 외관을 비롯해, 건물 내부의 천장과 바의 모습 등이 마치 미술 작품을 전시한 듯한 느낌이었다. 바 내부나 탭핸들 같은 세세한 부분까지 예술 감각이 돋보였다.

---

★ **블랜더리(blendery)**: 맥주를 직접 양조하지 않고 다른 양조장에서 원액을 사와서 부재료를 사용해 변화를 주거나 원액끼리 섞어서 맥주를 완성하는 곳.

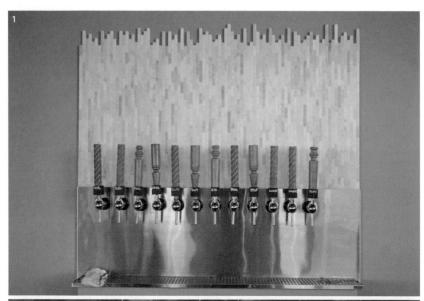

1 감각적인 디자인의 탭핸들
2 직원과 이야기를 나누는 사람들

쟁반에 나온 6가지 맥주

　드 가르드의 바에는 12가지 맥주가 있는데 그중 6개가 이곳의 맥주다. 여행을 준비할 때 지인이 알려 준 팁이 있다. '드 가르드에서는 The가 붙은 맥주를 꼭 마셔라!' 무엇이 있을까 기대하며 메뉴판을 살펴보니 The가 붙은 맥주는 5가지였다. 또한 이곳의 매력은 바로 특별한 병맥주이다. 외부로는 반출이 불가능하고 이곳에서 바로 마셔야 하는 한정판 맥주가 20가지 이상 있고, 외부로 가져갈 수 있는 맥주Bottles To go도 5~6가지 있었다. 좀 더 많은 사람들과 이곳에 오면 좋았을 걸 하는 아쉬움이 들었다. 여러 사람이 같이 오면 병맥주를 골고루 주문해서 맛볼 수 있지만 그럴 수 없어 드래프트만 맛보기로 결정했다.

　모든 드래프트 맥주는 6온스약 170ml와 12온스 두 가지 사이즈로 판매해, 6가지 모두 6온스로 주문했다. 왠지 정감이 가는 투박한 쟁반에 나온 맥주는 각각 독특한 색상과 향이 있었다. 라벤더를 넣어 숙성시켰다는 '더 보타닉The Botanique'은 라벤더차에서 느낄 수 있는 향과 레몬과 같은 새콤한 맛이 인상적이었다. '더 보이즌베리The Boysenberry'는 겉보기에 와인과 흡사한 검붉은 색을 띠었는데, 맛 역시 스위트 와인에서 느껴질 법한 단맛과 은은한 나무 향이 느껴졌다.

대형 배럴들로 가득한 양조장

맥주를 즐기던 중 매니저와 이야기를 나눌 수 있었는데 한국 사람들도 최근 이곳을 많이 찾는다며 반가워했다. 그러면서 평일이고 매장을 닫을 시간도 가까워 손님이 없다면서 브루어리 내부를 구경시켜 주었다. 이런 행운이…!

매니저가 안내한 곳으로 들어서니 사람 키보다 큰 대형 배럴이 가득했다. 드 가르드 브루잉이 현재 위치로 이사올 때 들여놓은 배럴이라 새것 느낌이 물씬 풍겼다. 배럴 외에도 작은 크기의 양조 설비와 병 포장 기계, 그리고 끓인 맥아즙을 공기 중에 노출시켜 식히면서 야생효모를 받아들이는 쿨쉽coolship 등 다양한 설비가 있었다. 즉석 투어는 2층까지 이어졌고, 세월의 흔적이 느껴지는 작은 크기의 배럴이 공간 구석구석을 차지하고 있었다. 오래된 배럴은 아마도 양조장을 이전하기 전에 갖고 있던 배럴이리라. 베네룩스 맥주 산책 때 둘러봤던 칸티용과 오드비어셀 내부 모습이 연상되어 오랜만에 추억이 되살아났다.

이렇게 배럴이 많은데도, 찾는 곳이 많아 물량을 맞추기 쉽지 않다며 한국에 수출하기는 아직은 어려울 것 같다는 매니저의 말이 아쉬웠다. 한국에서도 언젠가 드 가르드의 훌륭한 맥주를 즐길 수 있는 날이 오길 기대한다는 말과 함께 매니저에게 투어에 대한 감사 인사를 건넸다. 다음에는 틸라묵에 숙소를 잡고 친구들과 함께 다양한 맥주를 맛보겠다고 다짐하며 마지막 목적지로 향했다. 대부분의 사람은 틸라묵이라는 도시를 치즈의 도시로 기억할 것이다. 하지만 나는 드 가르드의 도시로 기억한다.

 드 가르드 브루잉 de Garde Brewing

주소: 114 Ivy Ave, Tillamook, OR 97141

홈페이지: http://www.degardebrewing.com

이건 꼭! 온탭된 모든 드래프트를 골고루!

# Pelican Brewing

## 펠리컨 브루잉

포틀랜드 근교 맥주 여행의 종착지는 퍼시픽 시티라는 도시에 위치한 펠리컨 브루잉이다. 잔잔하면서 넓은 모래사장이 매력적인 퍼시픽 시티 비치 바로 앞에 있는 이곳은 '가장 아름다운 경치를 지닌 브루어리'로 알려졌다.

펠리컨 브루잉은 1996년 퍼시픽 시티에서 오픈한 이래 수십 개의 상을 받으며 꾸준히 성장해, 현재는 캐논 비치와 틸라묵에도 지점이 있다. 20년 넘게 사

매장 입구의 모습

랑받는 곳답게 탄탄한 기본 라인업을 갖추고 있었다. 그중에서도 IPA에 중점을 두고, 시즈널 맥주와 배럴 숙성 맥주도 생산한다.

해가 수평선 너머로 넘어갈 즈음 방문했는데 사람들로 꽉 차 있어서 기다려야 했다. 브루펍이 레스토랑을 겸하다 보니 저녁 식사를 하려는 사람들이 많았다. 다행히 대기하는 공간에는 티셔츠, 모자, 물병 등 다양한 굿즈가 진열되어 있어 구경하느라 지루하지 않았다. 약 20분 정도 기다렸을까, 내 이름을 부르는 소리가 들렸다.

펠리컨 브루잉의 내부 모습은 갈색 톤의 인테리어와 주황색 조명이 비치고 있어 한국의 패밀리레스토랑이 연상되었다. 천장과 복도 벽면은 각종 대회에서 수상한 메달과 상장들로 가득해 맥주를 마시기 전부터 기대를 증폭시켰다. 또한 바에 있는 탭핸들은 뾰족한 부리를 가진 펠리컨 머리 모양으로, 판매한다면 하나 사고 싶을 정도로 귀여웠다.

보통 브루어리는 젊은 직원이 많은데 우리 테이블을 담당한 분은 나이가 지긋한 여성이었다. 메뉴판을 살펴본 뒤 음식과 함께 8가지 맥주를 12달러에 맛볼 수 있는 테이스터 트레이Taster Tray를 주문했다. 이번 맥주 여행 중 가장 귀여운 트레이가 우리 앞에 놓였다. 펠리컨의 긴 부리가 손잡이 역할을 하는 원형 트레이는 보자마자 미소 짓게 했다. 펠리컨 브루잉에서는 꼭 테이스터 트레이를 시켜 보길 바란다.

1 펠리컨 모형의 트레이 손잡이
2 8가지 맥주가 담긴 트레이

　8가지 중 7개는 연중 생산 맥주들. 트레이에 맥주 이름이 새겨져 있기 때문에 항상 정해져서 나온다고 보면 된다. 사실 이날 맛본 펠리컨 브루잉의 맥주는 기억에 남을 정도로 인상적이지 않았다. IPA는 서부 스타일을 떠올리게 하는 맛이었고 전체적으로 누구나 편하게 마실 수 있는 맥주였다. 자극적이지 않고 소위 킥이 없는 맥주는 경험상 음식과의 궁합을 생각한 경우가 많다. 아무래도 독특하고 자극적인 맥주는 음식과 어울리지 않기 때문이다. 펠리컨 브루잉의 무난한 맥주들은 곧이어 나온 피자, 샐러드와 함께 편하고 즐겁게 마셨다.

　멋진 해변 경치와 귀여운 펠리컨 로고 때문에 자꾸 생각나는 펠리컨 브루잉. 여행 동선상 퍼시픽 시티까지 오기 어렵다면, 캐논 비치나 틸라묵 지점을 방문하는 것도 좋은 방법이다. 저녁 식사 겸 맥주를 마신 뒤, 펠리컨 브루잉에서 멀지 않은 곳에 있는 숙소로 이동해 포틀랜드 근교 여행의 마침표를 찍었다.

 펠리컨 브루잉 Pelican Brewing
주소 33180 Cape Kiwanda Dr, Pacific City, OR 97135
홈페이지 https://pelicanbrewing.com
이건 꼭! 귀여운 펠리컨을 볼 수 있는 테이스터 트레이

# ★ 포틀랜드 근교 투어리스트 ★

 볼거리

©Emily Marie Wilson / Shutterstock.com

**아스토리아 콜럼** The Astoria Column
1926년 지어진 타워로 콜롬비아 강과 아스토리아의 경관을 360도로 감상할 수 있는 역사적 명소.

**캐논 비치** Cannon Beach
72m의 거대한 바위 해이스택 락(Haystack Rock)이 상징인 바다로, 포틀랜드 사람들이 자주 찾는 휴양지이자 여러 영화에도 등장했다.

**틸라묵 치즈 공장**
Tillamook Cheese Factory
일 년에 백만 명이 방문하는 관광 명소로, 다양한 치즈를 시식할 수 있으며 견학도 가능하다.

SAN FRANCISCO

COURSE 5
# 샌프란시스코
금빛 물결이 흐르는 도시

# SAN FRANCISCO

샌프란시스코

카톨릭 성인 프란치스코 이름을 딴 항구 도시. 멕시코 땅이었지만 미국에 점령된 뒤, 1948년 금광맥이 발견되어 골드러시가 시작되면서 급격하게 발전했다. 이후 무역, 공업, 교통의 중심지로써 수많은 관광객이 찾는 관광 도시이다. 다양한 인종이 모여 도시 전반에 자유로운 분위기가 물씬 풍기는 곳이다.

낭만적인 금문교를 감상하고 운치 있는 케이블카를 체험하며 샌프란시스코의 매력에 흠뻑 빠져 보자.

## 🍺 맥주 산책로

1. **미켈러바 샌프란시스코**: 집시 브루어리로 유명한 미켈러의 샌프란시스코 지점
2. **셀러메이커 브루잉**: 자타공인 샌프란시스코 1등 브루어리
3. **시티비어 스토어**: 고급스러운 인테리어가 돋보이는 펍 겸 바틀샵
4. **러시안리버 브루잉**: 미국 서부를 통틀어 최고로 평가받는 브루어리
5. **라구니타스 브루잉**: 대중을 사로잡은 역사 깊은 초대형 브루어리
6. **토로나도 펍**: 30년 넘은 샌프란시스코의 터줏대감
7. **앵커 브루잉**: 스팀 비어로 대표되는 샌프란시스코 맥주 역사의 산 증인
8. **더 레어 배럴**: 고급스럽고 세련된 사워 맥주를 만드는 곳
9. **필드워크 브루잉**: 샌프란시스코 근교의 숨은 강자

# Mikkeller Bar SF

미켈러바 샌프란시스코

포틀랜드 공항에서 국내선 비행기를 타고 2시간 걸려 도착한 곳은 세계적으로
손꼽히는 관광 도시인 샌프란시스코! 샌프란시스코 국제공항에서 고속철도 바
트<sub>BART</sub>를 타고 시내 중심가에서 가까운 파월 스트리트<sub>Powell Street</sub>역에 도착했다. 처
음 와 보는 도시 풍경과 따스한 햇살에 설레는 기분도 잠시, 코를 찌르는 마리화
나 냄새와 역 주변의 노숙자들로 인해 숙소로 발걸음을 빠르게 옮겼다. 가볍게

해안가에서 바라본 금문교

벽면에 그려진 캐릭터

휴식을 취한 뒤, 샌프란시스코 관광 명소 0순위인 금문교<sub>골든게이트교, Golden Gate Bridge</sub>로 향했다. 금문교가 보이는 해안가 풍경을 만끽하면서 산책하다 보니 샌프란시스코의 매력에 흠뻑 빠져들었다.

얼마나 시간이 지났을까, 금문교 너머로 해가 지며 붉은 노을이 보였다. 이제 본격적으로 맥주를 마실 시간이다! 샌프란시스코에서 처음으로 맥주를 즐길 곳은 파월 스트리트역 근처에 위치한 미켈러바. 미켈러<sub>Mikkeller</sub>는 덴마크의 한 고등학교에서 물리와 수학을 가르치던 미켈이 저널리스트 켈러와 함께 2006년에 설립한 브루어리이다. 이미 짐작하겠지만 양조장의 이름은 둘의 이름을 따서 만들었다. 미켈러가 다른 양조장과 다른 점이 있다면 자신의 양조장 없이 전세계를 돌아다니며 맥주를 만드는 집시 브루잉을 해 왔다는 것이다. 이 같은 양조 방식은 생산 계획에 얽매이지 않는 다양한 맥주 생산을 가능하게 했다. 또한같은 맥주가 나오지 않을 수도 있다는 일회성과 각 맥주가 갖고 있는 특별한 스토리 덕분에 미켈러는 소비자의 관심을 한 몸에 받고 폭발적으로 성장했다. 현재는 샌디에이고에 자체 브루어리를 가지고 크래프트 맥주 시장을 선도하고 있으니, 그야말로 맥주 외길 인생의 성공담이라고나 할까? 또한 미켈러에서 운영하는 펍인 미켈러바는 전 세계 여러 국가에 있는데, 방콕, 도쿄 등을 비롯해 서울에도 있다. 각 매장은 조금씩 다른 콘셉트와 맥주가 있어, 세계를 여행하면서 그 나라의 미켈러바를 둘러보는 것도 재미이다.

미켈러바 샌프란시스코점은 어떤 매력이 있을지 기대하며 문을 열자 덩치 좋은 가드가 매장을 지키고 있었다.(이곳은 여권 확인 후 입장할 수 있다.) 내부에 들어서니 벽면에 그려진 미켈러 특유의 캐릭터가 시선을 사로잡았다. 전 세계 지점마다 캐릭터가 조금씩 다른 것도 미켈러바의 재미 요소 중 하나이다. 예를 들면 한국 미켈러바의 캐릭터는 한복을 입은 모습이다.

매장 안쪽으로 들어가니 사방이 오픈된 바 주위로 세련되고 트렌디한 인테리어가 돋보이는 공간이 나타났다. 이미 사람들로 가득한 터라 아쉽지만 우리는 입구 쪽 창가 자리에 앉았다. 메뉴판을 보니 샌디에이고의 미켈러 브루어리에서 만든 7가지 맥주를 포함한 총 40가지가 있었다. 그런데 맥주 메뉴가 다른 펍과는 사뭇 다르게 구성되어 있었다. 일반적으로 맥주를 스타일이나 브루어리별로 분류하는데 여기는 서빙되는 맥주의 온도로 분류하고 있었다! Served At 45 °, Served At 55 °. 화씨 45도는 섭씨 7도 정도, 화씨 55도는 섭씨 13도 정도로 맥주별로 가장 맛있는 온도로 서빙한다는 의미라고 한다. 서빙 온도까지 세심하게 고려하다니, 미켈러의 맥주 맛이 더욱 좋게 느껴질 것 같았다.

우리가 주문한 맥주는 10.5% 높은 도수의 뉴잉글랜드 IPA인 미스터 엘리엇Misty Elliot과 9% 도수의 더블 IPA인 프레디 머큐리Freddie Murkury. 모두 미켈러 샌디에이고 브루어리에서 만든 맥주였다. 새로운 도시의 IPA를 맛본다는 즐거움 때문

서빙 온도별로 정리된 맥주 메뉴판

샌디에고에서 생산한 미켈러 자체 맥주

이었을까. 홉의 쓴맛과 높은 도수의 알코올이 어우러지면서 금세 잔을 비웠다.
하지만 금문교 주변을 산책한 후 맥주를 마신데다가 알코올 도수 또한 높아서
몸에 열이 후끈 올랐다. 이곳에서 맥주를 좀 더 즐겨도 좋겠지만, 미켈러바 특유
의 분위기를 느낀 것에 만족하고 다음 장소로 발걸음을 옮겼다.

 **미켈러바 샌프란시스코** MiKkeller Bar SF
주소: 34 Mason St, San Francisco, CA 94102
홈페이지: http://www.mikkellerbar.com/sf

이건 꼭! Mikkeller SD(샌디에고에서 생산된 미켈러 자체 맥주)
라고 적힌 맥주

# Cellarmaker Brewing

## 셀러메이커 브루잉

미켈러바에서 짧은 시간을 보낸 후 간 곳은 유명한 햄버거 가게인 슈퍼 두퍼Super Duper. 햄버거와 감자튀김을 포장하여 다음 목적지인 셀러메이커 브루잉으로 향했다.

이곳은 3명의 동업자가 함께 만든 양조장으로, 맥주 평가 사이트 RateBeer에서 98점을 받을 정도로 샌프란시스코에서 톱으로 인정받는 브루어리다. 셀러메이커를 가장 잘 표현한 문구는 '새로운 맥주'이다. 이곳의 목표는 매번 새로운 맥주를 소량 생산하여 사람들에게 흥미를 유발하는 것이다. 홉, 곡물, 효

북적이는 매장 내부

알록달록한 벽면의 메뉴판

모, 배럴 등을 다양하게 조합하는 실험을 끊임없이 하기 때문에 독특하고 다양한 맥주가 생산되는 것은 당연지사. 또한 2주에서 한 달 간격으로 캔 릴리즈 행사도 진행해 많은 인기를 얻고 있다. 만약 방문 당시 캔맥주를 판매하고 있다면, 고민하지 말고 구매하라!

셀러메이커 브루잉 입구로 들어서니 이번에도 가드가 여권을 확인했고, 손등에 확인 도장을 찍어 주었다. 도장 모양을 확인하고 주위를 둘러보니 작은 실내 공간은 발 디딜 틈 없을 정도로 사람들로 가득했다. 테이블도 많지 않아 대부분 한 손에 맥주를 들고 자리도 없이 서 있었다. 크게 울리는 메탈 음악 소리 때문에 더욱 복작거리는 느낌이었다. 하지만 그런 분위기가 축제에 온 것처럼 기분을 들뜨게 했다.

수많은 사람들이 쉬지 않고 맥주를 주문하는 바람에 바 직원에게 말을 건넬 틈이 없었는데 다행히 직원과 눈이 마주쳤다. 이 기회를 놓치면 또 한참 기다려야 할 것 같아 미리 생각해 둔 맥주를 얼른 주문했다. 테이스팅 메뉴는 따로 없지만 모든 맥주를 5온스 작은 사이즈로 판매했다. 직원에게 맥주 8가지를 작은

1 트레이로 사용되는 나무 메뉴판
2 맥주 설명이 적힌 종이 위에 해당 맥주가 올라가 있다.

사이즈로 주문했더니 한 사람당 한 번에 6가지만 주문할 수 있다는 답변이 돌아왔다. 하지만 우리로 말할 것 같으면 숙련된 맥주 여행자 아닌가! 당황하지 않고 아내를 가리키며 두 명이라는 의미로 손가락으로 브이를 보이자 오케이 사인이 떨어졌다.

다만 하나가 매진이라 7가지 맥주만 나왔다. 직원은 별도의 트레이가 아닌 메뉴판 위에 맥주를 올려 주었다. 잔을 떨어뜨리지 않게 조심조심 들어, 때마 침 발견한 빈 테이블로 옮겼다. 이제 맥주를 즐길 시간! 이곳은 별도 음식은 판 매하지 않아 음식을 직접 가져와도 된다. 맥주와 함께 먹기 위해 포장해 온 햄 버거를 꺼냈다. 우리가 주문한 맥주는 대부분 홉이 강조된 페일에일 또는 IPA 스타일로 모두 신선하고 상쾌했다. 가장 인상적인 맥주는 '커피 & 시가렛COFFEE & CIGARETTES'이라는 이름의 검은색 맥주! 고정적인 라인업이 거의 없는 셀러메이커 에서도 꾸준히 만들 정도로 인기 있다. 담배라는 단어가 들어간 맥주답게 독특 한 풍미가 느껴졌다. 검은 맥아에서 나오는 초콜릿, 로스팅 풍미와 함께 여러 커 피원두가 블렌딩되어 복합적인 풍미가 전달됐다. 커피를 좋아하는 사람이라면 꼭 마셔 보길 추천한다. 작은 공간이지만 가만히 있어도 신이 나는 곳, 활력 넘 치는 샌프란시스코를 단적으로 보여 주는 곳. 셀러메이커에서의 즐거움을 이어 가기 위해 우리는 다음 목적지로 향했다.

 셀러메이커 브루잉 Cellarmaker Brewing
주소: 1150 Howard St, San Francisco, CA 94103
홈페이지: https://www.cellarmakerbrewing.com
이건 꼭! 맥주에서 담배 맛이? 커피&시가렛(Coffe & Cigarettes)

# City Beer Store
## 시티비어 스토어

샌프란시스코 첫날, 맥주 산책 마지막 코스는 시티비어 스토어. 셀러메이커 브루잉에서 걸어서 5분 거리에 위치한 이곳은 샌프란시스코에서 가장 좋은 평을 받고 있는 펍 겸 바틀샵이다. 시티비어 스토어는 2006년 5월에 와인바 콘셉트의 맥주 매장으로 문을 열었다. 방문해야 할 브루어리가 많지만 샌프란시스코에서 좋은 평가를 받는 바틀샵인 만큼 꼭 방문하고 싶었다. 그런데 여행을 준비하면서 알게 된 충격적인 사실! 정확한 날짜는 정해지지 않았지만 우리의 여행

고급스런 분위기의 인테리어

다채로운 색감의 벽화

기간을 전후로 시티비어 스토어가 이전한다는 것이 아닌가! 자칫 날짜가 안 맞으면 샌프란시스코까지 가서 방문하지 못할 수도 있는 상황. 다행히 샌프란시스코를 방문하기 며칠 전에 매장 이전을 마쳤다는 소식을 확인하고 안도의 한숨을 내쉬었다.

시티비어 스토어의 울타리를 따라 걷다가 파란색 문을 지나 매장에 들어서니 안쪽까지 길게 뻗은 바가 보였다. 바 자리 이외에도 카페 느낌의 테이블과 캠핑장 테이블 같이 오순도순 모여 앉을 수 있는 자리, 옆으로 나란히 앉을 수 있는 자리 등 다양하게 있었다. 갈색과 베이지색을 골고루 섞어 지루하지 않게 하려는 의도가 보였다. 가장 앉고 싶은 자리는 단연 바! 깔끔하게 정렬된 탭핸들과 알록달록 글씨가 적혀 있는 메뉴판, 그 위로 그려진 바다 그림은 눈을 즐겁게 해 주었다.

준비된 드래프트는 약 30가지. 상당수가 샌프란시스코 인근 브루어리 맥주였다. 그중 약 20가지가 IPA로, 역시나 미국에서 IPA의 인기는 대단하다는 것을 느꼈다. 주문 시스템은 바에서 직접 주문하고 바로 결제하는 방식. 처음 주문한 맥주는 웨스트 코스트 IPA와 뉴잉글랜드 IPA. 최근에는 웨스트 코스트 IPA와 뉴잉글랜드 IPA를 둘 다 취급하는 곳이 많으므로 이를 비교하는 재미 또한 쏠쏠하다. 시티비어 스토어도 펍의 명성답게 맥주 종류나 상태가 무척 훌륭했다. 이어서 벨기에 틸퀸 브루어리의 람빅맥주, '오드 퀘치Oude Quetsche'를 주문했다. 이 맥주는 서양 자두가 들어갔다고 해서 호기심을 자극했다. 새콤달콤한 람빅맥주를 맛보니 IPA와 스타우트로 지쳐 있던 혀가 생기를 찾는 기분이었다.

맥주를 즐기다 보니 사람들이 어딘가로 한 번씩 갔다 오는 것이 보였다. 그들이 향하는 곳은 바로 매장 안쪽에 위치한 바틀샵. 다른 바틀샵에 비해 크지는 않지만 냉장고와 진열대에 맥주가 빼곡했다. 한국이었다면 깜짝 놀랄 만한 맥주들이 아무렇지 않게 진열된 것을 보니 이곳 사람들이 부러웠다.

눈 호강을 한 뒤 주문한 마지막 맥주는 포틀랜드에서 방문했던 드슈츠Deschutes

웨스트 코스트 IPA와 뉴잉글랜드 IPA

매장 끝에 위치한
바틀샵

브루어리의 임페리얼 스타우트, 더 애비스The Abyss. 겨울에만 만드는 시즈널 맥주
로 프렌치 오크와 버번 배럴에 숙성시킨 알코올 도수 11%의 풍미 깊은 스타우
트였다. 초콜릿과 커피 향, 배럴의 오크 향까지 느껴져 이날의 마무리 맥주로 안
성맞춤이었다.

어느덧 시계는 매장 마감 시간 10분 전인 11시 50분을 가리키고 있었다. 직
원은 '라스트 오더'라고 외쳤지만 여전히 많은 사람들이 아랑곳하지 않고 맥주
를 즐기는 것을 보며 매장을 나왔다. 숙소는 그리 멀지 않은 곳에 있었지만 역에
서 봤던 노숙자와 마리화나 냄새가 떠올라 안전한 귀가를 위해 우버를 이용해
숙소로 복귀했다.

 **시티비어 스토어** City Beer Store
주소: 1148 Mission St, San Francisco, CA 94103
홈페이지: https://www.citybeerstore.com
이건 꼭! 수시로 바뀌므로 자유롭게 선택

# Russian River Brewing
## 러시안리버 브루잉

샌프란시스코에서의 둘째 날. 드디어 이번 여행의 핵심 브루어리 중 하나인 러시안리버 브루잉을 방문하는 날이다. 이곳을 방문하려면 준비를 단단히 해야 한다. 샌프란시스코 북쪽 샌타로자Santa Rosa 지역까지 약 90km를 이동해야 하기 때문이다. 어떤 매력이 있길래 교통이 불편한데도 불구하고 많은 사람들이 꼭 가야 하는 브루어리로 꼽는 걸까.

미국 크래프트 맥주 역사로 보자면 꽤 이른 시기인 1997년에 오픈한 러시안리버 브루잉은 2000년에 열린 더블 IPA 축제에 '플리니 디 엘더Pliny the Elder'를 선보이면서 최정상 자리에 우뚝 섰다. 맥주 이름은 로마 시대의 학자 이름을 땄다고 한다. 러시안리버 브루잉에 따르면, 플리니 디 엘더는 맥주의 필수 재료 홉hop에 대해 처음으로 루푸스 살릭타리우스Lupus Salictarius라는 학명을 붙인 사람이다. 지금은 이 학명이 휴물루스 루풀루스Humulus Lupulus로 바뀌었지만 홉에 포커스를 둔 맥주임을 보여 주는 네이밍인 셈이다. 완벽한 밸런스와 선명한 홉 풍미 덕분에 빠르게 인기를 얻었고, 현재는 미국 서부식 IPA 스타일의 정점을 찍은 것으로 평가받는다.

플리니 디 엘더보다 더 좋은 평가를 받는 맥주가 있으니 바로 '플리니 디 영거Pliny the Younger'. 역시나 사람 이름을 딴 맥주인데 플리니 디 엘더의 조카를 의미한다. 영거는 알코올 도수가 11%나 되는 트리플 IPA 스타일의 맥주로 2005년 겨울에 한정판으로 처음 만들어졌다. 현재는 일 년에 한 번, 2월 첫째 주에 드래프트로만 판매하는데, 최소 3시간은 줄을 서야 맛볼 수 있다고 하니 그야말로 '슈퍼 레어'한 맥주! 이처럼 영거는 맛보는 것 자체가 어렵기 때문에 실제로 구할 수 있는 맥주 중에는 플리니 디 엘더가 '최고의 서부식 IPA, 최고의 IPA, 최고의 더블 IPA'라는 수식어를 갖는다.

그럼 러시안리버 브루잉은 IPA 스타일만 잘 만드는 것일까? 아니다. 이 양조장은 IPA뿐만 아니라 벨기에 람빅맥주에서 영감을 받은 배럴 숙성 맥주도 상당한 공을 들여 이 또한 최상급으로 평가받는다. 즉 이곳은 미국 크래프트 맥주를 상징하는 스타일인 IPA와 마니아들이 열광하는 스타일인 배럴 숙성 맥주 모두 평정한 셈이다.

러시안리버 브루잉에 방문해야 할 이유는 충분히 알았으니 이제 90km나 되는 거리를 어떻게 가는지가 관건. 여행을 준비하는 동안 몇 시간을 투자해서 알아본 결과, 샌프란시스코에서 대중교통으로 가는 방법은 101번 버스를 이용하는 것이 가장 가성비 좋은 선택이었다. 2시간이나 걸리기 때문에 시간적으로 부담되긴 하지만 요금은 인당 13달러만 내면 된다. 우버를 탈 경우 약 100달러의 요금으로 1시간 남짓 걸린다고 하니 시간을 아끼려는 사람은 우버를 선택하자.

숙소에서 11시에 나와 구글 지도가 안내한 버스 정류장에 도착했는데 101이라는 표시가 어디에도 보이지 않았다. 구글 지도에 도착 시간까지 표시되어 있어 좀 더 기다려 보았지만 버스는 오지 않았다. 인포메이션 센터에 가서 확인하니, 안내원은 다른 정류장으로 가야 한다고 말했다. '이 시간이면 한 잔의 술을 더 마실 수 있었을 텐데' 한탄하며 안내해 준 정류장으로 가니 골든 게이트 브릿지 Golden Gate Bridge 라고 써 있는 초록색 101번 BUS 표지판이 보였다.

이제야 겨우 버스를 탈 수 있다고 안심한 것도 잠시, 101번 버스는 배차 간격이 한 시간이어서 한참을 더 기다려야 했다. 버스

초록색 BUS 표시가 있는 정류장

1 매장 바로 앞 제주 물허벅 아낙네
2 자리 찾기가 힘들 정도로 가득한 인파

를 기다리는 와중에 마주친 노숙자들과, 약물에 취해 몸을 제대로 가누지 못하는 사람들까지 있어 버스가 빨리 오기만을 바랐다. 드디어 전광판에 SANTA ROSA가 표시된 101번 버스가 도착했고, 기사에게 '샌타로자'를 외치니 인당 13달러를 기계에 넣으라고 한다. 자리에 앉아 버스 창밖으로 보이는 샌프란시스코 시내와 금문교의 경관을 보며 감탄하던 것도 잠깐이었다. 버스는 도시마다 정차하며 생각보다 더 느린 속도로 갔다. 결국 2시간 30분가량이 지난 오후 3시가 되어서야 샌타로자 정류장에 도착했다.

정류장에서 러시안리버 브루잉까지는 걸어서 단 5분! 기대감을 가득 안고 도착한 브루어리 앞에서 우리를 반겨 준 두 가지가 있었다. 첫 번째는 물 긷는 한국의 아낙네 조형물. 뜬금없이 웬 한국 아낙네 조형물이 미국에 있나 싶겠지만, 이 조형물은 '제주 물허벅 아낙네상'으로, 제주시와 샌타로자시가 자매결연을 맺으면서 이곳에 세운 것이라고 한다. 두 번째는 입구부터 길게 늘어선 대기 줄이었다. 버스로 이동하며 지친 몸은 30분 동안 입장을 기다리며 더 지쳐 갔다. 여권을 확인받고 드디어 매장으로 입장했으나 매장을 가득 메운 사람들을 보며 또 한 번 좌절하고 말았다. 빈 좌석이 있어 입장시켜 준 것이 아니라, '비좁게 서서라도 맥주를 마셔라'라는 의미의 입장이었던 것. 정신없이 움직이는 직원을 붙잡고 테이블에 앉을 수 있냐고 물으니, 자리가 나면 안내해 주겠다며 기다리라고 한다. 또 다시 기다림의 시간. 20분 정도 대기 후, 겨우 앉았는데 여기

서 끝이 아니었다. 맥주를 주문하려면 여유라고는 눈꼽만큼도 없는 직원을 불
러야 했던 것. 또 한참 후 직원과 눈이 마주쳐 비로소 맥주를 주문했다. 숙소를
나온 지 무려 5시간 만에 말이다! 하지만 나는 곧 마주할 맥주가 5시간 동안의
수고를 말끔히 잊게 할 것이라고 굳게 믿었다. 그 믿음은 나를 배신하지 않았다.

우리가 주문한 것은 사진 하나에 담기도 힘들 만큼 커다란 풀 샘플러Full Sampler.
이곳에서 판매하는 모든 드래프트 맥주가 트레이에 나왔고, 18개 구멍 안에는
어떤 맥주인지를 알려 주는 병뚜껑이 박혀 있었다. 간혹 병뚜껑으로 표시되지
않은 맥주는 구별을 위해 병뚜껑 앞이 아니라 트레이 중간에 있었다. 모든 드래
프트는 낱개로 샘플러 주문이 가능하지만, 굳이 풀 샘플러를 주문한 이유는 바
로 이 트레이를 마주하고 싶었기 때문이다.

트레이 한쪽 라인은 IPA 위주로, 다른 쪽 라인은 배럴 숙성 맥주와 벨지안 스
타일의 맥주가 있었다. 18가지 중에 가장 먼저 플리니 디 엘더를 마셨다. 이미
다른 펍에서 맛보긴 했지만 양조장에서 직접 서빙한 상태가 궁금했기 때문이
다. 역시 월드클래스라고 느낄 정도로 훌륭했다. 고소한 맛을 살짝 내면서 탄탄

큰 메뉴판이 걸려 있는 바의 모습

18가지 맥주가 나오는 풀 샘플러

하게 맥주를 받치고 있는 몰트감, 열대 과일 향과 솔 향, 신선하고 푸릇푸릇한
홉의 풍미가 완벽한 밸런스를 이뤘고 목에 걸리는 부분 없이 깔끔하고 개운했
다. 그야말로 서부식 IPA의 전형을 보여 주며 완벽하게 균형 잡힌, 완성도가 무
척 높은 맥주였다.

그 밖에 호피한 맥주도 신선하고 맛있었지만 단연 인상적인 건 배럴 숙성 사
워 맥주 대표 4종이다. 각기 다른 맛을 느끼는 것도 새밌지만 맥주의 이름과 라
벨에 그려진 그림 또한 즐거움을 주는 요소였다. 특히 러시안리버 브루잉의 맥
주는 상당수 성경과 관련된 이름이어서 어떤 의미인지 알고 마시면 더욱 재미
있다. 여기에서 몇 가지만 소개하겠다.

★ 비애티피케이션(Beatification, 시복식 : 덕행이 뛰어난 사람을 사후에 성인으로 추대하는 것)
: 뉴벨지엄(New Belgium) 브루어리의 최상급 사워 에일인 La Folie를 만드는 배럴
에 숙성한 사워(6.0%)

★ 템테이션(Temptation, 유혹 : 하나님이 보내는 '시련(Test)'과 비교되어 자기 욕심에 끌리거나
사탄이 꾀는 유혹(Temptation)을 의미)
: 화이트 와인을 만드는 품종인 샤르도네 배럴에서 숙성시킨 블론드 사워(7.5%)

★ **서플리케이션(Supplication, 간구 : 신에게 기도하고 애원하고 탄원하는 것)**

　: 레드 와인을 만드는 품종인 피노누와 배럴에 시큼한 체리를 함께 넣고 숙성시킨 브라운 사워(7.0%)

★ **콘세크레이션(Consecration, 축성 : 사람이나 사물을 거룩하게 하는 것)**

　: 레드 와인을 만드는 품종인 카베르네 소비뇽 배럴에 숙성한 다크 사워(10.0%)

벨기에의 람빅맥주는 대체로 브레타노마이세스ₛ. Brettanomyces라는 야생효모의 영향을 받는다. 이 효모는 '마구간 냄새', '농장 냄새' 등으로 표현되는 '쿰쿰한' 풍미와 더불어 파인애플 캔디 같은 오묘한 풍미를 내기도 한다. 러시안리버의 배럴 맥주는 벨기에 람빅 특징에 와인을 숙성하던 배럴을 이용해 구현하려는 마음에서 시작되었다. 와인 배럴을 가장 쉽게 구할 수 있는 곳은 어디일까? 당연히 와인을 만드는 곳이다. 그래서 러시안리버는 세계적으로 유명한 와인 산지인 '소노마 카운티' 근처에 위치한다. 실력도 탁월한데다 좋은 재료도 구할 수 있으니 맛있는 맥주가 나오는 것은 그야말로 당연지사.

서플리케이션은 체리를 숙성한 만큼 체리 향이 은은하게 나고, 새콤한 맛 안쪽으로 쿰쿰한 맛과 나무의 풍미도 함께 느껴졌다. 무척 부드러운 질감이라 마시기도 좋았다. 콘세크레이션은 10%라는 높은 도수가 느껴지지 않을 정도로 마시기 편했고, 건포도와 체리 향이 입안에 가득 퍼져 마치 레드와인을 마시는 느낌이었다.

맥주를 실컷 즐긴 후, 매장 입구 쪽에 위치한 숍을 구경했다. 맥주잔, 병따개,

러시안리버 브루잉의 대표적인 배럴 숙성 사워 맥주

숍에서 맥주를
구입하는 손님

티셔츠 등 다양한 굿즈들은 물론, 러시안리버의 맥주도 판매했다. 가장 부러웠
던 점은 플리니 디 엘더를 박스째 구입하는 사람들. 한 병에 5.5달러인 엘더는
인당 최대 12병씩 구매가 가능해 6병들이 팩을 2박스씩 들고 가는 사람들을 적
잖이 볼 수 있었다. 배럴 숙성 사워 맥주도 바틀로 13~20달러에 판매했다. 최
근 한국에도 소량 수입되긴 했지만 병당 6~7만 원 하기 때문에 이곳의 가격이
부러울 따름이었다.

　자리로 돌아와 샘플러 맥주를 모두 마셨는데 아직 부족했다. 플리니 디 엘더
를 한 잔 더 주문하고, 드래프트가 매진되어 샘플러에 포함되지 못한 블라인드
피그Blind Pig를 병으로 주문했다. 이름 따라 귀

여운 돼지가 라벨에 그려진 이 맥주 역시,
러시안리버 브루잉의 대표 IPA 중 하나이
다. 도수는 6.1%로 스타일상 싱글 IPA로 분
류된다. 블라인드 피그와 더불어, 알코올
도수 8%의 더블 IPA인 플리니 디 엘더와
11%의 트리플 IPA인 플리니 디 영거, 이 세
가지 맥주를 한자리에서 마시면 얼마나 좋
을까 생각하며 블라인드 피그를 음미했다.

블라인드 피그 바틀

러시안리버 브루잉에서 떠날 때가 되었다. 오전부터 많은 고생을 하여 도착했지만 뛰어난 맥주를 마음껏 즐길 수 있어서 다행이었다. 돌이켜 보니 우리가 방문한 토요일이 가장 붐비는 날이었던 것 같다. 평일 16:00~18:00와 일요일 모든 시간대가 해피아워인 것으로 보아 토요일을 제외하면 어느 정도 여유가 있을 것으로 보인다. 또한 2018년 11월, 샌타로자 북쪽에 위치한 윈저<sub>Windsor</sub>에 지점이 새로 생겼고, 이 양조장 겸 펍에서는 브루어리 투어도 가능하다고 하니 윈저 지점을 방문하는 것도 좋은 방법이다. 우리는 만족스러운 시간을 갈무리하고 우버를 호출해 다음 장소로 이동했다.

**샌프란시스코에서 101번 버스 정류장 위치 추천 장소**

❶ 7th St & Market St
정거장 ID : 40019

❷ Golden Gate Bridge/Toll Plaza
정거장 ID : 40038

✿ 3명 이상이라면 무조건 택시를 추천하고, 2명인 경우 가격이 부담되더라도 택시를 고려하는 것도 좋다.

**러시안리버 브루잉** Russian River Brewing
주소: 725 4th St, Santa Rosa, CA 95404
홈페이지: https://russianriverbrewing.com

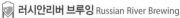

**이건 꼭! 플리니 디 엘더, 블라인드 피그, 사워 맥주 4종**
(비에티피케이션, 템테이션, 서플리케이션, 콘세크레이션)

# Lagunitas Brewing
### 라구니타스 브루잉

러시안리버 브루잉에 이어서 방문한 곳은 라구니타스 브루잉. 러시안리버 브루잉에서 남쪽으로 약 20km 떨어져 있어 거리상으로 멀지 않았다. 하지만 버스 노선을 알아보니, 길을 돌고 돌아 약 1시간가량 걸린다는 것을 알고 15분 만에 도착할 수 있는 우버를 이용했다. 25달러 비용이 들었지만 시간과 편리함이 우선이었다.

샌프란시스코 시내로 바로 가지 않고 굳이 라구니타스를 찾은 이유는 이곳이 미국 크래프트 맥주 역사에서 매우 중요한 위치에 있기 때문이다. 멍멍이 로고로 잘 알려진 라구니타스 브루잉은 1993년 오픈하여 25년 넘게 성업 중이다. '라구니타스' 지역에서 시작해 현재는 '페탈루마' 지역으로 위치를 옮겼다. 2000년대 중반부터 미국 크래프트 맥주의 부흥과 함께 빠르게 성장해 2013년에는 미국 크래프트 맥주 판매량 Top5에 이름을 올릴 정도로 초대형 브루어리로 자리 잡았다.

다만 2015년 이후 '크래프트 브루어리'라고 부르기 어려워졌는데, 그해 하이네켄이 50% 지분을 인수하고 2017년에 나머지 50%까지 인수해 현재는 하이네켄 소속이 되었기 때문이다. 미국 크래프트 맥주 협회가 주장하는 3대 조건인 독립성, 소규모, 전통성 중 자본 면에서 독립성 조건이 상실된 것이다. 그럼에도 불구하고 여전히 설립자가 CEO를 맡아 다양하고 독특한 맥주를 생산하며 크래프트 맥주 회사의 면모는 유지하는 것으로 평가된다. 현재는 본거지

1 대로변에 있는 안내 표지판
2 맥주 축제에 온 듯한 야외 좌석

인 페탈루마 이외에 시카고와 시애틀에도 양조장을 보유했고, 암스테르담이나 파리 등에 추가로 양조장을 세울 예정이라고 한다. 대기업의 자본이 투자된 만큼 확장 기회를 엿보고 있다.

이처럼 라구니타스는 크래프트 맥주 시장에서 큰 축이자 지금은 대기업의 투자를 받는 거대 브루어리인 만큼 방문할 가치가 있다. 또한 샌프란시스코와 샌타로자 사이에 위치해 동선상 적합했다.

브루어리 입구에 들어서자마자 마치 공원에 온 듯한 기분이었다. 산책로 느낌을 주는 길 양옆으로 캠핑장에 있을 법한 모양의 테이블에서 맥주를 마시는 사람들이 눈에 띄었다. 안쪽으로 좀 더 들어가니 커다란 천막 아래 200명이 넘는 사람들이 자리를 빼곡히 채우고 있어 마치 맥주 축제에 온 것 같았다. 근처에 숙소가 있다면 야외석에서 함께 그 분위기를 즐기고 싶었다. 우리는 펍 내부에 자리를 잡았다.

크지 않은 펍 내부는 사방으로 열려 있는 바 자리가 있고, 홀에는 작은 크기의 테이블이 옹기종기 놓여 있었다. 직원이 가져다 준 메뉴판에는 10여 가지의 연중 생산, 스페셜, 한정판까지 총 30종의 맥주가 있었다. 마지막 페이지에는 맥주 여행자의 친구, 비어 테이스터스Beer Tasters가 보였다. 16가지를 맛볼 수 있는 Around The World 대신 Four Samplers대표맥주 3종 + 1종 선택와 Customize Your Own Set4종 선택를 하나씩 주문했다.

먼저 나온 4종 중 연중 생산 맥주인 리틀 섬핀Little Sumpin이 인상적이었다. IPA 스타일의 이 맥주는 밀이 들어가서 실크처럼 부드러운 질감이 특징인데, 처음 출시할 때만 해도 맥주 스타일을 정의하기 어려웠다고 한다. 일반적인 IPA는 밀을 넣으면 탁해지고 두터운 질감이 생겨 전형적인 IPA 스타일과 멀어지기 때문에 밀을 잘 넣지 않는다. 요즘에야 뉴잉글랜드 스타일처럼 탁한 IPA가 유행

활기찬 분위기의 펍 내부

대표 맥주 3가지가 포함된 Four Samplers

하지만 리틀 섬핀이 처음 나올 때만 해도 독특한 시도였으리라. 리틀 섬핀은 청량하고 쌉쌀한 일반적인 서부식 IPA와는 확연히 다른 질감이었다.

우리가 고른 4종 세트는 스페셜 맥주와 한정판 맥주로 채웠다. 그중 정말 흥미로웠던 맥주는 소노마 팜하우스 브렛 스타우트Sonoma Farmhouse Brett Stout. 유명한 와인 산지인 소노마 카운티의 레드와인 배럴에 브렛 효모를 비롯한 여러 효모를 넣고 최대 4년 동안 숙성시킨 11.3%의 고도수 스타우트였다. 상당히 높은 도수임에도 입안에서 알코올감이 전혀 튀지 않았고, 맛은 진득한 스타우트가 아닌 새콤한 사워 맥주였다! 검은 맥아에서 나오는 초콜릿이나 커피 같은 캐릭터가 느껴지면서 브렛 효모가 주는 쿰쿰한 풍미와 다양한 효모에서 나오는 복합적인 맛이 인상적이었다. 겉보기와는 사뭇 다른 맛을 선사했다.

총 8가지의 맥주를 만족스럽게 마시고 펍 바로 옆에 위치한 기념품 가게도 둘러본 뒤 샌프란시스코 시내로 돌아가기 위해 우버를 호출했다.

오래되고 규모가 큰 브루어리의 경우 더 이상 새로운 것을 만들지 않고 잘 팔리는 맥주만 대량 생산하는 경우가 많다. 특히 대기업에 인수되면 더욱 그렇다. 하지만 라구니타스는 꾸준히 독특하고 다양한 맥주를 생산하며 크래프트 정신을 이어가고 있음을 느꼈다. 다음에 방문할 때는 또 어떤 새로운 맥주가 우리를 반길지 기대된다.

**라구니타스 브루잉** Lagunitas Brewing
주소: 1280 N McDowell Blvd, Petaluma, CA 94954
홈페이지: https://www.lagunitas.com
이건 꼭! 실크처럼 부드러운 리틀 섬띤(Little Sumpin)

SAN FRANCISCO
★

# Toronado Pub
## 토로나도 펍

라구니타스 브루잉에서 택시로 한 시간 정도 달려 돌아온 샌프란시스코. 그러
나 우리는 숙소로 바로 가지 않고 한 곳을 더 들렀다. 택시에서 내린 곳은 바로
토로나도 펍으로 샌프란시스코에서 무려 30년 넘게 영업 중이다. 본점이라고
할 수 있는 샌프란시스코점 외에 시애틀과 샌디에이고에도 지점이 있으니 맥주
로 유명한 도시마다 둥지를 틀고 있는 셈이다.

오래된 느낌이 물씬 풍기는 외관

투박해 보이는 건물 안으로 들어가니 바에 걸린 붉은 빛 네온사인이 먼저 눈에 띄었다. 펍 내부 역시 네온사인이 은은하게 밝히는 조명 역할을 하고 있었다. 바로 밑에 바 자리는 사람들로 가득했다.

그리고 우리의 시선을 사로잡는 것이 있었으니 바로 탭핸들. 처음 방문한 사람은 마치 박물관이라고 착각할 정도로 수백 개의 탭핸들이 벽면을 가득채우고 있었다. 한쪽 면에는 3리터 정도로 보이는 매그넘 사이즈의 바틀까지 진열되어 있어 이곳의 내공이 절로 느껴졌다.

매장 분위기에 취한 정신을 가다듬고, 다른 사람들과 섞인 채 테이블을 잡았다. 유독 고되었던 하루를 마무리할 맥주를 고르려니 다른 때보다 더 고민되었다. 드래프트 메뉴로 약 30여 가지 맥주가 보였고, 좀 더 특별한 것을 찾기 위해 바틀 목록을 살펴봤다. 분주하던 나의 눈동자를 멈추게 한 것은 '러시안리버 브루잉' 글자 밑에 적힌 Toronado 30th anniversary ale! 이름 그대로 토로나도 펍의 30주년을 기념하기 위해 러시안리버 브루잉과 컬래버레이션해 만든 것이다. 참고로 러시안리버 브루잉을 방문했을 때 마신 콘세크레이션Consecration은 토로나도 20주년 맥주를 만들면서 영감을 얻은 것이라고 하니, 토로나도와 러시안리버가 얼마나 끈끈한 인연인지 알 수 있었다.

드디어 마주한 토로나도 30주년 맥주! 알코올 도수 7%의 벨지안 페일에일

은은한 붉은 빛의 내부

박물관 같은 다양한 전시품

스타일로 양조할 때 쓰는 전통적인 효모와 브렛을 사용했다고 한다. 2014년에 병입했다고 적혀 있는데 토로나도의 30주년은 2017년이니, 미리 준비해서 3년간 병 속에서 숙성시켜 출시한 제품으로 보인다.

맥주는 쿰쿰한 브렛 향이 느껴졌고 사워 맥주 같은 시큼한 느낌은 없어 편하게 마실 수 있었다. 브렛이 들어갔음에도 신맛이 느껴지지 않아 직원에게 물으니, 알려진 것과 달리 브렛이 산을 내는 것은 아니라고 한다. 다만 사워와 어울릴 때 좋은 시너지를 내고, 산을 내는 요소와 같이 쓰이는 경우가 많아서 브렛하면 사워가 생각나는 것이라고 한다.

맥주는 편하게 마실 수 있는 벨지안 페일에일 스타일로, 브렛 외에 다른 독특한 특징은 없었다. 맥주 맛 자체보다는 희귀한 맥주를 맛보았다는 것에 만족했다. 자연스레 합석한 현지인과도 맥주에 대한 이런저런 이야기를 나눌 수 있어 더욱 좋았다.

필자는 맛보지 못했으나 혹시 토로나도 펍과 러시안리버 브루잉의 기념 맥

토로나도 30주년 기념 맥주

주에 관심이 있고 희귀한 맥주를 찾아다니는 독자가 있다면 토로나도 25주년 맥주에 도전해 보길 바란다. 무려 $120라는 높은 가격이지만 맥주 평가 사이트에서 엄청난 평가를 받고 있는데다 구할 수 있는 곳도 매우 제한적이기 때문에 희귀성은 손에 꼽힐 정도이니 말이다.

　샌프란시스코의 기둥과 같은 펍인 토로나도에서 독특한 맥주를 마시며 이날의 맥주 여행을 마칠 수 있어 행복했다. 숙소로 돌이기던 중, 근처에 한식당을 발견하여 비빔밥과 김치찌개를 먹었다. 오랜만에 한식을 먹으니 지쳐 있던 몸이 회복되는 느낌이었다. 다시 시작될 내일을 위하여!

 토로나도 펍 Toronado Pub

주소: 547 Haight St, San Francisco, CA 94117
홈페이지: http://www.toronado.com
여기서 꼭! 바에 앉아 오래된 단골처럼 즐기자!

# 스팀 비어

Steam Beer

19세기 중반, 캘리포니아에서 금이 발견되고 그것을 채굴하기 위해 광부들이 몰리는 골드러시가 시작되었다. 사람들이 몰리는 곳에는 맥주 수요도 있는 법. 문제는 이 지역에서 맥주를 만들기에는 여러 난점이 있었다. 맥주를 만들기 위해서는 효모가 좋아하는 적절한 온도까지 맥즙을 식히는 과정이 필요한데, 캘리포니아의 날씨는 따뜻한 편이고 당시 냉장 기술은 수준이 높지 않았다. 그래서 생각한 것이 얇고 널찍하게 생긴 개방형 발효조Open Fermentation에 뜨거운 맥즙을 담아 샌프란시스코만에서 불어오는 찬 공기를 이용해 옥상에서 식히는 것이다. 맥주가 식으면서 엄청난 양의 증기가 퍼졌는데, 이렇게 만들어진 맥주를 스팀 비어Steam

널찍한 개방형 발효조

Beer 라고 부르게 되었다고 한다.

스팀 비어는 라거 효모를 사용하나 일반적인 라거 발효 온도보다는 조금 더 높은 온도에서 발효되며 이 때문에 에일의 특징도 갖는다. 에일 효모에서 나올 법한 과일 느낌의 에스테르가 종종 느껴지는 것이다. 색은 황색 또는 구리색을 띠고 토스트나 캐러멜 같은 맥아 풍미를 지닌다. 홉은 시트러스한 미국 품종의 홉보다는 좀 더 고전적인 홉을 쓰는 경우가 많다. 그 결과, 라거 효모의 장점인 깔끔한

스팀 비어

청량감과 에일 효모에서 나올 법한 프루티 에스테르를 모두 지니고, 몰트와 홉 풍미가 밸런스를 이루는 맥주가 완성된다.

스팀 비어는 인기가 많아 여러 양조장에서 제조되었으나 1920년 금주령으로 인해 많은 양조장이 문을 닫게 되자 스팀 비어의 명맥도 위기에 처했다. 하지만 다행히 앵커 브루잉이 재기에 성공해서 스팀 비어를 대량으로 만들기 시작했고, 1971년 병맥주까지 출시하면서 당시 샌프란시스코의 양주 혁명을 주도하게 된다. 또한 '스팀 비어 Steam Beer'라는 이름으로 상표를 등록함으로써, 다른 브루어리는 이 단어를 사용하지 못하게 되었다. '스팀 비어'가 한 브루어리의 고유한 브랜드가 되었기 때문에 맥주의 스타일을 정리한 책에는 주로 '캘리포니아 커먼'으로 정의하고 대표적인 예로 앵커의 스팀 비어를 든다.

샌프란시스코의 역사가 담긴 앵커 브루잉의 스팀 비어를 마시며 캘리포니아 커먼 원조의 맛을 음미해 보자.

SAN FRANCISCO

# Anchor Brewing

**앵커 브루잉**

샌프란시스코에서의 셋째 날은 앞서 이틀 동안 맥주 여행을 하느라 제대로 하지 못한 시내 구경을 했다. 무척 높아 보이는 하늘 아래, 샌프란시스코 중심지역할을 하는 유니언 스퀘어에서 관광을 시작했다. 이 도시의 명물인 하트동상 앞에서 기념 사진을 찍는 관광객, 창밖을 보는 일에 여념이 없는 승객을 가득 싣고 시내를 가로지르는 케이블카를 보니 낭만의 도시에 온 기분이 물씬 느껴졌

사진 명당인 롬바드 스트리트

다. 이어서 매우 큰 규모인 차이나타운을 둘러보았는데, 골목마다 중국어 간판과 길거리 음식들이 미국식 건물 외관과 뒤섞여 묘한 조화를 이루었다. 차이나타운의 한 음식점에서 점심 식사를 한 뒤, 시내버스를 타고 언덕을 지나니 많은 인파가 보였다. 바로 꼬불꼬불한 커브길 사이로 꽃이 가득 핀 롬바드 스트리트였다! 우리도 이곳에서 인증 사진을 찍은 후 북쪽으로 계속 향하다 보니 해안가 관광 명소인 '피셔맨스워프'가 나타났다. 수많은 음식점과 관광객을 가로질러 도착한 피어39에서는 '꿍꿍' 대며 우는 소리가 매력적인 바다사자를 만날 수 있었다. 짧은 시간 동안 알차게 시내 관광을 마무리했으니 이제는 계획했던 브루어리를 차례로 방문할 시간이다.

첫 번째로 방문한 곳은 역사 깊은 브루어리인 앵커 브루잉이다. 이곳의 역사는 1849년으로 거슬러 올라간다. 독일 출신의 양조사가 가족과 함께 샌프란시스코에 이주한 후 펍 겸 당구장을 인수해 맥주를 만들다가 1896년 앵커라는 이름으로 양조장을 세운다. 하지만 많은 어려움을 겪게 되는데, 1906년 공동 소유주 한 명이 갑작스레 사망하고 그로부터 2개월 뒤 대지진으로 인해 양조장에 큰 화재가 발생한다. 기껏 브루어리를 재건했더니 몇 년 뒤 금주령The prohibition law 때문에 또 다시 위기를 맞는다. 금주령이 해제된 후 앵커 브루잉은 점차 성장했고 지금까지 이어져 온 것이다. 물론 100여 년이라는 역사는 유럽의 유시 깊은 브루어리에 비하면 짧을 수도 있다. 그러나 맥주 역사가 짧은 미국에서 100년이 넘게 유지됐다는 것은 이곳이 미국 맥주의 역사와 함께했다는 의미이다.

커다란 양조 설비가 보이는 앵커 브루잉 건물에 도착해 안쪽으로 들어가려 했지만 문이 닫혀 있었다. 하지만 전혀 당황할 필요는 없다. 양조가 이루어지는 이 건물은 투어를 예약한 경우에 들어갈 수 있고, 맥주를 즐길 수 있는 건물은 따로 있다. 양조장과 분리된 별도의 펍 공간인 퍼블릭 탭스Public Taps가 그곳이다.

맥주의 4대 재료인 물, 맥아, 효모, 홉이 그려진 건물의 벽을 따라가니 퍼블릭 탭스의 입구에 다다랐다. 닻 모양의 동상을 지나쳐 펍 내부에 들어선 순간 기대보다 더 좋은 분위기에 놀라고 말았다. 오래된 브루어리인 만큼 펍 분위기도 다소 올드하지 않을까 생각했는데 기우였다. 아주 세련된 인테리어는 아니었지만

1 바에 걸려 있는 웅장한 닻
2 매우 넓은 내부 공간

탁 트인 넓은 공간과 바에 걸려 있는 커다란 닻이 웅장한 느낌을 주었다. 건물 한편에는 맥주 케그와 오크통이 쌓여 있어 양조 현장에 온 듯한 분위기를 자아냈다. 실험용 또는 소량 생산 용도로 보이는 양조 설비도 테이블 바로 앞에 있어 보는 즐거움을 더했다.

　오크통이 보이는 테이블에 앉아 메뉴판을 살펴보니 역시나 스팀 비어가 눈에 띄게 표시되어 있었다. 우리는 4가지 맥주를 즐길 수 있는 앵커 플라이츠Anchor Flights, $12를 주문했다. 바에 있는 종이에 맥주 이름을 적고 제출하면 즉석에서 맥주를 담아 주었다. 4가지 맥주 중 가장 맛보고 싶었던 스팀 비어를 크게 한 모금 입안에 넣었다. 구릿빛 진한 색깔에서 짐작할 수 있는 맥아의 구수함과 홉의 가벼운 쌉쌀함이 조화롭게 느껴졌다. 또한 라거 맥주의 청량감과 에일 효모에서 나올 법한 부드러운 과일 향미도 감지됐다. 라거와 에일의 특징을 반씩 갖고 있다는 게 어떤 의미인지 알 수 있었다. 언제 마셔도 질리지 않고, 호불호가 갈리지 않을 것 같은 만족스러운 맥주였다.

다른 맥주를 마시면서 메뉴판을 살펴보니 높은 도수의 트리플 IPA와 배럴 숙성 스타우트 등 다양한 스타일의 맥주가 있었다. 고전적인 스타일인 스팀 비어뿐만 아니라 요즘 유행하는 트렌디한 스타일도 계속 만드는 듯했다. 메뉴판에는 퍼블릭 탭스에 대해 펍이기도 하지만 독특한 맥주를 만드는 공간이라고 설명되어 있었다. The Potrero Project라고 불리는 양조 공간은 지역 이름인 Potrero Hill을 딴 것으로, 앵커 브루잉의 R&D를 책임지고 있는 셈이다. 이미 스팀 비어로 엄청난 명성을 자랑하는 곳인데도 꾸준히 다양한 맥주를 만들고

스팀 비어가 포함된 앵커 플라이츠

작은 규모의 양조 설비

세련된 펍까지 운영하고 있다니! 크래프트 정신을 이어가는 모습을 현장에서 느낄 수 있어 왠지 뿌듯했다.

　메뉴판에 보이는 독특한 맥주들이 궁금했지만 현장에서 뽑아낸 가장 싱싱한 스팀 비어를 맛본 것으로 만족하고 매장을 나왔다. 근처 카페에 들러 샌프란시스코의 명물인 '모히토 라떼'를 마시며 다음 목적지로 향했다.

🛡️ 앵커 브루잉 Anchor Brewing
주소: 1705 Mariposa St, San Francisco, CA 94107
홈페이지: https://www.anchorbrewing.com
이건 꼭! 라거와 에일의 만남. 스팀 비어(Steam Beer)!

# The Rare Barrel
더 레어 배럴

샌프란시스코 동쪽 연안에 위치한 도시, 오클랜드Oakland. 금문교에 밀려 인지도
는 조금 떨어지지만 다리 규모만큼은 밀리지 않는 베이 브릿지Bay Bridge를 택시로
통과했다. 다리를 건너자마자 북쪽으로 향하면 버클리Berkeley라는 도시가 나오고
바로 이곳에 그냥 지나칠 수 없는 브루어리들이 있다. 첫 번째 주인공은 바로 더
레어 배럴이다.

배럴을 이용하여 아름답게 꾸민 인테리어

푹신한 자리를 원한다면 이곳에서

더 레어 배럴은 2013년 오픈했으니 상대적으로 오래되지 않은 곳임에도 불구하고, 맥주 대회의 수상 경력은 물론, 입소문으로도 반드시 가 봐야 할 브루어리로 꼽힌다. 이곳의 가장 큰 특징은 '사워 전문' 브루어리라는 점이며 수준 높은 사워 맥주로 전 세계 사워 마니아들을 감동시키고 있다. 이를 위해 정기적으로 진행하는 행사가 있다. 바로 홈브루어·양조사·BJCP 심사관·씨서론·셰프 등이 맥주 시음을 하며 '최고의 배럴'을 선정하는 것! 이후 브루어리의 이름이기도 한 'The Rare Barrel'로 불리게 된다. 최고의 배럴로 선정되면 그곳에 있는 효모와 박테리아를 배양해서 맥주에 사용한다고 하니 정말 특색 있는 곳이다.

공장처럼 생긴 건물의 입구로 들어서니 사방이 배럴로 둘러싸인 내부가 펼쳐졌다. 안쪽에는 수백 개의 배럴이 일정한 간격으로 빼곡히 쌓여 있고, 펍 공간에는 배럴을 세로로 놓아 테이블 역할을 하도록 배치했다. 주황빛의 은은한 조명과 우드톤의 테이블은 따뜻하고 포근한 분위기를 자아냈다. 양조 설비가 보이는 여러 브루펍 중에서 이곳의 인테리어가 가장 마음에 들었다.

멋들어진 내부를 실컷 둘러본 뒤 자리에 앉아 메뉴판을 보았다. 사워 맥주를 전문으로 하고 있음에도 굳이 'Sour Beer'라고 표시된 메뉴판에는 12가지 맥주가 있었다. 설명을 보니 구아바, 복숭아, 히비스커스, 라벤더 등 여러 재료를

1 맥주를 준비 중인 매니저
2 5온스 사이즈 드래프트 맥주 3종

활용한 맥주가 눈에 띄었다. 맥주는 5온스와 10온스 두 가지 사이즈로 판매했
고, 다른 곳과 다르게 테이스팅 세트는 없어 골고루 맛보려면 5온스 사이즈로
주문해야 했다. 여러 곳을 돌아다니며 맥주를 최대한 다양하게 마셔보고 싶었
기에 5온스는 조금 부담됐다. 다행히 메뉴판 아래쪽에 바틀 3종을 3온스씩 맛
볼 수 있는 Blenders Choice Flight 메뉴가 있었다. 사워 맥주는 병 내 숙성의
묘미를 맛볼 수 있는 바틀이 더 귀하기 때문에 바틀 3종은 놓칠 수 없는 기회였다.

맥주 주문은 직접 바에 가서 결제하는 시스템. 먼저 바틀 3종 플라이트를 주
문했다. 이 맥주들은 색은 비슷했지만 재료에 차이를 두어 각기 다른 맛을 냈다.
오래된 홉을 넣은 Prism Of Time, 복숭아와 살구를 넣은 Gifted Branch, 계피

와 바닐라빈을 넣은 Home, Sour Home까지. 전체적으로 산미가 적당해서 마시기 편하고 걸리적거리는 느낌 없이 아주 깔끔했다. 복숭아와 계피 등 부재료의 향은 혀 위에서 과하지 않게 풀리는 그야말로 고급스러운 맛이었다.

이어서 5온스 사이즈로 주문한 드래프트 맥주 3종. 구아바가 들어간 황금색 사워, 히비스커스가 들어간 분홍색 사워, 셀러메이커 브루잉 및 팩션Faction 브루잉과 컬래버레이션해 만든 검은색 사워를 주문했다. 검은색 사워는 9.2%라는 높은 도수의 사워 맥주로, 훈연 맥아를 사용한 포터와 임페리얼 스타우트, 다크 사워의 3가지 맥주를 혼합해 포트 와인와인에 브랜디를 섞은 술 배럴에 숙성한 맥주이다. 진한 스타우트의 느낌과 시큼새큼한 느낌을 동시에 느낄 수 있는 신기한 경험이었다.

매장 곳곳에는 며칠 뒤에 있을 5주년 행사를 알리는 팸플릿이 놓여 있었다. 행사 날에 맞추어 방문하면 더없이 좋겠지만, 모든 행사를 미리 파악하는 것도 모든 일정을 행사에 맞추는 것도 쉽지 않은 일이다. 여행을 하다 보면 기가 막히게 타이밍이 잘 맞아 색다른 경험을 하게 되는 경우가 있다. 그런 마법 같은 경험을 위해서 여러 번의 아쉬운 순간이 있는 법이라고 스스로를 달랬다.

훌륭한 사워 전문 브루어리임에도 한국에는 아직 생소한 더 레어 배럴은 최근 국내에도 몇 종류 수입되었다는 소식을 접했다. 더 레어 배럴의 맛을 느끼고 싶다면 한국에서 먼저 맛보는 것은 어떨까.

 더 레어 배럴 The Rare Barrel
주소: 940 Parker St, Berkeley, CA 94710
홈페이지: https://www.therarebarrel.com
이건 꼭! 바틀 3종을 맛볼 수 있는 Blenders Choice Flight

# Fieldwork Brewing

## 필드워크 브루잉

더 레어 배럴이 있는 도시 버클리에는 또 다른 맥주 명가가 있으니, 바로 필드 워크 브루잉이다. 더 레어 배럴에서 차로 5분 정도 걸리니 하루에 두 곳을 묶어 방문하기 좋다. 필드워크 브루잉은 여행을 준비하면서 처음 알게 된 곳으로, 버 클리 본점을 시작으로 현재는 6개의 직영점에 맥주를 공급할 정도로 큰 규모의 브루어리이다. 이 양조장은 특히 IPA 스타일 맥주에 일가견이 있다고 평가받으 며, '탁월'하고 '정직'한 맥주를 만드는 것을 모토로 삼는다.

택시를 타고 브루어리 건물 앞에 내리니, 늦은 시간임에도 야외석에 사람들 이 꽤 있었다. 매장은 ㄱ자 형태로, 한쪽 면에는 배럴과 케그, 양조 설비가 훤히 보이는 오픈 양조장 형태였다. 또한 벽면에 자전거를 거치할 수 있는 거치대도 인상적이었다.

이곳에 준비된 드래프트는 약 20가지. 별도의 테이스팅 세트는 없었지만 모 든 맥주를 $2~3의 테이스터 사이즈로 판매해 마음에 드는 것을 골라 세트처럼 즐길 수 있었다. 바에 놓인 종이와 펜을 가져와 맥주 이름을 적은 뒤 바에 제출 하면 번호표를 준다. 번호표를 테이블에 올려놓으면 잠시 뒤 직원이 서빙해 주 는 형태로, 외국에서 종종 볼 수 있는 패스트푸드점 시스템과 비슷했다.

6개의 맥주잔이 담긴 트레이는 생각보다 컸는데, 그 이유는 맥주잔도 그만큼 컸기 때문! 테이스터 사이즈로 주문했기에 작은 잔에 나올 것으로 예상했지만, 500ml 넘게 담을 수 있을 법한 커다란 튤립잔에 나온 것이다. 테이스터 사이즈

1 배럴을 바라보며 마실 수 있는 자리
2 주문할 맥주를 직접 적는다

로 주문한 게 살짝 미안한 느낌이 들었지만 비주얼만큼은 최고였다! 때마침 나
온 자극적이지 않은 건강한 재료의 샌드위치가 IPA와 정말 잘 어울릴 것 같았
다. 맥주는 뉴잉글랜드 IPA와 웨스트 코스트 IPA, 브뤼 IPA 등 IPA 위주로 주문
했다. IPA를 잘 만드는 곳에서 다양한 스타일의 IPA를 비교 시음할 수 있어서
마시는 재미가 배가 되었다.

특히 뉴잉글랜드 IPA인 펄프Pulp는 색깔만 봐도 침샘이 자극될 정도로 진한
오렌지색을 띠었다. 맛은 망고 향이 달콤하게 퍼지고 신선한 풀잎 같은 풍미도

테이스터 사이즈로 주문해도 대용량 잔에 나온다

느껴져서 만족스러웠다. 저렴한 가격
덕에 IPA 외에도 세종, 스타우트 등 다
양한 스타일의 맥주를 골고루 맛보았다.

맥주를 실컷 마시다 보니 어느덧 남
아 있는 손님은 우리뿐이었다. 오늘은
샌프란시스코에서의 마지막 날인만큼
다음 날 비행기 탑승을 위해 짐을 정리
할 시간이 필요해 아쉬움을 뒤로 하고
자리에서 일어났다.

뉴잉글랜드 IPA인 펄프

 필드워크 브루잉 Fieldwork Brewing
주소: 1160 Sixth St, Berkeley, CA 94710
홈페이지: https://fieldworkbrewing.com
이건 꼭! 필드워크의 대표 IPA, 펄프(Pulp)

# ★ 샌프란시스코 투어리스트 ★

 볼거리

### 금문교 Golden Gate Bridge

샌프란시스코를 상징하는 랜드마크. 총 길이가 약 2,700m에 이르는 거대 현수교로, 1933년에 착공해 1937년에 완공되었다. 복잡한 지형으로 다리를 건설할 수 있는 환경이 아니었음에도 4년 만에 완공해 미국토목학회가 선정한 불가사의 중 하나이다.

### 피어39 Pier39

해안가 관광 명소인 피셔맨스워프(Fisherman's Wharf)에 위치한 39번 부둣가. 쇼핑 센터와 놀이기구 등이 있으며, 거리 예술과 공연도 볼 수 있다. 또한 가까이서 바다사자를 볼 수 있는 것이 이곳의 하이라이트!

### 차이나타운 San Francisco Chinatown

©Kit Leong / Shutterstock.com

중국 이민자들의 후손이 모인 곳으로, 북미에서 가장 크고 오래된 차이나타운. 골목마다 가득한 중국어 간판, 상점에 진열된 중국산 제품과 길거리 음식 등이 색다른 볼거리를 제공한다.

### 롬바드 스트리트 Lombard Street

©E.Jerome LABOUYRIE / Shutterstock.com

급경사에 8개의 구불구불한 커브길로 이루어진 것으로 유명하다. 커브길 사이로 꽃이 가득 피어 있어 사진을 찍으려는 관광객으로 항상 붐빈다.

**유니언 스퀘어** Union Square

샌프란시스코 중심가에 있는 대광장. 광장을 중심으로 쇼핑가와 호텔, 백화점 등이 밀집해 있다. 광장 중앙에는 30m 높이의 하얀 탑이 있는데 스페인과의 마닐라만 전투에서 승리한 조지 듀이를 기리기 위한 것이다.

 **먹거리**

**테일러 스트리트 커피숍** Taylor Street Coffee Shop

오전 7시부터 오후 2시까지만 영업하는 브런치 가게. 아침 식사로는 가격이 저렴하지 않지만, 오믈렛과 해시브라운이 명물인 줄 서서 먹는 맛집이다.

**슈퍼 두퍼 버거** Super Duper Burgers

샌프란시스코에서 유명한 햄버거 가게. 패티의 육즙이 매우 풍부하고 맛이 좋아 인기가 많다. 인앤아웃 등의 브랜드 햄버거와 비교하기 위해서라도 여행 중에 먹어 보길 추천한다.

**블루보틀 커피** Blue Bottle Coffee

©Kit Leong / Shutterstock.com

한국에도 들어와 큰 화제가 된 커피계의 애플. 본사는 오클랜드에 있는데 샌프란시스코에 매장을 내면서 성장했다. 성장을 견인한 매장에서 원조의 맛을 느껴 보자.

**필즈 커피** Philz Coffee

샌프란시스코에서 시작한 커피 브랜드. 민트가 듬뿍 들어간 '민트 모히토'를 반드시 마셔 봐야 한다.

# 교통

## 샌프란시스코공항에서 시내 가기

### 에어트레인 Air Train + 바트 Bart

에어트레인은 공항 시설물(국제선 – 국내선 – 주차장 – 렌터카 센터 등)을 순환하는 무료 열차이다. 비행기에서 내린 뒤 에어트레인을 탑승해 Garage G/Bart Station에 하차하면 바트를 탈 수 있다.

바트는 시내로 가는 유료 열차이며 티켓 판매기에서 티켓을 구매해야 한다. 파월 스트리트 (Powell St)가 가장 많이 가는 곳으로 약 30분 소요된다.

©Sheila Fitzgerald · Shutterstock.com

## 샌프란시스코 대중교통

### 뮤니 MUNI

뮤니는 샌프란시스코의 대중교통 시스템을 통칭하는 것으로 케이블카, 메트로, 스트리트카, 버스가 있다.

### ❶ 케이블카 Cable Car

©Pius Lee / Shutterstock.com

흔히 생각하는 산에 있는 케이블카가 아닌, 언덕을 오가는 노면 전차. 샌프란시스코의 명물이기도 하고 주요 관광지를 지나다니므로 많은 관광객이 이용한다. 1회 $8(2020년 1월 기준)

### ❷ 뮤니 메트로 MUNI Metro

©marleyPug / Shutterstock.com

J, K, T, L, M, N 노선으로 이루어진 전철. 도심에서는 지하로, 외곽 지역에서는 지상으로 운영한다. 1회 $3

### ❸ 뮤니 스트리트 카 MUNI Street Car

내부는 버스와 비슷하나 레일 위를 운행하는 전차 형태이며 노선번호 F를 사용한다. 1회 $3

### ❹ 뮤니 버스 MUNI Bus

흔히 생각하는 버스이다. 1회 $3
버스를 탑승할 때 현금을 내면 티
켓을 주는데, 이 티켓으로 120분
동안 메트로, 스트리트 카, 버스를
여러 번 환승할 수 있다.

©Sundry Photography / Shutterstock.com

### 뮤니 패스포트 MUNI Passport

케이블카를 포함한 뮤니를 무제한 탑승할 수 있는 패스포트.
1일권(One Day Passport) $24, 3일권 $36

### 뮤니모바일 MuniMobile

앱을 이용하여 티켓을 구매하면 상당히 저렴하게 이용할 수
있다.
케이블카를 포함한 1일권을 절반 정도 가격인 $13에 구입
가능하다(3일권 $31). 또한 케이블카를 제외한 1일 무제한 탑
승권(One-Day Pass(No Cable Car))은 단돈 $5!
앱에서 미리 티켓을 구입하고, 사용하는 날 개시 처리를 하면
해당 개시일부터 티켓이 활성화된다. 뮤니 탑승 시 기사에게
앱 화면을 보여 준다.
맥주 명소를 이동할 때 주로 우버를 이용하는 경우가 많아 뮤
니는 이용할 일이 적다. 다만 뮤니모바일을 이용하면 꽤 저렴
하게 이용할 수 있으니 관광 계획에 맞춰 티켓을 구입하자.

LOS ANGELES

# COURSE 6

# 로스앤젤레스

아름다운 천사의 도시

# LOS ANGELES
로스앤젤레스

'천사의 도시'라는 별명을 가지고 있는 로스앤젤레스는 미국을 대표하는 대도시이며, 주변 위성 도시를 포함하여 뉴욕 지역에 이어 두 번째로 크다. 무역, 문화, 엔터테인먼트, 기술, 스포츠, 교육 등 다양한 분야가 발전한 세계적인 도시!

우리에게 익숙한 코리아타운에서 고향의 정감을 느끼며 편안하게 로스앤젤레스 맥주 산책을 즐겨 보자.

## 맥주 산책로

1. **아트 디스트릭트 브루잉:** 예술의 거리에 숨어 있는 브루어리
2. **하이랜드 파크 브루어리:** 현지인에게 많은 사랑을 받는 브루어리
3. **엔젤 시티 브루어리:** LA에서 가장 큰 매장을 가진 곳
4. **몽키쉬 브루잉:** 전 세계 최고의 뉴잉글랜드 IPA를 맛볼 수 있는 곳
5. **스모그 시티 브루잉:** 꾸준히 성장하고 있는 내실 있는 브루어리
6. **비치우드 브루잉:** 바비큐와 함께 호피한 맥주를 즐길 수 있는 곳
7. **브루어리 테레:** 무궁무진하게 다양한 사워 맥주를 만드는 곳
8. **바틀 로직 브루잉:** 많은 팬을 거느리고 있는 깊은 내공의 브루어리
9. **더 브루어리:** 다양한 종류의 고도수 맥주 최강자
10. **파이어스톤워커 브루잉:** 미국 크래프트 맥주의 선두 주자

HOLLYWOOD

② 하이랜드 파크
브루어리

코리아
타운
③ 엔젤 시티
브루어리
① 아트 디스트릭트
브루잉

⑩ 다이어스톤
키커 브루잉

로스앤젤레스
국제공항

브루어리
테레
더브루어리 ⑨          ⑦
                    ⑧
              바틀 로직
              브루잉

⑤ 스모그 시티 브루잉

④ 몽키쉬 브루잉

⑥ 비치우드 브루잉

디즈니
랜드

# Arts District Brewing
## 아트 디스트릭트 브루잉

샌프란시스코에서 3박 4일 일정을 마치고 우리는 미국 국내선 비행기를 탑승해 2시간도 걸리지 않아 LA 공항에 도착했다. 이곳에서 제일 먼저 할 일은 렌터카 수령. 이전 도시와 달리 남은 여행지는 대중교통 이용이 불편할 뿐만 아니라 매일 숙소를 이동할 계획이어서 렌터카는 필수였다.

LA에서의 첫날을 보낼 숙소는 코리아타운 근교에 위치한 작은 주택이다. 하지만 우리는 렌터카를 받자마자 코리아타운 중심가로 이동했다. 오랜만에 한식을 먹고 싶었기 때문이다. 현지 음식도 잘 먹는 편이지만 미국에 꽤 오래 머물다 보니 한식이 간절해졌다. 오늘의 메뉴는 바로 북창동 순두부! 매콤한 순두부와 달달한 LA갈비, 여러 가지 반찬을 먹으며 연일 계속된 미국 음식으로 더부룩한 배가 편안해지는 느낌이었다. 만족스러운 식사를 마치고 숙소에 체크인하니 어느새 붉은 석양이 지고 있었다. 해가 지기 전 LA 번화가인 다운타운에서 즐길 계획이었으나 역시 계획대로 시간을 맞추는 것은 쉽지 않았다.

우버를 불러 다운타운으로 이동해 간 첫 관광지는 엔젤스 플라이트Angels Flight. 영화 〈라라랜드〉 주인공들의 키스신으로 유명해진 미니 열차다. 영화에서의 낭만을 편도 1달러로 즐긴 뒤, 맞은편에 위치한 그랜드 센트럴 마켓Grand Central Market까지 구경하니 어느새 주변은 완전히 어두워졌다. 조금 걷다 보니 일본 분위기가 느껴지는 리틀 도쿄가 보였고, 재패니즈 빌리지 플라자Japanese Village Plaza라는 작은 광장을 지나 첫 번째 목적지인 엔젤 시티 브루어리에 도착했다.

라라랜드에 나온 미니 열차, 엔젤스 플라이트

　건물 입구에서 심상치 않은 분위기가 느껴졌는데 입구 너머로 수백 명의 사람들이 북적이고 있었다. 엄습하는 불안을 억누르며 근처로 가니 가드가 '밤 10시까지 행사가 있어서 지금은 입장할 수 없다'고 한다. 타이밍도 참! 결국 어쩔 수 없이 두 번째로 방문하려던 '아트 디스트릭트 브루잉'으로 발걸음을 옮겼다. 엔젤 시티 브루어리로부터 아트 디스트릭트 브루잉까지는 약 300m. 그 짧은 거리에도 여러 화려한 벽화가 거리를 장식하고 있었다.

　브루어리 이름이자 이 지역의 이름이기도 한 아트 디스트릭트는 과거에는 공장 지대였으나 현재는 LA 예술가들이 자주 모이는 장소로 유명해졌다. 거리 곳곳에 그래피티가 그려져 있고 매력적인 음식점과 카페, 상점이 가득한 그야말로 핫플레이스이다. 거리 예술에 관심 있는 사람들은 낮에 둘러보면 좋을 곳이다. 지역 이름을 그대로 딴 아트 디스트릭트 브루잉은 2015년 12월, 커다란 공장을 통째로 리노베이션한 후 오픈했다. 내부 메인룸은 500명 넘는 인원을 수용할 수 있으며 야외 공간과 프라이빗룸, 게임기까지 갖춘 그야말로 하나의

1 아트 티스트릭트의 벽화
2 바 안에 있는 양조 설비

거대한 엔터테인먼트 공간이었다.

벽화가 가득한 거리에 맥주 양조장이라니, 내부는 어떤 모습일지 기대되었다. 매장 한가운데 바의 모습은 벽면에 탭핸들이 설치된 일반적인 바와는 사뭇 달랐다. 앞뒤 양쪽으로 사람들이 앉을 수 있도록 했고, 바 안에는 양조 설비가 배치된 것이 매력적이었다. 우리는 양조 설비와 탭핸들이 모두 보이는 자리에 앉아 맥주를 마셨다.

이곳은 Lighter, Belgian-Esque, Hoppy, On the Darker side 네 가지 스타일로 맥주를 분류했다. 그리고 '$5 Beer' 맥주가 있었는데, 대부분 7달러인 것으로 보아 '$5 Beer'는 '단돈 5천 원!' 정도의 의미가 아닐까 싶다. 메뉴판 끝에는 10달러에 4가지 맥주를 고를 수 있는 플라이트도 있었다. 직원에게 '플라이트'라고 말하니 종이와 펜을 주었고, 고심 끝에 네 가지 맥주를 적어 건넸다.

주문한 맥주는 라거 2종과 세종, 그리고 IPA였다. Baasha라는 이름의 라거는 홉이 강조되어 일반적인 페일 라거와 달리 꽤 호피했다. 그럼에도 도수가 높지 않아 목 넘김이 시원하고 마시기 편했다. 이곳 근처에 리틀 도쿄가 있어 이름을 붙인 듯한 Yoshimi IPA는 미국에서 마시는 IPA에 기대만큼의 강한 홉 향이 느껴지지 않았다. 초보자가 IPA에 부담 없이 입문할 수 있는 그런 맥주라고나 할까?

10달러 가격의 4종 플라이트

매장 한편에 가득한
스키볼 게임 기계

맥주를 한 손에 들고 커다란 매장을 한 바퀴 둘러보았다. 매장 한편에는 눈에
띄는 오락기가 있었는데, 바로 스키볼Skeeball이라는 게임 기계였다. 스키볼은 공
을 굴려 점수를 획득하는 게임으로 미국에서 개발된 지 100년도 넘었다고 한
다. 매장을 마저 둘러본 뒤 남은 맥주를 모두 비우고 자리에서 일어났다. 맥주
맛 자체는 기억에 오래 남을 정도로 인상적이지 않았지만, 어느 화창한 날 아트
디스트릭트 거리를 한 바퀴 구경한 뒤 한 잔 즐기기에 알맞은 곳이라는 생각이
들었다.

 아트 디스트릭트 브루잉 Arts District Brewing
주소 828 Traction Ave, Los Angeles, CA 90013
홈페이지 http://artsdistrictbrewing.com
여기서 꼭! 양조 설비가 있는 바 좌석

# Highland Park Brewey
## 하이랜드 파크 브루어리

아트 디스트릭트 브루잉에서 택시를 호출해 약 5분 만에 도착한 곳은 리틀 도쿄 북쪽에 위치한 차이나타운이다. 이로써 로스앤젤레스에서 한·중·일 세 나라의 이름이 붙은 지역을 하루 만에 모두 방문한 셈. 어둑한 밤에 차이나타운까지 온 이유는 현지인에게 가장 사랑받는 양조장인 하이랜드 파크 브루어리가 있기 때문이다.

위스키를 좋아하는 사람이라면 '하이랜드 파크'를 듣는 순간 스코틀랜드의 싱글몰트 위스키를 떠올릴 것이다. 그러나 맥주를 만드는 브루어리에서 이 이름을 쓴 이유는 이곳이 차이나타운 북동쪽에 위치한 '하이랜드 파크'라는 지역에서 문을 열었기 때문이다. 이 양조장은 독특하게도 원래는 클럽으로 운영되던 와인바에서 시작했다. 2014년부터 The Hermosillo라는 와인바 뒤쪽에 양조 설비를 갖추고 맥주와 와인을 함께 판매하던 하이랜드 파크는, 2018년에 차이나타운 중심부에 브루어리 겸 테이스팅룸을 새로 오픈했다. 말하자면 기존에

흰색 외관과 내부 모습

감각적인 인테리어가 돋보이는 매장

와인바와 공생하던 맥주 사업부를 따로 분리시켰다고 할 수 있다. 새로 오픈한 곳은 LA 중심 번화가인 다운타운과 가깝기 때문에 관광객도 편하게 방문할 수 있다.

대로변에 덩그러니 있는 건물은 흰색 외관에 인테리어용 전구가 주렁주렁 달려 조금 투박해 보였지만, 안으로 들어가니 널찍하고 따뜻한 느낌을 주는 공간에 장식적인 요소가 배제된 깔끔한 인테리어가 돋보였다. 심플한 탁자와 의자, 베이지색 벽돌과 편안한 빛의 조명은 맥주를 마시기에 딱 좋은 분위기를 만들었다.

맥주 주문은 직접 바에서 하고 받아오는 시스템. 약 20여 가지 맥주 중 눈에 띄는 점은 필스너와 독일식 라거 스타일 종류가 유독 많다는 것이다. 숙성 기간이 상대적으로 오래 걸리는 데다 에일에 비해 다양한 특징을 내기 어렵다는 점에서 필스너나 여타 라거 스타일의 맥주는 크래프트 브루어리에서 잘 만들지 않는 편이다. 하지만 이곳에서는 필터링하지 않은 필스너, 배럴 숙성 필스너를 비롯해 모던한 스타일의 모자익 홉이나 시트라 홉 등을 활용한 라거 등 여러 종류의 맥주가 있었다. 물론 웨스트 코스트 IPA와 헤이지 IPA도 보였다. 맥주 리스트만 봐도 하이랜드 파크 브루어리의 라거 사랑이 고스란히 느껴졌다.

메뉴 중 강조 표시가 된 것은 바틀로만 판매되는 Lazy Susan이라는 맥주였다. 와일드에일 또는 사워 스타일의 맥주로 다양한 효모와 박테리아를 이용해 배럴에 숙성한 맥주라고 한다. 배치별로 넘버링 되어 있고, 가격도 다르게 책정된 것으로 보아 주력 맥주 중 하나로 보였다. 어떤 맛일지 궁금했지만, 용량도 크고500ml 가격도 부담되어약$20 그냥 드래프트 맥주를 골고루 맛보기로 했다.

테이스팅 세트는 없었으나 6온스 또는 9온스의 작은 사이즈로도 판매해 필스너와 IPA 스타일 맥주를 여러 잔 주문했다. 재밌었던 맥주는 배럴 숙성 필스너와, 모자익 홉과 모투에카 홉을 넣은 웨스트 코스트 필스너! 배럴 숙성 필스

다양한 특색을 가진 필스너 맥주

너는 오크통에서 느껴지는 나무 향이 스며들어 일반적인 필스너와 사뭇 다른 느낌이었고, 웨스트 코스트 필스너는 마치 필스너와 IPA를 섞은 것처럼 라거의 깔끔한 느낌과 함께 입안에서 홉 향이 강하게 터졌다. 웨스트 코스트 IPA도 맥주 마니아들이 좋아할 정도로 홉의 느낌이 자극적이어서 즐겁게 마실 수 있었다. 추가로 주문한 헤이지 IPA 스타일은 다른 브루어리에 비해 무난한 수준이었다. 이런저런 생각과 평가를 하며 맥주를 마시다 보니 어느덧 주문한 8잔을 모두 비웠고, 오늘의 마지막 목적지를 향해 이동했다.

하이랜드 파크 브루어리는 많은 맥주 마니아들이 날이 갈수록 더 자극적이고 풍미가 집약적인 IPA를 비롯해 특징이 뚜렷한 맥주를 찾는 상황에서, 유행에 휩쓸리지 않고 자신들만의 철학과 열정으로 운영하는 곳이었다. 특히 배럴 숙성 필스너는 흔하지 않은 스타일이므로 근처를 지나게 된다면 반드시 마셔보기를 바란다.

 **하이랜드 파크 브루어리** Highland Park Brewey
**주소** 1220 N Spring St, Los Angeles, CA 90012
**홈페이지** https://hpb.la
**이건 꼭!** 배럴에 숙성한 다양한 스타일의 필스너

# Angel City Brewery
## 엔젤 시티 브루어리

LA에서 가장 먼저 방문할 계획이었으나 행사로 인해 마지막 방문지가 된 엔젤 시티 브루잉. 이곳은 1997년 설립된 후, 현재 위치로 이전해, LA에서 가장 큰 규모의 브루어리임을 자랑한다. 엔젤 시티 브루잉은 4층으로 된 거대한 빌딩이었다. John A. Roebling이란 이름의 이 빌딩은 원래 1913년 철강 케이블 제조업체에서 사용했는데, 2010년 엔젤 시티 브루잉이 매입한 후 외관을 벽화로 장식

세월이 느껴지는 건물 외관

하고 내부를 리모델링했다고 한다. 더 이상 사용하지 않는 건물을 개조해 새로운 공간을 만드는 것은 건물을 재활용할 수 있어서 좋고, 디자인 측면에서도 새로운 느낌을 주는 장점이 있다. 서울의 성수동과 문래동처럼 공장을 개조해 카페 및 식당을 만드는 것과 유사하다.

입구에는 과거 화물차들이 주차했을 법한 번호가 새겨진 차고 형태의 공간이 눈에 띄었는데, 그곳에 있는 테이블은 맥주를 즐기는 사람들이 차지하고 있었다. 건물 안으로 들어서니 비로소 엄청난 규모의 공간이 나타났다. 마치 백화점 1층 같은 넓은 공간에 커다란 양조 설비와 수십 개 배럴을 비롯해 다양한 테이블이 곳곳에 있었다. 수백 명은 수용할 수 있는 넓은 공간이었다. 2층에는 쿠션이 편안해 보이는 의자와 보드게임이 비치되어 있어서 카페가 연상됐다. 2층에서 1층을 내려다보니 미술관처럼 그림을 전시해 놓은 공간, 모래주머니를 던지는 게임 공간, 바 근처에서 선 채로 맥주를 즐기는 수십 명의 사람까지 다양한 모습이 보였다. 또한 눈에 띄는 것이 있었는데, 2층에서 1층으로 이어진 미끄럼틀 모양의 나선형 슬라이드. 사람이 타는 용도는 아닌 것 같아 검색해 보니, 철

2층에서 바라본 매장의 모습

제 케이블 등 다양한 자재를 1층으로 전달
하는 용도로 사용했다고 한다. 분명히 누군
가 술에 취해 한 번쯤은 타고 내려오지 않
았을까? 혼자 상상하며 미소가 절로 나왔다.

이어서 둘러본 상점에는 티셔츠, 모자
등 기념품 외에도 보드게임과 물병 등 다
양한 물건이 있었다. 그중 병따개 기능이
있는 선글라스가 있었다. '세상에 대체 선
글라스에 왜 병따개 기능을 달아놓은 걸
까' 의아하면서도 신기한 나머지 하나 구
입하고야 말았다. 관광 명소를 구경하듯 건

자재를 전달하는 용도로 사용되었던 미끄럼틀

물 내부를 한 바퀴 둘러본 뒤, 맥주를 마시
기 위해 바 쪽 테이블에 자리를 잡았다. 판매 중인 맥주는 약 20가지 정도로 기
본 라인업인 '플래그쉽Flagship'과 시즈널 또는 한정판을 의미하는 '스페셜티Specialty'
두 가지로 분류되어 있었다. 플라이트도 있었는데, 우리는 기본 라인업 5가지
맥주가 나오는 플래그쉽 플라이트$11와 직접 5가지 맥주를 고를 수 있는 커스텀
플라이트$13를 주문했다. 맥주는 표창이나 부메랑이 연상되는 독특한 트레이에
나왔는데, 작은 소품 하나에도 예술적인 감각이 돋보였다.

플래그쉽 맥주 5가지의 이름은 LAger, Citrus Wheat, Pilsner, SaazBerry,
Angel City IPA. 라거LAger의 경우 첫 번째와 두 번째 글자 모두 대문자로, 로스앤
젤레스LA라는 의미를 담기 위한 것으로 보였다. 깨알 같은 재미 요소인 셈이다.
Angel City IPA는 웨스트 코스트 스타일 IPA로 엔젤 시티 브루어리에서 대표
로 내세우는 맥주이다. 홉의 쌉쌀함과 맥아의 고소함이 균형을 갖춘 맥주로 모
든 사람이 부담 없이 마실 수 있을 것 같았다. 커스텀 플라이트에서 기억에 남는
맥주는 우롱 세종Oolong Saison과 아보카도 에일Avocado Ale. 우롱 세종은 찻잎을 활용한
것이 인상적이었고, 아보카도 에일은 캘리포니아산 아보카도를 넣어 부드러운
질감과 버터같이 고소한 풍미가 살며시 느껴지는 것이 독특했다.

5가지 맥주가 나오는 플래그쉽 플라이트

　이미 꽤 늦은 시간, 맥주를 다 마시고 매장을 나오는 순간에도 구석에서 게임을 즐기는 사람이 보일 정도로 엔젤 시티 브루어리에는 활기가 넘쳤다. 젊은 세대의 열정이 느껴지는 흥미롭고 개성 넘치는 매장 분위기 덕에, 브루어리가 아니라 하나의 떠들썩한 관광지에 온 듯한 기분이었다.

 엔젤 시티 브루어리 Angel City Brewery
주소 216 S Alameda St, Los Angeles, CA 90012
홈페이지 https://angelcitybrewery.com
이건 꼭! 버터같이 부드러운 아보카도 에일(Avocado Ale)

# Monkish Brewing
## 몽키쉬 브루잉

코리아타운에서 하루 묵은 뒤 모든 짐을 렌터카에 싣고 오늘의 숙소가 있는 롱비치로 향했다. LA에서 남쪽으로 약 30km 떨어져 있는 곳이다. 숙소로 가기 전 LA 주요 명소를 부지런히 구경했다. 가장 먼저 방문한 곳은 그리피스 천문대. 이곳은 저녁 무렵에는 주차난이 심한 것으로 유명하나 우리는 오전에 방문해서 여유 있게 주차할 수 있었다. 높은 곳에 올라 아름다운 LA 시내 전경을 둘러보니 연일 이어진 맥주 시음에 지쳐 있던 몸과 마음이 회복되는 것 같았다. 이어서 방문한 곳은 할리우드 거리. 스타들의 이름이 새겨진 명예의 거리와 각종 시상식 때 레드카펫이 깔리는 돌비 극장을 구경한 뒤 할리우드 사인을 배경으로 사진을 찍고 관광은 끝이 났다.

　한 차례 구경을 마치고 배를 채우기 위해 할리우드 핫도그 맛집으로 유명한 핑크스를 찾았다. 운 좋게도 줄이 길지 않아 금방 음식을 맛볼 수 있었다. 그런데 이건 정말로 지금까지 먹은 핫도그 중 최고의 맛이었다! 양도 푸짐하여 저녁에 맥주를 마실 때까지 든든함이 유지될 것 같았다. 맛집 선택은 대성공이었다. 그동안 맥주 명소를 바쁘게 다니느라 쇼핑을 하지 못해 핑크스로부터 약 30분 거리의 시타델 아울렛으로 이동했다. 도착한 시간은 오후 2시 반쯤. 3시가 다 되도록 몽키쉬 브루잉의 인스타그램이 잠잠했기에(여행 전 미리 몽키쉬 브루잉 계정에 게시물 알람 설정을 해 두었다.) 오늘은 캔 릴리즈가 없겠구나 생각하며 편하게 쇼핑하려던 순간, 인스타그램 알람이 울렸다. 휴대전화를 살펴보니 화면에

떠 있는 것은 바로 몽키쉬 브루잉의 캔 릴리즈 소식! 평소와 달리 두 가지 맥주를 한 번에 판매하는 '더블 캔 릴리즈'가 진행된다는 대박 소식! 한 시간 뒤부터 선착순으로 캔을 판매하기 때문에 바로 출발해야 했다. 이제 막 쇼핑을 시작했는데 어떻게 해야 할지 고민에 빠졌다.

아내와 함께 몽키쉬로 가고 싶었지만 쇼핑도 여행의 중요한 요소 중 하나인데, 또 미룰 수는 없었다. 결국 아내는 계속 쇼핑하고, 나는 맥주를 구매해서 다시 아울렛으로 돌아오기로 결정했다.

천재일우의 기회를 놓칠 수 없기에 부지런히 운전해 몽키쉬로 향했다. 몽키쉬 인근에 도착한 시각은 4시 5분경.

더블 캔 릴리즈를 알리는 인스타그램 게시물

판매 시간보다 일찍 와서 기다려야 안심이 되겠지만 5분 정도는 괜찮겠지 스스로를 달래며 주차하려는데 주변에 주차할 공간이 도저히 보이지 않았다. 결국 15분 넘게 주위를 헤매다 양조장에서 멀리 떨어진 곳에 주차한 뒤 헐레벌떡 몽키쉬를 향해 뛰어갔다. 전력으로 질주하는 동안 양손에 맥주 캔을 들고 있는 사람들이 보였다. 기분 탓인지 승리자의 걸음걸이마냥 당당해 보였다. 그 사람들을 연신 부러워하며 열심히 뛰어가는데 한 외국인 청년이 'You're late(너는 늦었어).' 하며 놀리는 것이 아닌가. 순간 불안이 엄습했지만, 포기하지 않고 달려 대기 줄에 섰다. 하지만 대기 인원만 200명이 넘어 보이는 상황. 바로 앞에서 줄이 끊기면 어떡하지 걱정하며 초조함에 입이 바짝 말라 갔다. 주위를 둘러보니 유모차를 끌고 나온 여성, 군복을 입은 채로 온 군인 등 다양한 사람들로 가득했

끝없이 이어진 대기 줄

다. 이렇게 많은 사람들이 맥주를 사랑한다는 것이 놀라웠지만 그 때문에 맥주를 사지 못할까 봐 불안했다.

조금씩 앞으로 이동하니 드디어 안내원이 여권을 검사하고 번호가 적힌 팔찌를 채워 주었다. 대기표 역할을 하는 팔찌를 받았지만 아직 안심은 금물. 홈페이지에 '번호를 받았다고 구입이 보장되는 것이 아니다'라고 적혀 있기 때문이다. 너무 긴장해서인지 계속 뛰어서인지 땀이 줄줄 흘렀다. 그때 앞에 있는 한 남성의 한 마디. '한국 분이세요?'. 타지에서 만난 한국인에게 따뜻한 인사라도 건넸어야 했지만 오직 캔을 구입하는 것만 집중하던 나는 인사 대신 '저 살 수 있나요?'라고 묻고 말았다. 그는 '팔찌를 받으면 99%는 살 수 있기 때문에 걱정하지 않아도 된다'며 나를 안심시켰다. 예전에는 15분만 늦어도 대기 줄이 마감되곤 했는데, 요새는 한 시간 안에만 오면 괜찮다고 한다. 그제서야 겨우 긴장이 풀려 상대방과 이런저런 대화를 나누었는데 그 남성은 LA 근처에 살고 있으며 캔 릴리즈 행사가 있을 때 자주 온다고 했다.

이렇게 인기 많은 몽키쉬 브루잉은 어떤 곳일까? 이곳의 창립자는 베트남

계 미국인으로 스코틀랜드에서 신학 박사 학위를 받을 정도로 학업에 열중했다. 하지만 홈브루잉을 하던 그는 신학자가 되길 포기하고 브루어리를 차리기로 결심한 후 이곳을 세웠다. 처음에는 벨기에 맥주에 관심이 많아 벨기에 스타일을 주로 만들었다고 한다. 그래서 양조장 이름도 수도승을 뜻하는 Monk에 접미사 ish~스타일의, ~스러운를 붙여서 Monkish라고 지었다. 아무래도 미국 사람들은 벨기에 하면 수도승이나 수도원이 떠오르는 모양이다. 2016년이 되어서야 IPA를 만들기 시작해 점점 사람들의 인기를 얻게 되었다. 유행에 따라 전 세계적으로 사랑받는 뉴잉글랜드 IPA를 만들기 시작했는데, 이것이 그야말로 대박을 친 것! 몽키쉬는 트릴리움 브루잉, 트리하우스 브루잉과 함께 소위 '뉴잉 3대장'으로 불리게 되었고, 혹자는 뉴잉글랜드 IPA만큼은 몽키쉬가 최고라며 극찬할 정도이다. 이렇게 인기가 많다 보니 새로운 맥주를 만들 때마다 '캔 릴리즈' 행사를 진행하는데, 사전 예고 없이 판매 당일 1~2시간 전에 인스타그램으로 공지하는 데도 순식간에 매진된다. 진행하는 요일도 일정하지 않기 때문에 여행객이 캔 릴리즈에 참가하기는 정말 어려운 일이다. 이러니 여러분도 내가 왜 이렇게 호들갑을 떨었는지 이해해 주기를 바란다.

이제 앞에 남아 있는 사람은 약 50명 정도였다. 구입할 수 있다는 안도감 덕분에 기다리는 시간이 지루하지 않았다. 마침내 내 차례가 되어 한 사람당 구매할 수 있는 최대치로 Rinse in riffs더블IPA 8캔과 Increase the fog significantly 트리플IPA 4캔, 총 12캔을 무사히 구입했다. 이제 쇼핑 중인 아내와 함께 숙소로 체

성공적으로 구매한 12캔

크인하러 갈 시간. 테이스팅 룸에는 캔을 구매한 사람들이 모여 맥주를 마시는 모습이 보였다. 나도 빨리 돌아와서 맥주를 마셔야겠다는 일념으로 아울렛으로 다시 차를 몰았다.

Tip. 몽키쉬 주변 임시 주차 가능 지역

※연석에 빨간색 표시가 있는 곳은 코너 또는 소방전 주변이기 때문에 절대 주차하면 안 된다.

퇴근 시간이었기에 아울렛으로 돌아가는 길은 순탄치 않았다. 아울렛에서 아내를 태우고 롱비치 숙소로 가는 길 또한 이 지역의 교통 체증을 실감하게 했다. 결국 우리는 저녁 8시가 되어서야 숙소 체크인을 마쳤다. 잠시도 쉴 시간 없이 우버를 호출해 몽키쉬 브루잉으로 이동했다. 몽키쉬 브루잉 테이스팅 룸은 9시에 문을 닫기 때문에 맥주를 즐길 수 있는 시간은 단 30분뿐이었다. 아내는 푸드트럭에서 피자를, 나는 바 쪽에서 맥주를 주문했다. 판매 중인 맥주는 약

1 맛있는 피자와 맥주의 만남
2 색깔부터 남다른 몽키쉬의 뉴잉글랜드 IPA

10가지. 테이스팅 세트는 없었고 모든 맥주를 4온스와 12온스 사이즈로 판매했다. 굳이 몽키쉬의 IPA를 4온스 사이즈로 주문할 필요가 있으랴. 12온스 사이즈로 Swap meets와 Rinse in riffs를 주문했다. 모두 뉴잉글랜드 더블 IPA 스타일 맥주로 알코올 도수는 각각 8.3%, 8.4%였다.

Rinse in riffs는 이미 캔으로 구매했지만 드래프트로 먼저 맛볼 수 있어 기대됐다. 복숭아맛 쿨피스 음료가 생각날 정도의 선명한 색상과 효모가 살아있는 채로 돌아다닐 것 같은 탁한 외관, 콧속으로 파고 들어오는 신선한 홉 향과 달콤한 쥬스 향이 느껴졌다. 마시기 전부터 군침이 돌 정도였다. 입안으로 맥주를 머금는 순간, 왜 뉴잉글랜드 IPA가 전 세계적으로 인기를 끌고 있는지, 그중에서도 왜 몽키쉬가 최고로 평가받는지 알 수 있었다. 남편을 잘못 만난 죄(?)로 빡빡한 일정으로 맥주 산책에 동참해 주는 아내도 정말 맛있다며 만족스러워했다. 몽키쉬의 뛰어난 맥주를 다양하게 마시고 싶었으나 어느새 남은 시간은 10분 정도. 바 쪽으로 가니 이번 주문까지만 받는다고 해서 궁금했던 벨지안 맥주를 포함해 작은 사이즈로 여러 종류를 주문했다. IPA 여운이 너무 강렬해서였을까, 벨지안 맥주들은 전반적으로 나쁘지 않았지만 큰 감흥이 느껴지지 않았다.

맥주 주문을 모두 마치고 뒤늦게 둘러본 테이스팅 룸. 20명 정도가 겨우 들

예상보다 작은 규모의 양조 설비

어갈 정도로 작은 공간에 양조 설비가 바로 옆에 있었다. 양조 설비의 용량이 생각보다 크지 않음에도 전 세계 맥주 마니아들이 열광하는 맥주를 만들고 있다는 점이 새삼 신기했다. 못내 아쉬운 마음에 바를 한 번 더 둘러보다가 칠판에 붙어 있는 안내 문구가 눈에 들어왔다. 캔 릴리즈를 진행한 두 가지 맥주 중 Rinse in riffs가 남아 있으니 구매할 수 있다는 것! 나는 이미 최대치를 구매했기에 구매 이력이 없는 아내가 캔을 추가로 구입했다.

시간에 쫓겨 오랜 시간 즐기지는 못했지만, 여간해서는 경험하기 어려운 더블 캔 릴리즈와 맛있는 맥주까지 드래프트로 마실 수 있어 매우 만족스러웠다. 한국에 돌아와 사 온 캔맥주를 마셨는데 신선함이 남아 있었고 맛 역시 훌륭했다. 뉴잉글랜드 IPA만큼은 인정할 수밖에 없는 몽키쉬, 이번 여행의 핵심 장소다웠다.

 **몽키쉬 브루잉** Monkish Brewing
주소: 20311 S Western Ave, Torrance, CA 90501
홈페이지: https://www.monkishbrewing.com
이건 꼭! 모든 종류의 뉴잉글랜드 IPA

LOS ANGELES
★

# Smog City Brewing
## 스모그 시티 브루잉

몽키쉬에서의 행복감을 이어 가기 위해 바로 근처에 위치한 스모그 시티 브루잉에 방문했다. 구글 지도에 표시된 위치를 따라가면 브루어리 간판 대신 'Avoian Business Center'라고 표시된 건물이 보이는데 주차 공간 안쪽으로 들어가면 브루어리 입구를 볼 수 있으니 당황하지 말길!

2011년 오픈 당시 스모그 시티 브루잉은 자체 브루어리가 없는 펍이었다. 그렇기 때문에 다른 브루어리에 위탁해 만든 맥주를 판매하다가 인기가 점점 많아지자 이곳 토런스 지역에 양조장을 겸한 펍을 세웠다. 우리나라에도 처음에는 위탁 양조로 펍을 운영하다가 성장해 양조장을 차린 곳이 몇몇 있는데 그

마크가 크게 새겨진
현관문

와 같은 경우다. 토런스점 외에도 롱비치 쪽에 위치한 SteelCraft라는 야외 푸드코트에서 펍을 운영하고 있으니 LA에서는 충분한 인지도를 가진 브루어리인 셈이다. 현재 연중 생산 맥주와 계절 맥주로 라인업을 나눠 생산하며 '사워 프로그램'이라는 명칭으로 다양한 사워 맥주를 출시하고 있다.

브루어리 입구에서 주위를 둘러보니 밝은 전구들이 매달려 있는 야외석에서 사람들이 웃고 떠들며 맥주를 마시고 있었다. 안쪽에는 정면으로 바가 위치하고 그 주위에 사람들이 몰려 있는 모습이 보였다. 바 주변에는 티셔츠와 스티커 등 다양한 굿즈들이 진열되어 있었다. 좀 더 안으로 들어가니 널찍한 사각형 공간 안에 양조 시설과 40~50개 배럴이 보였는데 이상하게 친숙한 느낌이 들었다. 오픈된 양조 공간이 여행 초반에는 신기하고 새로웠으나 자주 접하다 보니 익숙해진 듯했다. 하지만 맥주가 만들어지는 자리에서 마시는 맛은 언제나 각별한 법이다.

맥주 메뉴판에는 약 15가지 드래프트와 10가지 바틀 리스트가 표시되어 있었다. 드래프트는 모든 맥주를 4온스와 12온스로 판매해 원하는 맥주를 양껏

매장에 쌓여 있는 배럴

5가지 맥주가 나온 플라이트

마실 수 있었다. 바 앞에는 몇 장의 코팅지가 있는데, Core Beer Flight라고 적힌 것이 눈에 띄었다. 이 플라이트는 5가지를 마실 수 있는 세트로 4가지 맥주는 정해져 있고 하나는 고를 수 있다. 또 다른 코팅지는 원하는 5가지 맥주를 적어 내는 것으로 양조 설비인 발효조가 그려져 있는 게 독특했다. 우리는 후자를 선택했고, 잠시 뒤 깔끔한 맥주 트레이를 받았다.

이곳의 대표 맥주라고 할 수 있는 스모그 시티 IPA는 시트라 홉, 심코 홉, 센테니얼 홉이 들어간 전형적인 웨스트 코스트 IPA였다. 그리고 이름부터 특이한 Enoki. 맥주 이름 그대로 Enoki Mushroom팽이버섯을 넣은 벨지안 스타일 사워 맥주였는데, 팽이버섯 맛은 느껴지지 않았지만 흙에서 올라오는 향이 났다. 그리고 알코올 도수가 무려 13.1%나 되는 Bourbon O.E는 배럴에 숙성한 발리 와인 스타일로 캐러멜 향과 건포도 맛, 오크통의 나무 향이 물씬 느껴졌다.

어느덧 문을 닫는 시간인 10시가 가까워졌다. 바에 있는 직원은 "라스트 오더"라고 외치며 종을 쳤다. 몽키쉬와 스모그 시티가 위치한 동네는 번화가가 아닌지라 다른 곳에 비해 일찍 문을 닫는 것 같았다. 맥주는 5종 플라이트에서 마

사람들로 둘러싸인 바의 모습

무리하고 가게를 나오기 전 남자 화장실에 들렀는데 팻말에 'ZOM-BOYS'라고 쓰여 있었다. 바로 밑에는 좀비 그림이 있어 맥주를 마시고 만취하면 이런 모습이 될까 생각하니 미소가 절로 나왔다.

　마감 시간이 되어 숙소가 위치한 롱비치로 이동하기 위해 우버를 호출했다. 심야 시간이라 10분이 넘게 기다려야 했지만 한적한 동네 분위기를 즐길 수 있어 그렇게 오래 기다렸다는 생각은 들지 않았다.

 스모그 시티 브루잉 Smog City Brewing
주소: 1901 Del Amo Blvd, Torrance, CA 90501
홈페이지: https://smogcitybrewing.com
이건 꼭! 스모그 시티 IPA와 배럴 숙성 맥주

# Beachwood Brewing
## 비치우드 브루잉

몽키쉬 브루잉과 스모그 시티 브루잉을 차
례로 방문한 뒤 우버를 타고 숙소가 위치
한 롱비치에 도착했다. 하지만 이대로 숙
소로 돌아갈 수는 없었다. 숙소 근처에 꼭
방문하고 싶었던 비치우드 비비큐 앤 브루
잉이 있었기 때문! 이미 꽤 취기가 올라오
고 지쳐 있었지만 참새가 방앗간을 그냥
지나치지 않는 것처럼 나 역시 이곳을 그
냥 지나갈 수 없었다.

홈페이지에서 확인할 수 있는 홉캠

그런데 왜 비치우드 비비큐 앤 브루잉
은 맥주 양조장 이름에 비비큐BBQ가 들어간 걸까? 본래 '비치우드 브루잉'이던
이 양조장은 2007년 롱비치 동쪽에 위치한 실비치Seal Beach에서 바비큐 음식점
겸 크래프트 맥주 펍으로 시작했다. 가게를 운영하던 중 크래프트 맥주와 접목
하기 위해 2011년 롱비치에 브루어리를 만들기로 결심해, '바비큐'를 전문으로
한 브루펍을 콘셉트로 한 것. 그래서 롱비치 매장의 이름을 비치우드 비비큐 앤
브루잉으로 한 것이다. 이후 2016년에는 헌팅턴 비치Huntinton Beach에도 브루펍을
오픈할 정도로 잘나가는 브루어리로 자리 잡았다.

비치우드 브루잉이 자랑하는 시스템 중 하나는 홈페이지에 있는 홉캠HopCam

그림이 그려져 있는 맥주 메뉴판

기능이다. 캠카메라를 이용해 펍의 메뉴를 실시간으로 보여 주기 때문에 지금 어떤 맥주를 판매하는지 알고 싶다면 홈페이지를 확인하면 된다. 고객 입장에서는 문의할 수고를 덜어서 좋고, 펍 입장에서도 답변하거나 메뉴를 홈페이지에 업데이트하지 않아도 되니 매우 편리한 시스템이다. 지금도 비치우드 브루잉 홈페이지에서 어떤 메뉴가 펍에 걸려 있는지 확인할 수 있다.

또한 비치우드 브루잉은 자신의 양조장을 하나 더 갖고 있는데, 비치우드 블렌더리 Beachwood Blendery 라는 이름으로 운영 중이다. 이곳은 사워 스타일의 맥주만 전문적으로 만드는 곳으로 기존 비치우드 브루잉과는 다른 브랜드로 운영하고 있다. 이처럼 맥주 스타일에 따라 별도의 브랜드를 만들어 운영하는 것도 최근 미국 맥주 업계의 추세라고 볼 수 있다. 비치우드 블렌더리 테이스팅 룸은 비비큐 지점 근처에 위치해 동선상 두 곳을 함께 방문하면 좋다. 우리가 비비큐 지점에 도착한 시간은 밤 10시가 넘은 터라 문을 닫아 아쉽게도 방문하지 못했다.

비비큐 지점은 나무들이 울창한 작은 공원에 위치해 맥주를 마시기 전후로 주변을 가볍게 산책하기 좋아 보였다. 20~30명은 족히 앉을 수 있는 야외석이 있고, 매장 내부는 100명 이상 수용할 수 있는 공간이 있었다. 우리가 방문했을 때는 주방이 이미 마감한 상태라 바 근처에 몇 명만 남아 있었다.

바 정면에는 탭핸들들이 일렬로 늘어서 있고, 맥주 메뉴마다 정성스레 그림을 그려 놓은 메뉴판과 유리창 너머로 양조 설비가 보였다. 그리고 탭핸들 옆쪽 벽면에 플럭스 캐퍼시터Flux capacitor라는 장치가 있었다. 맥주의 탄산, 질소, 온도, 압력 등을 제어하는 기계로 홉캠과 더불어 비치우드 브루잉의 자랑거리라고 한다. 기계를 좋아하는 사람이라면 열광할 정도로 멋진 외관과, 빨간 선과 계기판들이 정교한 느낌을 주었다.

깔끔하게 정리된 플럭스 캐퍼시터

귀여운 잔에 나온 하프 사이즈 맥주들

　매장을 둘러봤으니 이제 맥주님을 영접할 시간. 종이 메뉴판에는 약 30개 정도 되는 비치우드 맥주들이 잔뜩 있었다. 그중 웨스트 코스트 IPA가 가장 많은 비중을 차지했다. 기본 사이즈와 하프 사이즈 중에 우리는 하프 사이즈 4잔을 주문했다. 하프 사이즈임에도 맥주 스타일에 따라 어울리는 잔에 나오는 것이 인상적이었다. 이중 맛있게 마신 맥주는 웨스트 코스트 IPA 두 가지로 IBU가 99이며 알코올 도수 7.1%인 Ultrahop 2000, IBU가 99 이상이며 알코올 도수 9.0%인 Awesome Hops였다. 모두 갓 수확한 홉이 들어간 것 같은 신선한 홉향과 더불어 소나무의 솔과 귤 향이 강하게 느껴졌다. 뉴잉글랜드 IPA는 단 하나이고 웨스트 코스트 IPA가 많은 걸로 보아 이 스타일에 집중해서 맥주를 만들고 있는 것 같다.

　몇 가지 맥주를 더 주문하려고 하니 하프 사이즈도 조금 부담이 됐다. 이날 마신 맥주만 합해도 3, 4일은 취해 있을 정도의 양이었기 때문이다. 직원에게

슬쩍 테이스팅 세트를 물어보니, 4종 플라이트가 있다며 종이와 펜을 건네주었
다. 심플한 모양의 트레이와 잔에 나온 플라이트. 두 종류의 맥주가 기억에 남
는데 단맛에 있어서 정 반대 성향을 가진 브뤼 IPA와 밀크 스타우트였다. 브뤼
IPA는 가벼운 꽃향기와 함께 브뤼 샴페인을 마신 것처럼 드라이하게 입안을 정
리해 주었고, 밀크 스타우트는 유당이 남아 있어 입안에 부드러운 달콤함을 채
워 주었다. 두 맥주를 번갈아 마시다 보니 어느새 맥주도 바닥을 드러냈다.

　강렬한 웨스트 코스트 IPA를 비롯해 다양한 스타일의 맥주를 맛볼 수 있는
매력을 지닌 비치우드 브루잉. 바비큐를 전면에 내세우는 곳인 만큼 다시 한 번
롱비치를 방문한다면 바비큐 요리와 함께 맥주를 천천히 즐겨 보리라.

비치우드 브루잉 Beachwood Brewing
주소 210 E 3rd St, Long Beach, CA 90802
홈페이지 http://beachwoodbrewing.com
이건 꼭! IBU가 높은 웨스트 코스트 IPA

# 브랜드 다각화

Brand Diversification

브랜드 다각화는 한 회사에서 같은 업종의 여러 브랜드를 만드는 것으로 요식업, 패션, 화장품 등 다양한 분야에서 일어나고 있는 현상이다. 소비자에게는 회사보다는 브랜드 이름이 더 친숙한 경우가 많다. 브랜드명이 회사명인 줄 알고 있었는데 회사명은 전혀 다른 경우도 있고, 서로 경쟁자인 줄 알았던 브랜드가 알고 보면 같은 회사인 경우도 있다. 이런 브랜드 다각화는 크래프트 브루어리에서도 점차 나타나는 추세이다.

일반적으로 알려진 브랜드 다각화의 효과는 다음과 같다.

- 타깃별로 집중해 전략 수립이 가능
- 실패 위험 및 위험 부담 감소
- 시너지 효과 기대
- 수익 구조 분배
- 인적·물적 자원 분리로 브랜드별 전략 집중
- 서브 브랜드 실패 시 메인 브랜드에 미치는 영향이 적음

브랜드 다각화는 브루어리마다 다르게 나타나고 있다.

소극적이자 낮은 단계의 브랜드 다각화

## 실험 양조 프로젝트

**예** 프리몬트 브루잉의 블랙 헤론 프로젝트(Black Heron Project)
앵커 브루잉의 포트레로 프로젝트(The Potrero Project)

실험 양조 프로젝트는 다양한 시도를 통해 정규 라인업이 될 맥주를 개발하거나 소량으로 생산해 탭룸 내에서 한시적으로 소비하기 위한 목적 등을 가진다. 따라서 소비자 입장에서 실험 양조 프로젝트의 브랜드는 쉽게 접하기 힘들고 탭룸 내의 드래프트 메뉴판에서만 볼 수 있다. 실질적으로 실험 양조 프로젝트 브랜드는 독립된 브랜드라고 보기 어렵고 태스크포스TF에 이름을 붙여 준 정도라고 보면 된다.

일반적인 형태의 브랜드 다각화이자 소비자에게 제일 친숙한 형태

## 브랜드 파생

**예** 더 브루어리의 브루어리 테레(Bruery Terreux)
비치우드 브루잉의 비치우드 블렌더리(Beachwood Blendery)

기존 브랜드의 인지도가 높은 상태에서 새로운 스타일의 맥주를 전문으로 하는 별도 브랜드를 만드는 경우다. 이때 새로 만드는 브랜드명과 로고는 기존 브랜드와 유사하게 만들어 파생된 브랜드임을 알리는 경우가 많다. 신규 브랜드임에도 초기부터 높은 인지도를 가질 수 있고, 기존 브랜드에 대한 신뢰감 덕분에 긍정

더 브루어리와 브루어리 테레의 로고

적인 평가를 받는 데 유리하다. 또한 신규 브랜드 평가가 좋다면 기존 브랜드에
도 좋은 영향을 주어 시너지 효과를 낼 수 있다. 실제로 시장에서는 각자의 브랜
드를 가진 채로 유통된다.

과감한 형태의 브랜드 다각화
## 브랜드 분리

**예** 더 브루어리의 오프슛 비어 컴퍼니 Offshoot Beer Co.,
포트 브루잉의 로스트 애비 The Lost Abbey

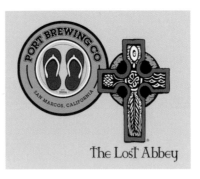

포트 브루잉과 **로스트** 애비의 로고

기존 브랜드가 연상되지 않도록 이
름과 로고를 다르게 해 별도 브랜드
를 만드는 경우다. 기존 브랜드와 연
관성이 느껴지지 않기 때문에 일반
소비자들은 완전히 다른 브랜드로
인식한다. 각자의 브랜드로 공정하
게 평가받을 수 있는 장점이 있으나
초반 인지도 확보에 어려움이 있다.
기존 브랜드가 잘 유지되는 상태에
서 새 브랜드가 만들어지는 경우가 많으나, 포트 브루잉과 로스트 애비처럼 아예
초기부터 다른 콘셉트의 브랜드를 여럿 운영하는 경우도 있다. 하나의 브랜드가
크게 성공하면 다른 하나의 브랜드도 긍정적인 평가를 받는 이점이 있다.

타 브루어리 인수 후 해당 브랜드를 유지하는 형태
## 브랜드 유지

**예** 그린 플래쉬 브루잉의 알파인 비어 컴퍼니 Alpine Beer Company

다른 브루어리를 인수한 경우, 인수 대상의 브랜드 파워가 상당하다면 그 브랜드

를 그대로 유지하기도 한다. 주로 재정적인 관점에서 인수했기 때문에, 실질적인 운영 권한을 기존 브루어리가 갖는 경우가 많다. 따라서 일반 소비자 입장에서는 인수 여부를 모를 수도 있다.

이처럼 브랜드 다각화 형태는 다양하며 여러 성공 사례들이 제시되고 있다. 하지만 만약 새로운 브랜드가 성공하지 못하면, 해당 브랜드에 투입된 자원의 손해는 물론 기존 브랜드 이미지에 악영향을 미칠 수도 있다. 기존 브랜드가 인기가 많고 자금 사정이 넉넉하면 명확한 전략을 갖고 브랜드 다각화를 시도하는 것이 좋다.

앞으로 크래프트 브루어리의 브랜드 다각화 현상이 계속될지 지켜보며, 한국에서는 어떤 형태의 브랜드 다각화가 이뤄질지 주의를 기울여 보자.

# Bruery Terreux
## 브루어리 테레

롱비치의 숙소에서 맞은 아침. 숙소 체크아웃 후 지역 이름 '롱비치'가 아닌, 해변가 '롱비치'로 이동했다. 이날 날씨는 물감처럼 새파란 하늘에 구름이 뭉게뭉게 피어 있어 한 폭의 그림 같았다. 사진을 잘 찍을 수 있다면 풍경을 찍어서 액자로 만들고 싶을 정도였다. 멋진 하늘 아래 펼쳐진 롱비치의 모래사장은 이름대로 시야에 다 담을 수 없을 만큼 길었다. 우리는 길이가 2km에 달하는 모래

그림 같은 롱비치 풍경

사장을 산책하며 여유로운 시간을 만끽했다. 해변가 한쪽에는 수백 대의 요트가 놓인 정박장이 있어 보는 즐거움을 더했다. 그후 방문한 음식점은 해변 가까이에 위치한 한식당. 앞서 언급했듯 필자는 외국에 나가면 가급적 그 나라의 음식을 찾아 먹는 스타일이라고 생각했는데 계속 한식이 당기는 것을 보면 스스로를 잘못 알고 있었던 모양이다. 다양한 밑반찬과 함께 빨간 육개장과 순두부찌개를 먹으니 그동안의 숙취가 싹 해소되는 느낌이었다.

이제 다음 숙소인 애너하임으로 이동할 시간. 애너하임은 디즈니랜드가 있어 수많은 관광객이 찾는 곳이다. 맥주 여행이라는 테마를 잡았으니 일정을 계획할 때부터 디즈니랜드는 생각조차 하지 않았지만 그냥 지나치려니 약간 아쉬운 마음이 들었다. 디즈니랜드 근처의 도로를 일부러 지나면서 현수막에 그려진 미키마우스를 보는 것으로 아쉬움을 달랬다.

숙소에 도착해 낮잠을 청한 뒤, 노을이 지기 시작할 때쯤 일어나 오늘의 맥주 산책을 시작했다. 우버로 약 15분 정도 달려 조금 어두워 보이는 공장 지대 같은 곳에 하차했다. 여러 건물 중 한 곳만 빛을 밝히고 있었는데, 그곳이 바로 오늘의 첫 번째 방문지인 브루어리 테레였다.

테레Terreux는 'earthy흙, 흙 느낌의'라는 뜻을 가진 프랑스 단어로, 너무나도 유명한 '더 브루어리The Bruery'의 사워/와일드 에일 전문 브랜드이다. 앞서 소개한 비치우드 블렌더리와 같은 형태의 브랜드인 셈이다. 더 브루어리와 브루어리 테레의 맥주는 여행을 떠나기 3개월 전부터 한국에 대량 수입되기 시작해 지금은 많은 사람들이 이곳을 알고 맥주를 구할 수 있게 되었다. 우리 역시 여행 전에 한국에서 맥주를 예습하고 테레를 방문했다. 과연 브루어리 테레에서는 어떤 맥주를 마실 수 있을지 기대하며 매장 문을 열었다.

매장 안은 기대 이상, 상상 이상이었다. 몇 백 개인지 셀 수도 없을 만큼 많은 오크통이 공간을 채웠고, 심지어 천장까지 쌓여 있을 정도로 가득했다! 오크통 숙성 맥주를 전문으로 하는 곳답게 어마어마한 양이었다. 저 통 속 하나하나에 맥주가 숙성되고 있다고 생각하니 가슴이 두근거렸다.

셀 수 없이 많은 배럴

바 정면에는 커다란 사각 테이블이 중심에 있고, 구석구석에 오크통으로 만들어진 테이블이 있었다. 또한 오크통을 바로 앞에서 볼 수 있는 테두리 형태의 자리도 있어 많은 사람을 수용할 수 있었다. 냉장고에 있는 수십 개의 맥주병은 다양한 색상을 지니면서도 라벨 모양이 통일돼 있는 것이 인상적이었고, 한국에서 봤던 바틀도 몇 개 보여서 괜히 반가웠다.

맥주를 주문하기 위해 입구 쪽에 놓인 종이 메뉴판을 살펴보니 다른 곳보다 특이한 점이 눈에 띄었다. 무려 다섯 페이지에 달하는 A4용지에 드래프트로 서빙되는 맥주 이름과 설명이 빼곡하게 적혀 있던 것이다! 바틀리스트라고 적힌 메뉴판은 무려 여섯 페이지에 달해 읽다 보면 영어시험을 치르는 듯한 느

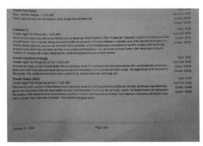

상세한 설명이 적혀 있는 메뉴판

낌이 들었다. 메뉴판에 꼼꼼하게 설명한 것을 보면 이곳이 맥주에 얼마만큼의 애정을 기울이고 있는지 알 것 같았다. 눈을 열심히 굴리며 리스트를 읽다가 결국 읽는 것은 포기하고 메뉴판이 있던 곳을 가니 5가지 맥주를 고를 수 있는 플라이트 시트가 보였다. 30가지 맥주 중 손이 가는 대로 5가지를 골랐다.

이윽고 노랑, 주황, 빨강의 알록달록한 색상의 맥주들이 나왔다. 메뉴판 앞쪽에 있는 맥주를 골랐기에 도수는 4~5% 정도로 높지 않았다. 이름이 비슷한 것들이 많았는데 이름 끝에 과일 이름이 적혀 있어서 어떤 과일을 사용했는지 알 수 있었다. 살구, 복숭아, 귤, 파인애플, 망고, 라즈베리, 체리, 오렌지, 배, 용과까지. 우리가 쉽게 떠올릴 수 있는 과일은 모두 사용했을 정도로 다양한 과일을 이용한 사워 맥주였다. 과일의 당분은 발효되어 단맛은 느껴지지 않았지만 한 모금씩 천천히 음미하면 첨가된 과일의 특징을 살짝 느낄 수 있는 것이 재밌었다.

5가지 맥주를 모두 마신 후, 플라이트를 하나 더 주문하려고 했지만 실제 주

다양한 색상의 사워 맥주

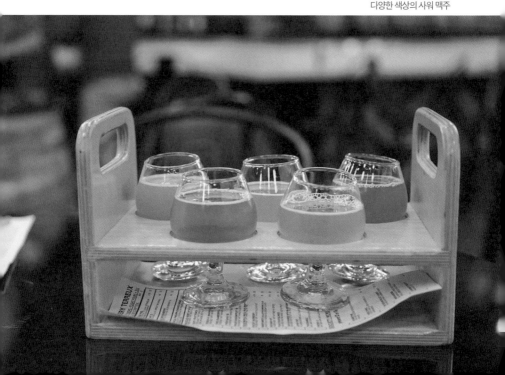

문하기까지는 상당한 시간이 걸렸다. 갑자기 손님 3명이 우르르 오더니 바에 있는 직원과 대화를 나누다 다같이 맥주를 마시기 시작한 것이다. 이미 직원은 맥주를 많이 마셨는지 취한 것처럼 보였다! 한참 동안 직원과 손님들이 함께 맥주를 마시는 걸 구경하다 주문을 하기로 마음먹었다. 바 쪽으로 가니 직원이 특별 회원만 마실 수 있다는 한정판 맥주 2잔을 무료로 건넸다. 거기에 더해 우리는 두 번째 플라이트로 메뉴판 제일 끝의 5가지를 골랐다. 서빙된 맥주는 8% 정도의 높은 도수인데다 색상이 이전 맥주보다 진했다. 색상이 진하다고 꼭 도수가 높은 건 아니지만 검은색 맥주는 왠지 독한 느낌이 들었다. 이전 맥주는 상큼함이 돋보였다면 이번 맥주는 오크통의 나무 향이 진하게 느껴졌고 진중한 느낌으로 입안을 가득 채웠다.

주문한 10가지 맥주와 더불어 한정판 맥주까지 12종류를 맛보았으나 메뉴판의 반도 마시지 못했다. 그만큼 독특하고 다양한 맥주가 있는 브루어리 테레. 무궁무진한 사워 맥주의 매력을 느낄 수 있는 시간이었다.

 브루어리 테레 Bruery Terreux
주소 1174 N Grove St, Anaheim, CA 92806
홈페이지 https://www.thebruery.com/location/
    the-tasting-room-at-bruery-terreux
이건 꼭! 다양하게 맛볼 수 있는 플라이트

# Bottle Logic Brewing
## 바틀 로직 브루잉

브루어리 테레에서 택시로 약 5분 만에 도착한 오늘의 두 번째 방문지는 바틀 로직 브루잉이다. 이곳은 현재 국내에는 수입되지 않지만 많은 사람들이 알고 있다. 창립자들은 2010년부터 주차장에서 취미로 양조하다가 2013년에 정식으로 브루어리를 열었다. 여러 가지 콘셉트로 맥주를 만들었는데 그중에서 배럴에 숙성하는 Stasis Project에서 다크스타 노벰버Darkstar November와 펀더멘탈 옵저베이션Fundermental Obserbation이라는 고도수의 맥주가 인기를 끌면서 빠르게 이름을 알리게 되었다.

**[바틀 로직 브루잉의 다양한 맥주 콘셉트]**

- Hoptomotron Series  홉 중심의 맥주
- Cold Classics Series  고전적인 스타일을 활용한 맥주
- Induction Series  새로운 재료와 아이디어를 활용한 맥주
- Proto Series  실험적인 맥주
- Stasis Project  배럴에 숙성한 맥주

Stasis Project 맥주는 워낙 사고 싶어 하는 사람들이 많아 바틀은 온라인으로 티켓을 선착순으로 구매해 매장에서 픽업하는 시스템을 갖출 정도다. 그 외 다양한 스타일의 맥주는 종종 캔 릴리즈 행사가 열리기도 한다.

바에 자리 잡은 사람들과 칠판으로 된 메뉴판

택시에서 내려 매장 근처를 살펴보니 주변은 조용하고 한적했지만 바틀 로직 브루잉만은 사람들로 북적였고, 매장 앞에는 푸드트럭 하나가 있었다. 아마 음식을 사가지고 들어가서 맥주와 함께 즐기는 시스템인 것 같았다.

매장 안으로 들어가니 나무톤의 인테리어가 깔끔한 인상을 주었다. 바 자리뿐 아니라 구석구석에 위치한 테이블에도 대부분의 사람들이 앉아 있었다. 바 옆의 유리창 너머로 양조 설비가 훤히 보여 구경하는 재미를 주었다. 책장 옆 테이블에 자리를 잡고 메뉴를 확인하러 바 쪽으로 갔다. 칠판에 적은 메뉴판은 맥주별로 게임 캐릭터 같은 그림이 그려진 것이 재밌었다. 맥주는 작은 사이즈와 일반 사이즈 두 가지로 주문할 수 있고, 계산하는 곳 앞에 종이가 있었다. 직원에게 펜을 달라고 요청하니, 맥주 이름을 부르면 자신이 체크할 테니 6가지를 불러달라고 했다. 다른 곳은 손님이 맥주 이름을 직접 쓰는 경우가 많은데, 이곳처럼 직원이 표시하면 주문 내역을 즉석에서 확인할 수 있어 오류를 줄일 수 있어 괜찮은 방법인 것 같았다. 다만 부족한 나의 영어 발음 때문에 맥주 이름을 부르는데 조금 애를 먹긴 했다.

우리는 캘리포니아 커먼 스타일 라거, 열대 과일이 들어간 세종, 뉴잉글랜드 IPA 2종, 웨스트 코스트 IPA, 그리고 대망의 펀더멘탈 옵저베이션Fundermental Obserbation, 이하F.O까지 6가지 맥주를 주문했다. 잠시 뒤 직원이 귀여운 트레이를 들고 자리로 왔고 '가벼운 맥주부터 무거운 맥주 순서로 배치했으니, 이쪽부터 시계 방향으로 맛보라'고 친절히 알려 주었다. 맥주의 온도와 전용잔, 그리고 맥주를 마시는 순서도 중요하게 생각하는 나에게, 직원의 이런 세심한 친절이 기분 좋게 느껴졌다.

바틀 로직 브루잉은 고도수의 배럴 숙성 맥주가 워낙 유명하다 보니, 다른 스타일은 상대적으로 주목받지 못하고 있다는 얘기를 들었는데, 실제로 마셔 보

6잔이 담긴 원형 모양의 트레이

바틀 로직의 명작,
펀터멘탈 옵저베이션

니 다른 스타일도 여지없이 맛있었다. 뉴잉글랜드 IPA도 트렌디한 매력이 있었
고 캘리포니아 커먼과 세종, 웨스트 코스트 IPA도 맥주 스타일의 특징이 충실
히 느껴졌다.

　마지막에 맛본 대망의 F.O는 소문대로 엄지손가락을 치켜들게 했다! 끈끈하
면서도 스르르 목으로 넘어가는 부드러운 질감이 있었으며 배럴에서 스며든 은
근한 나무 향과 바닐라 향, 진한 다크초콜릿 향과 맛까지 다채로운 맛이 조화를
이루었다. 무려 알코올 도수가 13.2%나 되지만 알코올 느낌을 잘 숨긴 편안한
맥주였다. F.O는 드래프트로 판매되지 않는 날도 있는데 이렇게 맛볼 수 있는
건 행운이었다.

　풀 사이즈로 F.O를 한 잔 더 마시면 이날 잠을 푹 잘 수 있을 것 같았지만, 더
강력한 맥주로 무장한 브루어리가 한 곳 더 남아 있어 자리에서 일어났다.

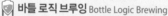 바틀 로직 브루잉 Bottle Logic Brewing
주소: 1072 N Armando St, Anaheim, CA 92806
홈페이지: http://bottlelogic.com
이건 꼭! 임페리얼 스타우트인 펀더멘탈 옵저베이션
(Fundermental Obserbation)

# The Bruery
## 더 브루어리

사실 더 브루어리는 애너하임 바로 옆 지역인 플라센티아에 위치해 있지만, 그리 멀지 않아 일정에 포함시켰다. 그런 이유로 애너하임에서의 마지막 방문지가 된 더 브루어리.

　일반적인 브루어리는 XXX 브루잉 컴퍼니Brewing Company, 또는 XXX 브루어리Brewery라고 이름을 짓는 경우가 많은데, 이곳은 그냥 The Bruery이다. 그 이유가 뭘까? 더 브루어리는 2008년 Partrick Rue에 의해 설립됐는데, 설립자의 성 'Rue'에 'Brewery'를 합쳐 The Bruery라고 지었다. '브루어리'라는 발음이 비슷하니 언어유희인 셈. 더 브루어리는 현재 별도의 이름을 가진 두 개의 예하 브랜드도 운영 중이다.

- 브루어리 테레Bruery Terreux　사워&와일드 맥주 전문
- 오프슛 비어 컴퍼니Offshoot Beer Company　호피한 맥주 전문

그렇다면 본진이라 할 수 있는 더 브루어리에서는 어떤 맥주를 만들고 있을까? 더 브루어리는 독하고, 강하고, 진한 맥주로 유명하다. 임페리얼 스타우트, 아메리칸 스트롱 에일, 올드 에일 등 알코올 도수 10%를 훌쩍 넘는, 심지어 20%까지 되는 것도 만들어 독특하고 자극적인 맥주를 원하는 마니아들을 사로잡고 있다. 강한 맥주를 지향한다는 점에서 포틀랜드의 헤어 오브더 독 브루

잉과 비슷한 특징을 가졌다고 볼 수 있다. 특히 배럴 숙성 맥주에 집중하고 있는데, 가장 보편적으로 사용하는 버번 배럴뿐만 아니라 럼, 데킬라, 스카치 위스키 등 다양한 종류의 배럴을 활용한다. 또한 백 가지에 달할 정도로 많은 맥주를 출시하고 있다. 이쯤 되면 새로운 맥주 만들기 달인 수준!

브루어리 테레와 마찬가지로 여행 전 한국에서 몇 가지 맥주를 미리 맛본 탓에 더욱 기대감을 안고 매장으로 들어갔다. 네모난 모양의 매장은 꽤 넓었고 테이블과 좌석도 많았으며 벽면에는 수십 개의 맥주 라벨이 액자에 담겨 전시되어 있었다. 더 브루어리 특유의 통일된 디자인도 무척 돋보였다. 매장의 가장자리에는 수십 개의 바틀이 진열되어 있었고 유리창 너머로 양조 설비도 보였다.

직접 계산대로 가서 주문하는 방식으로 모든 맥주는 테이스터 사이즈와 기본 사이즈로 판매했다. 종이 메뉴판에는 브루어리 테레와 마찬가지로 맥주 목록과 설명이 A4용지에 빼곡히 적혀 있었다. 테이스터 맥주를 고르는 종이에 절반 이상이 10%를 넘는 고도수의 맥주라는 점에 놀랐다! 총 10가지 맥주를 골고루 체크한 뒤 직원에게 제출해 두 세트의 플라이트를 받았다. 이렇게 많이 시

테이블이 많은 매장 내부

플라이트 주문 시 종이에
적어 제출한다

킬 수 있었던 이유는 전날 몽키쉬에서 만난 한국인과 만나기로 약속했기 때문
이다. 이번 여행 기간 동안 항상 아내와 둘이서만 맥주를 즐기다 셋이서 함께 맥
주를 마시니 색다른 느낌이었다. 새로운 이야기도 나눌 수 있고 무엇보다 다양
한 맥주를 마실 수 있지 않은가! 여행 중에 만난 이런 인연은 여행을 더욱 풍족
하고 즐겁게 해 준다.

　더 브루어리에서 꼭 마셔야 하는 맥주는 블랙 튜즈데이Black Tuesday. 1929년 뉴
욕증시 대폭락 사건을 검은 목요일10월24일. 검은 화요일10월29일이라고 부르는 데
서 따온 이름이다. 버번 배럴에 숙성한 맥주로 바닐라, 캐러멜, 건자두 등의 향
을 만끽할 수 있으며, 연도별로 조금씩 변화를 주어 출시하고 있다. 그중 16년
도에 만든 것은 알코올 도수 20.3%로, 요즘 나오는 소주보다 높은 도수의 강력
한 맥주다. 이곳에는 블랙 튜즈데이 외에도 Tuesday라는 단어를 활용한 맥주
가 더 있는데 So Happens It's Tuesday가 대표적이다. '때마침 화요일이네'
라는 뜻의 이 맥주는 말하자면 Black Tuesday의 동생 맥주다. 블랙 튜즈데이
와 마찬가지로 연도별로 출시하는 애니버서리 시리즈로 17년에 생산되었으며
14.7%의 도수를 가지고 있다. 배럴에서 오는 나무 향과, 초콜릿, 커피, 체리 맛
등이 다채롭게 느껴졌다.

　우리가 주문한 것 중 하나인 에뗑Etain도 이곳의 대표 맥주로, 이날 마신 맥주
중 가장 높은 도수인 16.3%이다. 2018년도에 만든 더 브루어리의 창립 10주

1 가지런히 진열된 병맥주
2 고도수 위주로 주문한 10잔의 맥주

년 기념 맥주이기도 하다. 오래 숙성하여 홉보다는 몰트 중심의 밸런스를 가진, 높은 도수의 맥주 스타일인 '올드 에일<sub>Old Ale</sub>'로 분류되는데, 이런 스타일의 맥주 중 최정상의 평가를 받고 있다. 건자두, 건포도, 캐러멜, 오크통 향, 바닐라, 코코넛, 커피 등의 맛이 복합적으로 느껴진다고 알려져 있다. 그러나 에뗑을 마실 때는 다른 강한 맥주들로 인해 미각을 많이 잃었던 모양인지 상세한 맛이 잘 기억이 나지 않는다. 그래도 분명히 기억하는 건, 소주에 가까운 도수라는 생각이 들지 않을 정도로 알코올 느낌이 강하지 않아 달콤하게 마셨다는 것이다. 다른 맥주도 높은 도수에 비해 편하게 마실 수 있었고, 결국 우리는 문 닫는 시간까지 자리를 지킨 마지막 손님이었다.

이번 여행을 돌이켜 생각하면 매일같이 IPA 등 호피한 맥주를 주로 마셨으나 이날은 브루어리 테레에서 사워 맥주로 시작해 바틀 로직 브루잉에서 F.O를 마시고, 더 브루어리에서 고도수 검정 맥주를 중점적으로 즐긴 하루였다. 이제는 한국에도 정식 수입되어 더 브루어리의 맥주를 즐길 수 있으니 그날의 추억을 떠올리고 싶을 때마다 한 번씩 맛볼 것 같다.

 더 브루어리 The Bruery
주소 717 Dunn Way, Placentia, CA 92870
홈페이지 https://www.thebruery.com
이건 꼭! 다양하게 맛볼 수 있는 플라이트

# Firestone Walker Brewing
## 파이어스톤 워커 브루잉

이곳은 샌디에고 여행을 모두 마친 뒤 방문했습니다. 여행 방문 순서대로
읽기 원하는 독자 분은 Course7 샌디에고 부분을 먼저 읽으시기 바랍니다.

마지막 일정이었던 샌디에고까지 맥주 산책을 모두 마치고 로스앤젤레스 국제
공항을 이용해 한국으로 돌아가기 전, 우리에게는 단 하루의 시간만이 남아 있
었다. 숙소가 공항 근처였기 때문에 샌디에고에서부터 숙소까지 이동하는 중간
에 여행 스팟을 들르기로 결정했다.

먼저 브런치를 먹을 겸 들른 솔라나 비치. 높고 푸르른 하늘과 따사롭게 내리
쬐는 햇빛이 매력적인 해변에서 마음을 정화한 뒤 브런치 맛집에서 든든하게
배를 채웠다. 다음 여행지는 솔라나 비치에서 차로 2시간을 달려 도착한 비버
리 힐스. 유명 스타들과 부호들이 살고 있는 초호화 주택가인 이곳을 드라이브
하며 구경한 뒤, 비버리 힐스 사인을 비롯해 핑크벽 등의 명소에서 사진을 찍으
며 즐거운 시간을 보냈다. 마지막으로 낭만적인 산타모나카 해변까지 산책하고
나니 여유 시간이 모두 흘러갔다. 우리는 숙소에 체크인한 후 마지막 맥주 산책
지인 '더 프로퍼게이터The Propagator'라는 글씨가 크게 쓰인 건물 앞에 도착했다. 유
명 브루어리인 파이어스톤 워커 브루잉의 베니스Venice 지점이다.

1996년 설립된 파이어스톤 워커는 설립자인 애덤 파이어스톤Adam Firestone과 데
이빗 워커David Walker의 이름을 따서 만들었다. 로고에는 캘리포니아 불곰과 사자

솔라나 비치의 맛집, Hide Away Cafe

가 그려져 있는데 불곰은 캘리포니아 출신인 애덤, 사자는 영국 출신인 데이빗을 상징한다. 파이어스톤 워커는 매년 가파르게 성장해 2014년에는 생산량이 미국 전체에서 16위를 차지할 정도가 되었으며, 2015년에는 듀벨 무어트가트Duvel Moortgat에 인수되었다. 대기업에 인수되었지만 다행히 크래프트 브루어리의 면모는 변함없이 유지하며 훌륭한 맥주를 꾸준히 출시하고 있다.

파이어스톤 워커의 맥주 라인업은 크게 3가지로 분류된다.

- **사자&곰 Lion & Bear**
  : 라거, 필스너, 페일에일, IPA 등 기본적인 스타일

- **빈티지 Vintage**
  : 임페리얼 스타우트, 발리와인 등 고도수의 진하고 깊은 스타일,
  오랜 기간 배럴에 숙성한 고급 콘셉트의 맥주로 연도를 표기해 출시한다.

- **배럴웍스 Barrelworks**
  : 일정 기간 배럴에 숙성한 아메리칸 와일드에일 위주의 사워 스타일

현재 3곳의 지점이 있다.

• **파소 로블스 Paso Robles**
: 2001년 이전한 핵심 메인 양조장. 사자&곰, 빈티지 라인업 생산

• **뷰엘톤 Buellton**
: 2012년 오픈한 배럴 전문 양조장. 배럴웍스 라인업 생산

• **베니스 Venice**
: 2016년 오픈한 실험(R&D) 양조장. 더 프로퍼게이터(The Propagator)라고 불린다.

파소 로블스와 뷰엘톤 지점은 여행객이 찾아가기 어려운 곳에 있으나 베니스 지점은 LA공항과 가까워 접근성이 좋아 미국에서 마지막 밤을 보낼 장소로 알맞은 곳이다. 게다가 실험 양조장이기 때문에 이곳에서만 마실 수 있는 다양한 맥주가 있다는 것도 멋진 포인트!

양조 설비 모양으로 된 테이블

논필터링 웨스트 코스트 IPA인
Gen-1

베니스 지점은 서로 마주보고 있는 두 건물을 모두 쓰고 있다. 한 곳은 기념품과 맥주를 판매하는 상점이고, 다른 한 곳은 레스토랑 겸 탭룸이다. 각종 의류와 맥주 상품이 가득한 상점을 먼저 둘러본 뒤 레스토랑 건물로 입장했다. 입구에 보이는 실험 양조장 설비가 벌써부터 마음을 설레게 했다. 직원의 안내를 받아 안쪽 자리로 향했는데 한참을 걸어야 할 정도로 규모가 컸다. 가장 재미있던 것은 양조 설비 모양의 테이블. 멀리서 보면 영락없이 양조 설비인데, 설비 위쪽으로 사람들 머리만 보이는 모습이 웃음을 자아내게 했다.

자리에 앉아 맥주 메뉴판을 보니 이곳에서 만든 실험작, 한정판, 배럴웍스, 빈티지까지 총 네 가지로 맥주가 분류되어 있었다. 모든 맥주는 작은 사이즈로 판매해, 네 가지 유형의 맥주를 골고루 맛보았다. 또한 레스토랑답게 많은 요리가 있어 식사를 위한 음식도 함께 주문했다. 처음 나온 맥주는 이곳에서 만든 실험 맥주. 가장 마음에 들었던 맥주는 Gen-1이라는 이름의 논필터링 웨스트 코스트 IPA. 열대 과일의 상큼달콤한 맛과 복숭아 향이 인상적이었다. 미국에서 돌아온 지 얼마 지나지 않아 우리나라에도 소량 수입되었는데, 한국에서 마셔도 여전히 맛있는 맥주였다.

이어서 등장한 한정판 맥주 3종과 배럴웍스 4종! 우리는 쉴 새 없이 맥주 시음을 이어 갔다. 메뉴판에는 맥주 제조 방법 및 맛에 대한 설명이 자세히 적혀 있어 도움이 되었다. 7가지 맥주를 마시고 이제 마지막으로 빈티지 맥주를 주문할 차례. 메뉴판에 있는 4종을 모두 주문했는데 그중 세 가지 맥주가 'Merkin'이라는 이름을 갖고 있었다. 가장 기본이 되는 벨벳 머킨Velvet Merkin은 7.8% 오트밀 스타우트로 귀리가 들어갔고, 벨벳이라는 이름답게 매끄러운 질감이 느껴졌다. 배럴에서 유래한 나무 향과 초콜릿, 바닐라의 단맛과 함께 커피의 신맛도 살짝 느껴지는 독특한 맥주였다. 몰레 머킨Mole Merkin은 멕시코 전통 요리인 몰레Mole에서 영감을 받은 맥주로, 벨벳 머킨을 베이스로 삼아 멕시코의 뿌야Puya고추와 카카오닙스를 넣었다고 한다. 고추에서 기대했던 빨간 색감은 보이지 않지만 은근히 매콤한 맛이 올라오는 것이 중독성이 있었다. 마지막으로 인도식 밀크티인 차이Chia 느낌을 재현하기 위해 향신료 등 각종 재료를 넣어 만든 차이 머킨Chai Merkin에서는 복합적이고 미묘한 향이 인상적이었다. 한 맥주를 베이스로 여러 가지 부재료를 사용해 각기 다른 매력의 맥주를 비교하며 마실 수 있는 점이 좋았다.

대부분의 사람이 매장을 떠날 때까지 오랜 시간 맥주를 즐겼는데 그러다 매장의 총 매니저와 이야기를 나누게 되었다. 가방에 있던 선물을 주니 매니저가 보답으로 희귀한 맥주를 주었다. 그가 한정판 맥주라며 자랑하던 이 맥주는 언

빈티지(Vintage) 맥주 4종

1 숙소에서 마실 맥주를 포장 중
2 선물로 받은 한정판 맥주, 언더커런츠

더커런츠UnderCurrants라는 맥주로 사워 맥주인 Agrestic을 1~3년 숙성해 블랜딩한 뒤, 블랙커런트를 첨가해 프렌치오크통에 4개월 숙성한 정성이 가득 든 맥주였다. 하지만 끝내 이 맥주는 맛보지 못했다. 한국에 가져가서 소중한 사람들과 함께 마시려고 했으나 다음 날 공항 출국 심사대에서 빼앗기고 말았다. 짐을 쌀 때 병맥주는 깨지지 않도록 옷으로 감쌌는데, 유독 꼼꼼히 감싼 나머지 빨래더미로 생각해 위탁수화물이 아닌 기내에 들고 탈 캐리어에 넣은 것이다. 심사대 직원이 내 캐리어의 짐을 하나씩 꺼내는 와중에 아무것도 걸릴 것이 없다고 생각했는데 맥주가 나오는 순간 깜짝 놀랐다. 심사대 직원에게도, 좋은 선물을 준 매니저에게도 미안한 마음이 들었다.

　어쨌든 매장에서 원 없이 맥주를 마시고 난 뒤, 숙소에서 마실 맥주를 캔으로 구입해 복귀했다. 파이어스톤 워커 베니스 지점, 더 프로퍼게이터. 미국 서부 맥주 산책의 마지막을 행복하게 장식한 곳이었다.

 파이어스톤 워커 브루잉 Firestone Walker Brewing
주소: 3205 Washington Blvd, Marina Del Rey, CA 90292
홈페이지: https://www.firestonebeer.com/visit/venice.php
이건 꼭! 메뉴판에 Limited release라고 표시된 맥주

# ★ 로스앤젤레스 투어리스트 ★

 볼거리

### 다운타운 Downtown Los Angeles

정부기관과 관공서, 박물관과 공연장, 백화점과 쇼핑몰 등이 밀집된 로스앤젤레스의 심장부. 번화한 거리마다 다양한 분위기를 느낄 수 있으며, 볼거리와 먹거리가 가득한 곳이다.

### 비버리 힐스 Beverly Hills

유명 스타들과 부호들이 사는 초호화 저택들이 모여 있는 고급 주택가. 비버리 힐스 지역을 드라이브하며 동네를 구경한 뒤, 비버리 힐스 사인에서 인증샷을 남기자.

### 할리우드 명예의 거리
Hollywood Walk of Fame

별모양의 바닥에 세계 스타들 이름이 새겨져 있는 거리. 아카데미 시상식이 열리는 돌비 극장, 할리우드 사인이 잘 보이는 대형 쇼핑몰 할리우드&하이랜드 등 다양한 관광 명소들이 모여 있다.

※**주차 팁**: 주차난이 심한 할리우드 명예의 거리 주변. 길거리에 있는 주차장보다는 할리우드&하이랜드 쇼핑몰 주차장에 주차하는 것을 추천한다. 쇼핑몰의 아무 매장에서 물건을 사면 2시간에 $3만 내면 되는 주차할인증을 받을 수 있다. 출차 시 주차정산기에 주차할인증을 넣어서 사용한다.

**그리피스 천문대** Griffith Observatory
그리피스 공원 내에 위치한 천문대로, 로스앤젤레스 시내를 한눈에 조망할 수 있으며 특히 야경이 멋지기로 유명하다.

 **먹거리**

**핑크스** Pink's

1939년 문을 연 미국에서 가장 유명한 핫도그 가게. 한국에서는 보기 힘든 비주얼의 핫도그를 맛볼 수 있다. 오래 기다리지 않으려면 점심시간이 되기 전에 방문하길 추천한다.

**북창동 순두부**

미국으로 이민 간 한국인이 1996년 시작한 순두부 전문점. 현재는 10개가 넘는 지점을 보유하고 있다. 음식으로 지친 한국 여행자에게 단비 같은 곳.

**에그슬럿** eggslut
현지인도 줄서서 먹는 맛집. 감자를 으깬 매시드 포테이토 위에 계란을 올려 빵에 발라 먹는 슬럿을 비롯, 각종 샌드위치를 판매한다. 여행객에게는 '그랜드 센트럴 마켓(Grand Central Market)' 지점이 방문하기 좋다.

SAN DIEGO

## COURSE 7
# 샌디에고
### 미국 서부 맥주를 발전시킨 발상지

# SAN DIEGO 샌디에고

샌디에고는 캘리포니아 최남단에 위치하여 멕시코 국경과 인접했다. 겨울에는 따뜻하고 여름에는 선선한 쾌적한 기후 덕에 휴양의 도시로 불린다. 스페인으로부터 독립한 멕시코 영토였지만 1848년 미국-멕시코 전쟁의 결과로 미국령이 되었다. 해군 군사 시설이 위치해 군 관련 산업이 경제의 큰 축을 이루고 있으며 생명공학, 관광, 수산물 가공업, 무역 등이 발달했다. 또한 미국 크래프트 맥주의 수도(America's Craft Beer Capital)라고 불릴 정도로 맥주 역시 유명하나. 뜨거움이 넘치는 이곳에서 맥주와 함께 열정을 불태우자.

## 🍺 맥주 산책로

1. **피자 포트 브루잉**: 해변가에 위치한 브루어리 겸 피자 전문점
2. **스톤 브루잉**: 미국 IPA 판매 1위를 기록한 IPA 최강자
3. **포트 브루잉/로스트 애비**: 벨기에식 맥주로 많은 팬을 거느린 곳
4. **툴박스 브루잉**: 아쉽지만 더 이상 만날 수 없는 브루어리
5. **그린플래쉬 브루잉**: 부활을 꿈꾸는 웨스트 코스트 IPA의 거장
6. **발라스트 포인트 브루잉**: 대중에게도 유명한 초대형 브루어리
7. **미켈러 브루잉 샌디에고**: 떠돌이 브루어리가 처음으로 정착한 곳
8. **에일스미스 브루잉**: 배럴 숙성 스타우트로 전 세계를 평정한 브루어리
9. **모던 타임즈 비어**: 가장 맛있는 커피 맥주를 맛볼 수 있는 곳
10. **발라스트 포인트 리틀 이태리**: 끊임없는 발전을 위한 실험 양조장
11. **해밀턴스 타번**: 70년 넘는 역사를 갖고 있는 샌디에고 1등 펍

※ 물결 표시한 부분은 거리가 많이 떨어져 있어 지도를 생략했습니다.

① 피자 포트 브루잉

칼즈배드

④ 툴박스 브루잉

③ 포트 브루잉/로스트 애비

샌마르코스

② 스톤 브루잉    에스콘디도

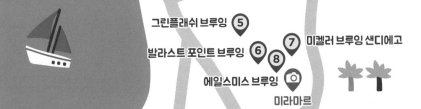

그린플래쉬 브루잉 ⑤

발라스트 포인트 브루잉 ⑥ ⑧    ⑦ 미켈러 브루잉 샌디에고

에일스미스 브루잉

미라마르

모던 타임즈 비어 ⑨

발라스트 포인트 리틀 이태리

⑩    발보아공원

샌디에고 국제공항

⑪ 해밀턴스 타번

# Pizza Port Brewing
## 피자 포트 브루잉

'LA 맥주 산책'을 마치고 마지막 지역인 샌디에고로 향하는 첫째 날. 캘리포니아의 푸른 하늘 아래 서쪽 해안도로를 따라 달리다 보니 어느새 첫 번째 목적지인 '칼즈배드Carlsbad'에 도착했다. 먼저 산책을 하기 위해 해변가를 들렀다. 넓은 모래사장과 바다 위에 펼쳐진 하늘은 새파란 물감을 풀어놓은 듯했다. 따스한 햇볕을 받으며 얼마 동안 산책하고 나니 허기진 배에서 신호를 보내기 시작했다. 우리가 선택한 식당은 바로 피자 포트. 피자 포트는 피자 가게이자, 브루어리이다.

칼즈배드 스테이트 비치

피자 가게로 보이는 매장 정면

칼즈베드 남쪽에는 해안가 마을인 솔라나 비치가 있는데, 볼거리 없던 이곳에 1987년경 한 남매가 피자 포트라는 이름으로 가게를 열었고 인기를 끌었다. 얼마 지나지 않아 홈브루잉을 즐기던 오빠가 가게 내부에 맥주를 양조할 공간을 만들었다. 단골에게만 나눠 주던 맥주가 호평을 받았고, 1992년부터 정식으로 맥주를 판매하면서 피자 포트 브루잉이 탄생했다. 이후 1997년 칼즈배드에 2호점을 오픈하고 꾸준히 성장하여 현재는 5개 매장과 한 개의 바틀샵을 갖고 있는 인기 브루어리이다.

칼즈배드점은 브루펍 매장과 바틀샵이 함께 있는 것이 장점이지만 아쉽게도 우리가 방문했을 때는 바틀샵 영업시간이 아니었다. 매장 안으로 들어서니 목조 형태의 커다란 공간이 펼쳐졌다. 고개를 좌우로 돌리지 않고 정면만 보면, 이곳은 틀림없는 피자 가게! 아이들과 함께 온 가족 손님이 많았고, 테이블에는 피자와 콜라가 곳곳에 놓여 있었다. 하지만 고개를 왼쪽으로 돌리면 영락없는 펍이다. 벽면에 수십 개의 탭핸들이 있고, 칠판에는 다양한 디자인의 맥주 라벨이 서로 경쟁하듯 붙어 있다.

아내는 피자를, 나는 맥주 주문을 맡기로 하고 코팅된 종이 메뉴판을 꼼꼼히 살펴보았다. 메뉴판에는 맥주별로 어느 지점에서 만든 맥주인지 표시한 것이 인상적이었다. 하지만 스타일별로 정리되어 있지 않아 설명을 꼼꼼히 읽어야 했다. 맥주 종류는 마시기 편하고 가벼운 라거류 및 웨스트 코스트 IPA가 상당 수를 차지했고, 가격은 파인트 한 잔당 7~8달러 정도였다. 직원에게 테이스팅 세트가 있냐고 물으니 4가지를 고르라면서 펜을 주었다. 우리가 선택한 4잔이 곧 아담한 맥주 트레이에 나왔다.

주문한 피자가 나오자 피맥 완성! 한국에서도 피자와 맥주의 조합은 자주 접하지만, 미국에서의 피맥은 왠지 특별할 것 같아서 기대됐다. 앗! 그러나 피자 맛은 솔직히 만족스럽지 못했다. 한국에서 흔히 먹는 배달 피자가 한 시간 정도 식은 맛이랄까. 피자와 달리 맥주 맛은 만족스러웠다. 해변가를 산책하며 따사로운 햇살을 쐬니 갈증이 나 음용성이 좋은 맥주가 당겼는데, 이를 말끔히 충족시켜 주었다. 신선한 홉 향과 적당한 정도의 쌉쌀한 맛으로 몇 잔이고 마실 수

맥주를 판매하는 매장 옆면

기대보다 별로였던 피자

있는 맥주였다. 특히 피자 포트의 대표이자 최초의 IPA인 스와미스Swami's는 매우 전형적인 웨스트 코스트 IPA로 소나무 향과 감귤 향이 느껴졌고 자글자글한 탄산감이 입안을 깔끔하게 씻어 주었다. '이래서 웨스트 코스트 IPA가 탄생했구나'라는 생각이 들 정도로 만족스러운 맥주였다. 피맥을 마친 뒤, 맥주를 마시지 않은 아내가 운전하여 체크인을 위해 숙소로 이동했다.

 **피자 포트 브루잉** Pizza Port Brewing
주소: 571 Carlsbad Village Dr, Carlsbad, CA 92008
홈페이지: https://www.pizzaport.com
이건 꼭! 웨스트 코스트 IPA인 스와미스(Swami's)

# Stone Brewing

## 스톤 브루잉

미국식 IPA는 현재의 크래프트 맥주 시장을 있게 한 대표적인 스타일이다. 대중적인 인기만큼 대부분의 양조장이 미국식 IPA를 하나 정도는 만들고 있다. 즉 미국에 미국식 IPA를 만드는 양조장은 셀 수 없이 많다는 뜻이다. 많고 많은 IPA 중에 미국식 IPA를 대표하는 맥주를 하나 꼽는다면? 바로 지금부터 소개할 스톤 브루잉의 IPA다.

1989년 음악을 통해 서로 처음 만난 그레그 쿡Greg Koch과 스티브 와그너Steve Wagner는 몇 년 뒤 한 맥주 강좌의 수강생으로 다시 만나게 된다. 둘은 크래프트 맥주에 대해 이야기를 나누다 의기투합해 1996년 샌마르

애러건트 배스터드 에일

코스에 브루어리를 연다. 첫 맥주인 페일에일은 앞서 방문한 피자 포트에 판매되었다고 한다. 이후 개업 1주년에 만든 스톤 IPA, 실수로 맥아를 과다하게 넣어 탄생한 애러건트 배스터드 에일Arrogant Bastard Ale 등이 히트를 치며 크게 성장한다. 2005년에 이르러 에스콘디도Escondido로 본점을 이전하고 여러 지점을 개설하면서 2014년에는 독일 베를린에도 양조장을 설립하고, 2018년에는 상하이에 직영 탭룸을 냈다. 이렇게 스톤 브루잉은 성장 속도가 빨라 샌디에고 비지니스 저널에서 '가장 빠르게 성장한 100대 기업'으로 선정됐다.

1 초대형 양조 설비
2 투어에 포함된 시음 맥주

우리는 숙소 체크인 뒤 짐을 풀 새도 없이 부리나케 스톤 브루잉으로 향했다.
4시에 브루어리 투어를 예약해 놓았기 때문! 한국에서도 즐겨 마실 정도로 스
톤의 맥주를 좋아하고, 맛있는 맥주가 어떻게 만들어지는지 궁금하여 꼭 투어
를 해 보고 싶었다. 투어 대기 장소에는 굿즈 숍이 있고, 다양한 디자인의 의류
와 맥주잔을 비롯해 잼, 보온병 등의 기념품을 판매했다. 마음에 들었던 티셔츠
를 눈도장 찍은 뒤, 투어 안내에 따라 이동했다.

양조장으로 통하는 문이 열리면서 투어가 시작되는데, 참가자 모두에게 묻지도 따지지도 않고 맥주부터 한 잔씩 준다. 시작하자마자 음주라니, 이 투어 마음에 든다! 본격적인 투어에 앞서 5분 정도 맥주 재료에 대한 설명이 시작된다. 이제 실제 양조 공간으로 이동할 차례. 들어서자마자 입이 떡 벌어지며 고개가 절로 위로 들렸다. 아파트 3층 높이보다 큰 탱크 수십 개가 양조 공간을 가득 채웠기 때문이다. 그동안 많은 브루어리 투어를 다녀봤지만 대기업을 제외하고 크래프트 브루어리에서 이 정도의 규모는 처음 보았는데, 미국에서 9번째로 큰 크래프트 브루어리다웠다. 발효와 숙성이 이루어지는 공간을 구경한 후 다른 건물로 이동했는데, 그곳에는 맥주를 분류하고 포장하는 시설이 있었다. 그 옆의 실험실도 창문 너머로 살짝 엿보았다. 이후 투어를 시작했던 곳에 도착하면 약 30~40분의 투어는 끝이 난다. 하지만 진짜 투어의 마무리는 맥주를 마시는 게 아니던가! 시작할 때 받았던 티켓을 제출하면 귀여운 맥주잔에 원하는 맥주를 받을 수 있고, 맥주잔도 가져갈 수 있다. 약 만 원$8의 금액으로 맥주잔도 받고, 시음도 두 잔이나 했으니 만족스러운 투어가 아닐 수 없다. 다만 내부 곳곳을 돌아다니는 것이 아니라 투어용 통로만 지나가면서 빠르게 설명하다 보니, 양조장을 꼼꼼히 둘러보고 싶은 사람에게는 조금 아쉬울 수도 있다.

투어가 끝나고 이제는 맥주를 제대로 즐길 시간! 현장에서 마시는 스톤 맥주

월드 비스트로 &
야외 공간

4가지 맥주가 나오는 플라이트

는 얼마나 맛있을지 기대됐다. '월드 비스트로 & 가든<sub>World Bistro & Gardens</sub>'이라는 이름의 레스토랑 겸 맥주 시음 공간으로 이동해 야외석에 앉았다. 드래프트는 약 30가지 정도로 생산한 지점별로 맥주를 구분했고, 우리가 방문한 에스콘디도 본점의 맥주가 가장 많이 보였다. 모든 맥주는 5, 10, 16온스 세 가지 크기로 판매해, 우리는 지정된 맥주 4가지를 주는 플라이트인 'Core Four'와 'IPA Flight' 두 세트를 주문했다.

한 번에 나온 8가지 맥주! 별도의 트레이는 없지만, 맥주 설명이 적혀 있는 종이가 테이블에 깔려 있었기에 지금 마시는 것이 어떤 맥주인지 확인할 수 있다. 한 모금씩 맛을 보고 느낀 점은, 역시 스톤은 강렬하다는 것! 스톤 특유의 진한 몰트 향과 강한 홉 향은 입안을 풍성하게 채워 주었다. 특히 IPA Flight에는 알코올 도수가 9%나 되는 높은 도수의 더블 IPA들이 있었는데, 기분이 좋은 나머지 급하게 마셔서 금세 취하는 느낌이 들었다. 특히 화창한 날씨와 휴양지 호텔 같은 야외석 분위기는 기분 좋게 취하도록 만들었다. 한참 취기가 올라오는 와중에 속을 채워 줄 푸짐한 음식이 나왔다. 음식이 왔으니 맥주를 추가 주문하는 것은 당연한 수순. 궁금했던 베를리너 바이세*를 주문했다. 베를리너 바이세의 본고장인 독일 베를린에서 미국 브루어리가 만든 지역 맥주라니, 참 인상적이다. 레몬과 멜론이 들어가 시큼함과 함께 은은한 달콤함이 느껴졌던 한 잔이었다.

아직 해가 지지 않은 시간이었지만 또 다른 맥주 명소가 남아 있기에 우리는 스톤 브루잉을 나와 다음 장소로 이동했다.

---

★ **베를리너 바이세(Berliner Weisse)**: 밀맥아가 사용된 독일 베를린 고유의 지역 맥주로 시큼한 산미가 특징. 도수는 3% 내외로 낮은 편에 속한다.

 스톤 브루잉 Stone Brewing
주소 1999 Citracado Parkway, Escondido, CA 92029
홈페이지 https://www.stonebrewing.com/visit/bistros/escondido
이건 꼭! 다양한 IPA를 맛볼 수 있는 IPA 플라이트

SAN DIEGO
★

# Port Brewing
# /The Lost Abbey

## 포트 브루잉/로스트 애비

이번에 도착한 곳은 포트 브루잉 앤 로스트 애비. 앞서 소개한 피자 포트 브루잉과 뭔가 이름이 비슷하지 않은가? 실제로 이곳은 피자 포트 브루잉과 관련이 있다. 피자 포트에서는 1997년 칼즈배드에 2호점을 내면서 1호점인 솔라나 비치 지점의 양조를 이어갈 톰 아서 Tomme Arthur 라는 사람을 고용한다. 톰 아서가 피자 포트 브루잉에서 10여 년 일한 뒤, 2006년에 독립하여 차린 브루어리가 바로 포

오픈된 형태의 양조 시설

트 브루잉! 피자 포트와 이름은 비슷하지만, 별개의 새로운 맥주 회사를 차린 것이다. 이후 벨기에 맥주에 관심이 많았던 그는 아예 벨기에 스타일의 맥주만을 위한 브랜드를 런칭하는데, 그것이 바로 '로스트 애비'이다. 그런데 포트 브루잉 맥주보다 로스트 애비의 맥주가 큰 인기를 얻어 지금은 로스트 애비의 인지도가 더 높은 상황이라고 한다. 이외에도 2018년에는 '홉 콘셉트The Hop Concept'라는 이름으로 호피한 맥주를 전문으로 하는 브랜드도 만들어서 운영하고 있다.

포트 브루잉 앤 로스트 애비는 The Tasting Room과 The Confessional이라는 이름의 두 개 지점이 있는데 우리가 방문한 The Tasting Room은 독특한 스토리가 있다. 바로 이곳이 스톤 브루잉의 첫 양조 공간이자, 피자 포트 브루잉의 양조장이기도 했다는 점! 이후 포트 브루잉이 창업하면서 이 공간을 이어받아 사용한 것이다. 지금 와서 생각해 보면 이날 피자 포트 브루잉, 스톤 브루잉, 그리고 포트 브루잉 앤 로스트 애비를 모두 방문하고 종착지로 이 양조장에 왔으니, 미서부 맥주의 역사를 되짚어 보는 시간이었던 셈이다.

활짝 문이 열린 건물에 들어가자 아담한 시음 공간이 보였고, 그 옆으로 다양한 설비가 보이는 양조 공간이 모습을 드러냈다. 다른 브루어리와 달리 양조 공간에 차단막이나 출입금지 표지판 없이 완전한 오픈 형태인 것이 마음에 들었

브랜드별로 모양이 다른 탭핸들

테이스터 잔으로 주문한 5종의 맥주

다. 한편에 진열된 티셔츠와 전용 잔을 구경한 뒤, 나무로 된 좌석에 자리를 잡았다. 맥주를 주문하기 위해 바 쪽으로 향하니 칠판에 적힌 메뉴판에 브랜드별로 맥주가 표시되어 있었다. 빨간색의 로스트 애비, 파란색의 포트 브루잉, 초록색의 홉 콘셉트. 메뉴판뿐 아니라 탭핸들의 모양도 브랜드 이미지를 제대로 활용했음을 알 수 있었다. 십자가 모양의 로스트 애비, 샌들 모양의 포트 브루잉, 홉 모양의 홉 콘셉트. 세 개의 브랜드를 철저히 구분해서 관리하는 것이 매력적이면서 재밌었다. 또한 모든 맥주를 테이스터 잔 사이즈로 판매해서 좋았다.

맥주 메뉴판을 천천히 살펴보니 로스트 애비의 맥주에 눈이 갔다. 헬레스, 브렛 세종, 향신료 넣은 세종, 듀벨, 쿼드루펠, 배럴에 숙성한 쿼드루펠과 스타우트, 레드와인에 숙성한 사워, 더 브루어리와 컬래버레이션한 맥주 등 정말 다양한 스타일의 맥주가 있었다! 이곳이 벨기에 맥주 스타일을 중심으로 사워, 와일드 에일 등의 맥주로 유명한 줄만 알았는데 예상외로 다양한 스타일의 맥주를 만들고 있었다.

주문하고 싶은 맥주는 많았지만 포트 브루잉의 IPA와 로스트 애비의 브렛 세

종, 배럴 숙성 임페리얼 스타우트를 주문했다. 포트 브루잉의
IPA는 로고 이미지대로 비치 샌들을 신고 바닷가를 거닐면서
마시기에 좋을 것 같은 음용성을 가지고 있었다. 로스트 애비의
브렛 세종은 브렛 특유의 쿰쿰함은 적당한 수준에서 절제되어
있고, 약간의 향신료 느낌이 전해지면서 홉에서 나오는 과일 풍
미가 잘 어우러지는 맥주였다. 질척한 부분이 전혀 없어 몇 잔
이고 마실 수 있을 것 같았다.

한정판 맥주인
케이블카

우리는 마시지 못했지만, 로스트 애비 맥주를 좋아하는 사람
은 베리타스Veritas, 케이블 카Cable Car 등 한정판 맥주가 유명하니 기
회가 되면 마셔 보길 권한다. 다만 베리타스는 소규모 프로젝
트 행사에서 대부분을 소비해 외부로 유통되지 않는 맥주라 일
반 소비자는 접하기 힘들다고 한다. 케이블 카는 연도별로 다
르게 제작되는데, 세 곳의 펍-토로나도Toronado, 브루베어스 카페Brouwer's Cafe, 처칠스
펍Churchill's Pub-을 위해서 만든 맥주이기 때문에 세 펍에서만 판매된다고 한다. 특
정 연도의 케이블 카는 굉장히 비싸기 때문에 쉽게 구매하기 어렵지만, 진정한
맥주 마니아라면 한번 도전해 보길 바란다.

🛡 포트 브루잉/로스트 애비 Port Brewing/The Lost Abbey
주소 155 Mata Way #104, San Marcos, CA 92069
홈페이지 http://lostabbey.com
이건 꼭! Specialty Beers로 표시된 맥주

# Toolbox Brewing
## 툴박스 브루잉

점심부터 시작한 맥주 산책의 마지막 장소는 상가 건물 1층에 깔끔한 외관이 돋보이는 툴박스 브루잉이다. 2014년에 문을 연 이곳은 독일 정통 스타일, 와일드 에일, 배럴 숙성 맥주 등 다양한 스타일의 맥주를 만들고 있다. 문을 연 지 오래되지 않았음에도 배럴에 숙성한 임페리얼 스타우트와 사워 맥주로 유명세를 얻고 있다.

매장에 들어서니 100개는 넘어 보이는 배럴이 가지런히 정리된 채 매장 곳곳에 있었다. 또한 갈색톤의 바닥과 나무로 된 테이블이 배럴 색과 비슷하여 묘

깔끔한 툴박스 브루잉의 외관

매장에 놓여 있는 배럴과 바의 모습

한 조화를 이루었다. 마치 배럴 숙성 창고에 있는 기분이랄까! 배럴이 놓인 공간 옆에는 은은한 조명이 비치는 바가 있고, 그 옆으로 생각보다 아담한 양조 설비가 보인다. 세련되면서 포근한 느낌을 주는 인테리어 덕에 좀 더 편안한 분위기에서 마실 수 있을 것 같았다.

바와 가까운 곳에 자리를 잡고 메뉴판을 보니 역시나 배럴 숙성 맥주들이 첫페이지를 장식했다. 테이스터taster 사이즈와 글라스glass 사이즈로 IPA, 사워, 스타우트 등 다양한 스타일의 맥주가 있었다. 우리는 테이스터 사이즈로 5잔을 주문했는데, 그중 기억에 남는 것은 역시나 고도수의 맥주였다.

첫 번째는 이퀼리브리엄Equilibrium. 바닐라빈을 부재료로 사용한 맥주를 위스키 버번 배럴에 2년간 숙성해 만든, 알코올 도수 13.8%의 임페리얼 스타우트였다. 곱고 부드러운 갈색 거품이 얹어진 짙은 검은색의 외관. 마셔 보니 그윽한 니무 향이 느껴졌으며 처음 마실 때는 초콜릿 단맛이, 마시고 나면 쌉쌀한 커피 향이 입안에 남았다. 두 번째 고도수 맥주는 이퀼리브리엄과 같은 도수인 13.8%의 트러플돔Truffledome. 역시나 임페리얼 스타우트이며 초콜릿과 라즈베리가 들어간 것이 특징이다. 잔당을 꽤 남겨서 끈적한 질감이 있었으며 달달한 느낌도 많이 느껴졌다. 두 맥주 모두 높은 도수임에도 입안에서 알코올의 독한 느낌이 거의 없어 부담 없이 마실 수 있었다. 달달한 임페리얼 스타우트를 좋아하는 사람에게 딱 맞는 맥주였다.

이날도 우리는 마지막까지 남은 손님이었다. 시계를 보니 어느덧 9시. 아쉬움을 뒤로하고 툴박스를 나왔다. 그런데... 며칠 뒤 한국에 돌아와서 확인한 툴박스 브루잉의 인스타그램에는 문을 닫는다는 슬픈 소식이 올라왔다. 우리가

테이스터 사이즈의 맥주

방문한 지 약 10일 정도 뒤에 문을 닫은 것이다. 자칫 조금이라도 여행 날짜가 늦었다면 방문하지 못했을 수도 있다. 샌디에고에 맥주 여행을 오는 사람들이 좀 더 많이 방문했으면 좋겠다고 생각한 곳이 폐업하다니, 꽤나 아쉬운 마음이 든다. 하지만 그나마 다행인 소식은 툴박스 브루잉에 있던 양조사가 중국의 한 브루어리로 가서 맥주를 만들고 있다는 것이다. 툴박스에서 보여 준 양조 실력을 그곳에서 더욱 멋지게 발휘하길 기대한다.

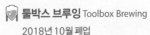

**툴박스 브루잉** Toolbox Brewing
2018년 10월 폐업

# Green Flash Brewing
### 그린플래쉬 브루잉

스톤, 로스트 애비, 툴박스 세 곳이 모여 있어 첫날의 투숙지로 삼았던 샌마르코스San Marcos를 떠나 남쪽에 있는 미라마Mirmar지역으로 향했다. 샌마르코스와 마찬가지로 미라마 인근에는 반드시 방문해야 할 곳이 모여 있어 미리 숙소를 예약해 두었다. 두 지역의 거리는 차로 30분밖에 걸리지 않아 운전에 대한 부담 없이 하루를 시작했다. 시간적 여유가 있는 여행자가 할 일은? 물론 쇼핑! 미국의 아울렛은 다양한 브랜드의 옷을 저렴하게 파는 것으로 유명하다. 한국에 비해 반값 정도에 옷을 구매할 수 있기에 놓칠 수 없는 기회. 동선에 있던 아울렛인 카멜 마운틴 플라자Carmel Mountain Plaza에서 슈핑하고 햄비기로 배를 채운 뒤, 첫 번째 목적지인 그린플래쉬 브루잉으로 이동했다.

깔끔한 분위기의 매장

크게 적혀 있는 맥주 메뉴

2002년 오픈한 그린플래쉬는 2017년 기준으로 미국에서 43번째로 큰 브루어리이다. 최근에는 트랜디하고 개성 넘치는 브루어리가 주목받다 보니 클래식한 느낌의 이곳은 상대적으로 인기가 덜하지만 여전히 큰 규모를 자랑한다. 이곳은 여느 크래프트 브루어리와 마찬가지로 실험적인 맥주, 한정판, 시즈널 맥주 등 다양한 스타일을 만들고 있다. 하지만 우리가 주목해야 할 맥주는 바로 '웨스트 코스트 IPA'! '그린플래쉬 하면 웨스트 코스트 IPA'라는 공식이 떠오를 정도로 웨스트 코스트 IPA 스타일의 전형을 세웠기 때문이다.

그린플래쉬 브루잉에 도착해 넓은 주차장에 차를 세운 후, 테이스팅 룸 안내 표지판을 따라 이동했다. 구불구불 좁은 복도를 지나니 탁 트인 테이스팅 룸이 나왔다. 바 쪽 벽에는 약 30여 가지 맥주 이름이 콘셉트에 따라 표시되어 있었다. 칠판에 제일 왼쪽에는 다양한 색상이지만 통일된 글씨체로 그린플래쉬의 기본 라인업 맥주가 적혀 있고, 가운데에는 실험 맥주 또는 소량 생산 맥주를 나타내는 그림을 그려 놓았다. 오른쪽에는 강렬한 빨간색 배경에 하얀 글씨가 쓰

웨스트 코스트 IPA 등 맥주 4종

인 메뉴판이 있는데, '알파인 비어 컴퍼니Alpine Beer Company'의 맥주들이었다. 알파인은 1999년 설립된 지역 양조장으로 2014년 그린플래쉬에서 인수해 운영하고 있다. 물론 인수한 뒤에도 알파인이라는 고유 브랜드와 라인업은 유지하고 있다.

맥주 주문을 어떻게 해야 하나 고민하던 차에 마음에 드는 것을 발견했다. 드래프트 안내판에 Full Pour 5.5달러, Half Pour 2.75달러, Taster 1.5달러라고 적혀 있었다. 일부 한정판을 제외하면 맥주 종류와 관계없이 기격도 동일하고, 모든 맥주를 테이스터 사이즈로 맛볼 수 있다! 네 가지 맥주를 테이스터 사이즈로 골라 나만의 테이스팅 세트가 완성됐다! 가장 기억에 남는 맥주는 역시나 그린플래쉬를 대표하는 맥주인 웨스트 코스트 IPA. 더블 IPA인 이 맥주는 오렌지색과 동색의 중간 정도 색상으로, 달콤한 열대 과일 향과 신선한 홉 향이 콧속을 기분 좋게 자극했다. 입안에 맥주를 머금어 보니 향긋한 꽃과 함께 소나무 느낌이 가득했다. 또한 더블 IPA답게 8.1% 도수와 95라는 높은 IBU를 가졌음에도 불구하고 한 모금 마시고 나면 입안에 알코올이나 홉의 쓴맛이 거의 남지 않아 깔끔했다. 홉의 맛과 향을 좋아하는 사람이라면 무더운 날씨에 몇 잔씩 마실 수 있는 맥주였다. 한편으로 그린플래쉬가 이전에 한국으로 수입될 당시 마셨던 것과 맛이 꽤 다르다고 생각했는데 아니나 다를까, 원래는 알코올 도수 7% 정도의 IPA를 2014년부터 도수를 높여 더블 IPA로 만들고 있다고 한다. 우리가 미국에서 이 맥주를 마실 때는 8.1% 버전이었는데, 최근에는 최초 레시피인 7% 버전으로 바꾸었고 현재 한국에도 수입되고 있다.

맥주를 즐길 수 있는 테이스팅 룸에는 커다란 맥주 설비와 오크통도 볼 수 있고, 기념품 가게와 맥주 포장 부스까지 함께 있어 둘러보는 재미가 있었다. 또한 건물 뒤편에는 캠핑장 분위기의 야외석도 있어서 잘 관리되고 있다는 것을 한눈에 알 수 있었다.

참고로 여행을 준비하면서 그린플래쉬의 배럴 숙성 전문 테이스팅 룸인 'Cellar 3'이라는 곳을 알게 되었으나 상당한 인기가 있었음에도 불구하고 경영난으로 인해 2018년에 문을 닫았다고 한다. Cellar 3뿐 아니

리뉴얼 된 웨스트
코스트 IPA

라 양조장도 폐쇄하고 직원도 줄일 정도로 브루어리 자체가 위기였던 것이다. 하지만 브랜드 로고와 라벨 디자인을 새롭게 변경하고, 2019년부터 맥주의 라인업도 정비하는 등 새로운 도약을 준비하고 있으니 응원의 마음을 전한다. 또한 그린플래쉬 맥주는 2013년부터 수입이 중단되었으나, 다시 수입되고 있으니 웨스트 코스트 IPA의 표본을 알기 위해서라도 꼭 마셔 보길 추천한다.

 그린플래쉬 브루잉 Green Flash Brewing
주소: 6550 Mira Mesa Blvd, San Diego, CA 92121
홈페이지: https://www.greenflashbrew.com
이건 꼭! 대표 맥주인 웨스트 코스트 IPA

SAN DIEGO

# Ballast Point Brewing
## 발라스트 포인트 브루잉

한국에 미국식 IPA를 널리 알린 맥주를 두 개만 꼽는다면? 많은 사람들이 로스트 코스트 브루어리의 '인디카 IPA'와 발라스트 포인트 브루잉의 '스컬핀 IPA'를 고를 것이다. 2011년 한국에 첫선을 보인 인디카 IPA는 미국 홉에 자몽이나 오렌지 같은 향이 강하게 드러나는 '아메리칸 IPA'라는 스타일을 국내에 소개하고 사람들의 흥미를 끄는 역할을 했다. 뒤이어 2013년에 수입된 스컬핀 IPA

복잡하고 정교한 맥주 설비

거대한 맥주 탱크

는 인디카 IPA보다 더 집중된 홉 풍미를 무기로 많은 맥주 애호가들을 낳았다. 이 맥주들은 수년이 지난 지금도 맥주 애호가로 입문하려는 사람들에게 소개하는 미국식 IPA의 교과서 같은 작품이다. 특히 스컬핀 IPA는 맥주 평가 사이트에서도 만점 가까운 평점을 유지하는 미국식 IPA의 대표 주자이다!

이러한 스컬핀 IPA를 만든 발라스트 포인트 브루잉. 미국 서부를 여행하면서 안 가 볼 수 없다. 이곳이 어떤 역사를 갖고 있는지 간단히 알아보자.

발라스트 포인트의 창립자는 홈브루잉을 해 오다가 1992년에 홈브루잉 재료를 판매하는 Home Brew Mart라는 가게를 연다. 그러다 1996년 가게 뒤에 작은 양조장을 만드는데, 그것이 바로 발라스트 포인트의 시작! '발라스트 포인트'라는 이름은 샌디에고 베이에 있는 등대 이름 혹은 과거 출항하던 배들의 균형을 잡아 주는 돌을 채취하던 역사적인 장소에서 따왔다고 한다. 또한 설립자가 낚시광이어서 이 양조장의 맥주 이름은 온통 물고기나 바다와 관련된 이름이다. 스컬핀 IPA는 2005년에 출시되어 대히트를 치면서 발라스트 포인트는 크게 성장한다. 2006년에는 스크립스 랜치Scripps Ranch 지역에 양조장을 짓고, 2013년에는 R&D 양조장 겸 레스토랑인 리틀 이태리 지점을 오픈, 2014년에는 우리가 방문한 미라마에 큰 양조장을 짓고 이곳을 본사로 두었다. 이후에는 미동부까지 진출해 버지니아주와 시카고에도 양조장을 건설하는 등 지금도 성장하

1 펍 공간에 위치한 바
2 테이스터 사이즈로 주문한 맥주

고 있다. 발라스트 포인트는 2016년 기준으로 미국에서 13번째로 큰 크래프트 브루어리일 정도의 규모지만 2015년 다국적 주류 기업인 콘스틸레이션Constellation Brands, Inc. 이 소유하여 크래프트 맥주 브루어리 명단에서는 빠진 상태이다.*

양조장 건물 정문으로 들어가는 길에 빨간색으로 칠해진 대형 양조 탱크들은 규모가 어마어마했다. 이곳에서 하루에 얼마나 많은 맥주가 생산되는지 궁

★ 2019년 12월 하이우드(Highwood)에 위치한 Kings & Convicts Brewing Co에게 인수되었다.

금했다. 건물에 들어서자마자 왼쪽에 있는 기념품 숍을 둘러보았다. 바로 이곳에서 브루어리 투어가 시작되기 때문. 4시 정각이 되니 기념품 숍 구석 문 앞에서 투어가 시작됐다. 가이드가 눈 보호대를 주었는데, 단단한 플라스틱 재질로 된 보호대를 쓰자 마치 맥주를 연구하는 사람이 된 것 같은 재밌는 모습이어서 아내와 서로 사진을 찍어 기념했다. 기다리던 투어 스타트! 전날 스톤 브루잉의 투어와는 어떻게 다를지 기대됐다.

발라스트 포인트의 맥주 투어는 짧은 동선으로 구석구석 다양한 설비를 볼 수 있었다. 큰 탱크 외에도 수백 개의 복잡하게 얽혀 있는 라인과 다양한 기계를 보니, 이곳이 맥주 양조장이 아니라 정밀 부품 생산 공장 같다는 느낌이 들었다. 다만 공장 내부를 둘러보는 것보다 가이드의 설명 위주로 진행된 점은 조금 아쉬웠다. 이제 기다리던 시음 시간. 공장 전체가 한눈에 보이는 건물 2층으로 올라가서 귀여운 작은 잔을 선물 받은 후 맥주를 시음했다. 우리가 고른 맥주는 파인애플 스컬핀 IPA. 스컬핀 IPA에서 파생된 맥주로 파인애플 외에도 다양한 버전으로 나오고 있다. 그레이프프루트자몽 스컬핀 IPA, 하바네로고추 스컬핀 IPA,

스컬핀 IPA의 마스코트인 독중개 코스터

알로하 IPA, 언필터드 스컬핀 IPA 등 종류도 참 다양하다.

시음을 끝으로 투어를 마친 뒤, 사람들이 모여 있는 바 쪽으로 향했다. 우리가 자리 잡은 바에는 대부분 스탠딩 테이블이었지만 좀 더 안쪽으로 가면 품격 있는 레스토랑 공간도 있다. 메뉴판을 확인하니 준비된 드래프트는 무려 30여 가지. 홉 중점 맥주, 사워, 가벼운 맥주, 몰티한 맥주, 배럴 숙성 맥주 등 스타일별로 분류되어 있었다. 한정판 맥주를 제외하고는 모든 맥주가 4온스에 2.5달러라는 착한 가격이었다. 우리는 시그니처 플라이트<sub>Signature Flight, 4잔 $8</sub>에 직접 고른 4잔을 더해 총 8잔을 주문했다. 독특한 맥주보다는 한국에도 수입되는 기본 라인업 위주로 골랐다. 맛이 어떻게 다른지 확인하고 싶었기 때문이다. 헤이지 IPA 스타일로 구아바 맛이 느껴진 알로하 스컬핀 IPA와, 여과되지 않은 질감과 달큰한 향이 느껴진 언필터드 스컬핀 IPA, 대부분 물고기가 라벨인 다른 맥주와 달리 전혀 다른 디자인을 갖고 있는 패덤 IPA 등 신선함을 가득 느낄 수 있는 맥주였다. 맛있는 맥주와 더불어 우리를 기분 좋게 한 것이 있는데, 그것은 바로 코스터! 스컬핀 IPA의 마스코트인 '독중개'라는 물고기 모양의 코스터는 희귀한 아이템이었다. 직원에게 코스터를 가져가도 되냐고 물으니 흔쾌히 수락하여, 몇 장을 챙겨와 기념품으로 소장했다.

떠오르는 신예 양조장과 트렌디한 양조장을 중심으로 여행 계획을 짰지만 미국 크래프트 맥주의 역사와 함께한 스톤 브루잉과 발라스트 포인트라는 고전적인 브루어리도 함께 방문할 수 있어 의미 있는 시간이었다.

 **발라스트 포인트 브루잉** Ballast Point Brewing
주소: 9045 Carroll Way, San Diego, CA 92121
홈페이지: https://www.ballastpoint.com
이건 꼭! 다양한 버전의 스컬핀 IPA

SAN DIEGO
★

# Mikkeller Brewing San Diego

## 미켈러 브루잉 샌디에고

지난 샌프란시스코 지점에 이어 샌디에고에서도 방문한 미켈러바. 샌디에고 지점은 다른 곳과는 다른 특별한 점이 있다. 앞서 언급했듯이 미켈러 브루잉은 자신의 양조장 없이 세계를 돌아다니며 맥주를 만드는 집시 브루잉으로 출발했다. 그러다 2016년 바로 이곳 샌디에고에 처음으로 자신의 브루어리를 차린 것이다. 물론 미켈러는 2017년 뉴욕에도 브루어리를 설립해 현재 두 곳의 브루어리를 갖고 있지만, 집시 브루어리가 처음으로 자신의 양조장을 갖게 되었다는

아담한 매장 내부

익살스러운 사진을
찍을 수 있는 포토존

점에서 샌디에고점은 의미가 크다. 다만 자신의 브루어리가 있는 지금도, 집시 브루잉 형태로도 맥주를 생산하고 있기에 미켈러 브루잉에 있어서 샌디에고 브루어리는 맥주 생산 방법의 한 가지 옵션인 셈이다.

미켈러 브루잉은 다른 유명 브루어리와 관련이 많다는 점도 흥미롭다. 미켈은 고등학교 교사 시절 방과 후에 두 명의 제자들에게 맥주 양조를 가르쳤는데, 이 둘이 결국 투올To øl이라는 브루어리를 차리게 된다. 또한 뉴욕 브루클린에 있는 이블 트윈Evil Twin이라는 유명 브루어리의 설립자가 미켈과 매우 사이가 안 좋은 것으로 알려진 쌍둥이 동생이다. 정말 재미있는 점은 미켈러, 투올, 이블 트윈이 모두 미켈러처럼 집시 브루어리라는 것. 이쯤 되면 무언가 알 수 없는 인연으로 이루어진 집시 브루어리들이라고 해야겠다. 다양한 이야깃거리가 있는 미켈러 브루잉의 샌디에고 지점에는 어떤 즐거움이 숨어 있을지 부푼 기대를 안고 미켈러로 향했다.

미켈러바는 상점들이 모여 있는 단층 상가 건물에 있다. 베이지색 타일로 꾸며진 입구는 평범한 간판 대신 동그란 모양의 브루어리 로고가 붙어 있는데, 로고 아랫부분에는 익숙한 대장간의 모루 그림이 보였다. 이것은 바로 에일스미스 브루잉의 로고! 왜 미켈러바 로고 안에 에일스미스의 로고가 있는 걸까? 정답은 이 공간이 바로 1995년에 에일스미스 브루잉이 시작된 곳이기 때문이다.

에일스미스가 근처로 확장 이전하자 미켈러 브루잉이 이 장소와 설비를 이어받은 것이다. 미켈러가 이 양조장을 인수한 2016년의 기사를 찾아보면 미켈러와 에일스미스가 오랫동안 끈끈한 관계를 맺고 있었기에 가능한 일이었다고 한다.

매장 내부는 생각보다 아담한 크기였다. 바 쪽에 있는 맥주 메뉴판을 보니, 준비된 맥주는 약 20가지. 모든 맥주가 작은 사이즈로도 판매했고 맥주를 적어서 제출하도록 펜과 종이가 준비되어 있어 나만의 테이스팅 세트를 만들 수 있었다. 다양한 스타일 중에 무엇을 마실지 고민한 끝에 우리는 뉴잉글랜드 IPA 2종과 임페리얼 스타우트 2종의 번호를 적어 직원에게 제출했다. 추가로 캐스크로 판매되는 뉴잉글랜드 IPA도 주문해 5잔의 맥주를 마셨다.

뉴잉글랜드 IPA는 쥬시하면서 홉의 신선함이 느껴지는 준수한 맛이었고, 임페리얼 스타우트가 인상적이었다. 위스키 배럴에 숙성시킨 알코올 도수 13% 맥주와 스카치 배럴에 숙성시킨 15% 도수의 맥주 모두 초콜릿 향과 달콤함이 묻어 있으면서 배럴에서 느껴지는 나무 향이 조화로워 완성도가 높다고 생각했다. 독특한 맥주로 많은 사람에게 영감을 주는 미켈러이기에 오히려 대중적인 스타일의 맥주는 큰 매력이 없지 않을까 걱정했으나, 스타일적 특징을 잘 보여

나만의 테이스팅 세트

미켈러 러닝 클럽의 운동복

주는 두 가지 맥주를 맛보니 괜한 걱정이었다.

맥주를 마시며 바 쪽을 둘러보니 의류 기념품들이 많았고, 그중 러닝 티셔츠가 눈에 띄었다. 미켈러 브루잉은 '미켈러 러닝 클럽'을 운영하는 것으로도 유명하다. 운동과 맥주를 결합해 하나의 문화를 만들어 내는 모습이 긍정적으로 다가왔다. 우리나라에서도 '요가와 맥주'처럼 운동과 맥주를 결합한 행사가 자주열리곤 하는데 술로 건강을 해치기만 하는 것이 아니라 건전하고 즐겁게 지속 가능한 방향으로 술 문화를 전환시키려 한다는 점이 인상적이었다.

매장을 둘러보던 중 낯익은 얼굴이 보였는데, 바로 발라스트 포인트 브루잉투어 중 시음 가이드를 한 직원이었다. 퇴근하고 맥주를 마시러 갈 계획이라고했는데… 역시나 전 세계 맥덕들은 시간과 순서는 달라도 결국엔 좋은 펍으로모이는 모양이다. 반갑게 악수를 나눈 후 우리는 다음 목적지로 이동하기 위해매장을 나왔다.

 **미켈러 브루잉 샌디에고** Mikkeller Brewing San Diego
주소: 9366 Cabot Dr, San Diego, CA 92126
홈페이지: http://www.mikkellersd.com
이건 꼭! 수시로 바뀌므로 자유롭게 선택

산 책 로 쉼 터

# 컬래버레이션

Collaboration

컬래버레이션은 사전적으로 '공동 작업, 협력, 합작' 등의 의미가 있다. 이 용어는 원래 패션 업계에서 디자이너 간의 공동 작업을 뜻했으나 요즘에는 다양한 분야에서 광범위하게 사용되고 있다. 최근에는 산업의 경계를 뛰어넘어 서로 관계가 없어 보이는 업종끼리 협업해 새로운 제품과 문화를 창조하는 일도 있다.

맥주 업계에서도 컬래버레이션레이션을 통해 기존에 없던 제품을 생산하며 서로 긍정적인 영향을 주고받는다. 특히 크래프트 맥주 업계에서는 상생과 협업을 중시하는 문화 덕분에 컬래버레이션을 자연스러운 업무 형태로 받아들이는 경우가 많다. 맥주에서 컬래버레이션 형태를 나눠 보면 다음과 같다.

첫째, 브루어들끼리의 컬래버레이션이다. 가장 빈번하게 이루어지는 형태로 한 양조장에 둘 이상의 브루어들이 모여서 협업한다. 서로 재료에 대한 이해와 양조 방식 등을 공유하며 지식이 전파된다는 장점이 있다. 브루어리들이 각자 다른 양조장에 소속된 경우 양조장과 양조장의 컬래버레이션이 이루어지기도 하는데, 각 회사가 가지고 있는 노하우를 습득하고 유통 채널을 공유해 판매가 촉진되는 효과도 있다. 또한 유명한 양조장과 상대적으로 덜 유명한 양조장이 컬래버레이션하여 덜 유명한 양조장이 알려지는 경우도 있다.

둘째, 맥주 업계가 아닌 로컬 업체와의 컬래버레이션이다. 로컬 업체를 통해 양조에 사용되는 재료를 공급받거나 디자인을 받는 등의 결과로 나타난다. 예를 들어 지역의 커피 로스터리 업체와 협업해 커피 맥주를 만드는 것은 물론, 도넛 업체와 협업해 도넛 재료가 들어간 맥주를 만드는 등 특이하고 다양한 재료를 사용할 수 있다는 장점이 있다.

포틀랜드의 부두 도넛과 컬래버레이션한 로그 에일즈(Logue Ales) 맥주

셋째, 펍이나 바틀샵 등 맥주 판매 업체와의 컬래버레이션이다. 주로 펍이나 바틀샵의 이름을 붙여 맥주를 출시하고 그곳에서만 판매하는 경우가 많다. 이 경우 양조장은 안정적인 판매처를 확보할 수 있고, 펍이나 바틀샵은 다른 곳에서 구할 수 없는 자신만의 상품을 가질 수 있다는 장점이 있다.

컬래버레이션한 맥주는 그 자체로 홍보 효과가 있다. 무엇보다 독특한 스토리를 가질 수 있다는 점은 맥주 마니아들을 열광하게 한다. 그러나 각자의 스케줄을 가지고 있는 사람들이 항상 같이 일하기는 어려워 일회성 양조에 그치는 경우가 많다. 또한 홍보 효과와 유통 채널 확보만 노리고 섣부르게 맥주를 만들어 맥주 자체의 퀄리티는 떨어지거나 기존 것과 차이가 없는 경우도 종종 있다.
그럼에도 불구하고 각기 다른 생각과 기술을 가진 사람들이 협업해 새로운 것을 만들어 내는 시도는 계속되었으면 한다. 국내에서도 멋진 시도들이 계속되길 바란다.

# AleSmith Brewing
## 에일스미스 브루잉

1995년 설립되어 유럽의 고전적인 맥주에서 영감을 얻는다는 콘셉트를 가진 곳, 창작이라는 관점에서 크래프트 맥주와 어울리는 '대장간'의 모루를 로고로 사용하는 곳, 에일스미스 브루잉. 아마도 대장장이를 뜻하는 blacksmith라는 단어를 인용해서 AleSmith라는 이름을 지은 게 아닐까 싶다. 이곳은 1998년 벨지안 골든 스트롱 스타일로 각종 대회에서 수상하며 이름을 알리기 시작했고, 2003년 배럴 숙성 스피드웨이 스타우트Barrel Aged Speedway Stout를 출시해 전 세계에 크게 히트를 쳤다. 이 맥주는 오랜 시간이 지난 지금까지도 세계 최고의 맥주 중

거대한 건물 내부 모습

1 건물 기둥에 탭핸들이 달려 있다
2 카페 같은 분위기의 공간

하나로 인정받고 있다. 지속적으로 성장한 에일스미스는 오픈 20주년인 2015
년, 기존 양조장을 닫고 멀지 않은 곳에 새 둥지를 튼다. 샌디에고에서 가장 큰
테이스팅 룸을 가진 최첨단 양조장을 연 것이다. 그때까지 사용하던 양조장은
앞서 언급했다시피 미켈러 브루잉에서 이어받았다.

미켈러 브루잉에서 우버를 타고 몇 분 만에 도착한 에일스미스 브루잉 건물
은 사방으로 밝은 불빛을 내뿜고 있었다. 매장 입구에 들어서니 각종 기념품과
투고To-go용 맥주를 파는 숍이 있었다. 숍은 나중에 둘러보기로 하고 테이스팅 룸
으로 먼저 발걸음을 옮겼다.

우와! 탄성이 절로 나오는 멋진 테이스팅 룸이 모습을 드러냈다. 쾌적해 보이

는 넓은 공간에 오크통으로 만든 테이블과 편안해 보이는 소파가 매장 곳곳에 있고, 넓은 바 좌석 뒤로는 양조 설비가 배경 역할을 했다. 우리는 야외석에 앉았는데, 파라솔이 그늘을 만들어 주는 공원 벤치 같은 분위기가 느껴졌기 때문이다. 야외석은 실내보다 왁자지껄 활기찼고, 끝 쪽에는 서너 대의 트럭들이 있는 푸드존이 보였다.

이제 궁금했던 맥주 메뉴판을 확인할 시간. 라거, 페일에일, 필스너, IPA 등의 연중 생산 맥주가 첫 페이지를 채웠다. 뒤 페이지에는 시즈널 및 스페셜 맥주가 보였고, 캐스크 맥주를 비롯해 다양한 스타일의 맥주도 눈에 띄었다. 메뉴판 아래에는 정해진 맥주 4종이 나오는 플라이트도 있었지만, 모든 맥주를 4온스의 작은 사이즈로 판매했기 때문에 직접 맥주를 골라 나만의 플라이트를 만드는 것이 더 좋을 듯했다.

첫 플라이트 주문을 위해 테이스팅 룸의 바 쪽으로 가니 커다란 기둥에 탭핸

각기 다른 커피가 들어간 스피드웨이 스타우트

들이 연결되어 있는 것이 인상적이었다. 또한 바가 좌우로 무척 길고 직원도 많아 에일스미스의 규모를 실감할 수 있었다. 손이 가는 대로 네 가지 맥주를 주문한 후 준비되는 동안 바에 놓인 가죽으로 된 묵직한 메뉴판을 열어 보니 배럴 숙성된 희귀한 바틀 맥주들이 자세하게 설명되어 있었다. 웬지 이 메뉴판의 바틀을 주문하려면 좀 더 많은 내공이 필요할 것 같았다. 푸드트럭에서 주문한 음식과 트레이에 담아 온 4종의 맥주를 밤바람을 쐬며 마시자 힐링 되는 느낌이었다.

맥주를 마시면서 내부를 좀 더 둘러보았다. 조용한 카페 분위기의 공간과 야구 기념품을 모아둔 전시관도 있었다. 구석에는 나무로 지어진 프라이빗 한 느낌의 공간이 있었는데, 개인 행사가 진행 중인 것 같아 문을 열어보지 않고 그냥 지나쳤다.

낮부터 맥주만 마셨기 때문일까. 음식을 금방 다 먹어버린 바람에 다른 푸드트럭에서 음식을 추가로 주문했다. 새로운 음식을 가져왔으니 새로운 마음으로 맥주를 주문하는 것이 인지상정. 이번 플라이트는 모두 검은색 맥주로만 골랐다! 각기 다른 커피를 사용해 만든 스피드웨이 스타우트 4종이었다.

자메이카 블루 마운틴 스피드웨이는 커피의 쓴맛이 강하지 않고 부드러운 향미의 원두 특징이 잘 담긴 깔끔한 맛이었다. 하와이안 스피드웨이는 블루 마운틴과 더불어 3대 커피로 꼽히는 코나 커피가 사용되었으며 코코넛과 바닐라가 첨가된 한정판 맥주다. 코나 커피의 산뜻한 신맛과 코코넛의 달달함이 조화롭게 느껴졌다. 베트남 커피 스피드웨이는 크림처럼 부드러운 질감이 입술을 감싸 주었으며, 4종의 스피드웨이 중 달콤함이 혀끝에 가장 오래 남았다. 마지막으로 옆 동네 브루어리인 모던 타임즈에서 로스팅한 커피를 사용한 스피드웨이는 시큼한 베리류와 나무 향이 떠오르는 맛이었다. 우리는 커피를 잘 알지 못해 '원두가 달라지면 맥주 맛도 달라지는구나' 정도 느꼈지만, 커피에 일가견이 있는 사람이라면 원두별로 맛이 어떻게 다른지 세심하게 비교할 수 있으리라. 스피드웨이 스타우트를 인터넷에 검색해 보니 무려 100가지가 넘는 변종이 있었다. 우리가 맛본 네 가지도 각각의 커피 특색이 잘 느껴졌는데, 100가지가 넘게 있다니! 이만하면 시중에서 구할 수 있는 커피는 전부 실험해 본 것은

비밀 공간의 안과 밖

아닐까? 이렇게 다양한 부재료로 미세한 맛의 차이를 만들어 내는 것이 크래프트 맥주를 만들고, 마시는 사람 모두에게 큰 재미를 주는 요소가 아닐까 싶다.

음식과 맥주를 모두 비운 뒤, 빈 잔만 있는 맥주 트레이를 바에 가져다주고 입구 쪽 상점을 둘러보았다. 여러 맥주 중 가장 희귀해 보이는 모던 타임즈 커피가 들어간 스피드웨이 스타우트 두 캔을 구매했다. 그런데 계산하는 직원이 여기에 숨겨진 비밀 장소가 있는데 가 봤냐고 하는 것이 아닌가? 우리가 어리둥

다양한 배럴에 숙성된 고도수 맥주

절한 표정으로 그런 게 있냐고 되묻자, 직원은 웃으며 매장 끝 구석에 닫혀 있
는 문을 열고 들어가 보라고 했다. 앗!! 그때 비로소 생각이 났다. 매장을 둘러볼
때, 행사가 진행 중인 것 같아서 열어 보지 않은 그 문이 그렇게도 가 보고 싶던
곳이라는 걸. 에일스미스를 다녀온 사람을 이 공간에 들른 사람과 그렇지 않은
사람으로 나눌 정도로 특별한 경험을 할 수 있는 숨겨진 곳! 여행을 준비하는
동안 반드시 가야 하는 필수 방문지라고 머릿속에 저장했으나 막상 도착해서는
잊어버린 것이다. 만약 직원의 말을 듣지 못했다면 이곳을 그냥 지나쳤을 것이
고, 우리는 아마 한국에 돌아와 땅을 치고 후회했으리라.

　'Hidden Bourbon Barrel Aged Beer Tasting Room'라는 이름처럼 그야
말로 숨겨진 공간으로, 이곳에서만 판매하는 희귀하고 독특한 배럴 숙성 맥주
를 마실 수 있다. 나무로 된 공간에 닫혀 있는 줄 알았던 문을 열면 안방 크기의
아담한 밀실이 나온다. 화려하고 활기찼던 바깥 분위기와는 전혀 다른, 중세시
대 지하 술 창고에 온 듯한 느낌이었다. 우리는 천만다행이라고 연신 이야기하

며 메뉴판을 살펴보았다. 글씨체마저도 고급스러워 보이는 메뉴판에는 럼, 위
스키, 와인, 데낄라 등 다양한 술을 담았던 배럴에 숙성한 맥주가 약 10가지 있
었다. 알코올 도수는 대부분 11~13% 정도로 1.5, 3, 6온스 세 가지 사이즈로
판매해 1.5온스로 여러 종류를 주문했다. 오늘이 아니면 이 맥주들을 다시는 맛
보지 못할 것 같았기 때문이다. 맥주 맛은 정말 강렬했다. 크래프트 맥주를 즐겨
마시는 사람도 이 맥주를 처음 맛본다면 맥주의 범주를 뛰어넘는다는 생각이
들지도 모른다. 배럴에 원래 담겨 있던 술의 풍미가 강하게 느껴지기 때문이다.
미국에서 만든 배럴 숙성 맥주는 버번 배럴을 많이 사용하는데, 같은 배럴을 사
용하면 결국 유사한 느낌을 공유하기 쉽다. 하지만 이렇게 다양한 원주原酒를 넣
었던 배럴을 사용하니, 느낄 수 있는 맛의 종류가 훨씬 많았다.

주문한 맥주를 천천히 마시고 있자니 마치 세계의 온갖 술을 모아 놓고 파티
를 하는 기분이었다. 외형은 똑같아 보이는 네 잔의 맥주가 저마다 독특한 특징
이 있어, 아직도 그곳에서의 여운이 남을 정도로 이번 여행 중 가장 인상적인 경
험으로 꼽을 만하다. 참고로 여행 후, 지인이 에일스미스에 방문한다고 해서 이
곳을 꼭 가 보라고 당부했지만 지인 역시 이 숨겨진 장소를 가지 못했다고 한다.
이 책을 읽는 독자들은 절대 이곳을 놓치지 말기를! 매장을 나가면서 숍 직원에
게 다시 한 번 감사 인사를 하고 에일스미스를 나와 숙소로 향했다.

에일스미스 브루잉 AleSmith Brewing
주소 9990 AleSmith Ct, San Diego, CA 92126
홈페이지 http://alesmith.com
이건 꼭! 다양한 버전의 스피드웨이 스타우트
여기서 꼭! 비밀의 방을 반드시 찾아 들어가자.

# Modern Times Beer

## 모던 타임즈 비어

우리는 샌디에고에서 총 3박을 했다. 지도상으로 구분하자면 위·가운데·아래 세 지역으로 나누어 각각 하루씩 지냈다. 오늘은 드디어 아래 지역에서 머무는 샌디에고에서의 마지막 날이다. 실질적인 샌디에고의 중심지는 이 지역이라고 할 수 있으며 관광객이 샌디에고에 오면 대부분의 시간을 보내는 곳이기도 하다. 우리도 오전에는 맥주 산책이 아닌 관광객 모드로 관광지를 둘러보았다.

먼저 방문한 샌디에고 동물원은 단순한 동물원이 아니라 발보아파크를 비롯해 여러 공원이 모인 공원복합단지 같은 곳이었다. 우리는 장미 정원을 시작으로 각종 푸드트럭, 로봇 행사, 전시 등 다양한 볼거리를 즐겼다.

공원을 도는 내내 마음이 편했는데 그 이유는 구글 지도에서 주차장을 검색해 무료 주차에 성공했기 때문이다. 미국을 차로 여행할 때 항상 골칫거리가 주차 문제이다. 잠시 미국에서 주차할 때의 꿀팁을 하나 전하자면, 구글 지도에서 parking으로 주차장을 검색한 뒤 지도를 '위성보기'로 설정하면 주차 공간이 어느 정도 되는지, 주차장과 목적지의 실제 이동 동선은 용이한지를 좀 더 명확하게 확인할 수 있다. 물론 로드뷰로 주차장 근처를 확인해 보는 것도 좋은 방법이다.

이어서 방문한 관광지는 샌디에고 서쪽 끝에 있는 카브릴로 국가 기념물Cabrillo National Monument. 차량당 20달러라는 입장료를 내야 했지만, 바다와 맞닿아 있는 멋진 뷰는 충분한 값어치를 했다. 알차게 관광을 마친 후 숙소에서 잠시 휴식을 취

발보아파크의정원

하고 오늘의 맥주 산책을 준비했다.

첫 번째 목적지는 모던 타임즈 비어. 여러분은 '모던 타임즈'라는 단어를 들으면 어떤 이미지가 먼저 떠오르는가? 아마도 산업화 시대를 풍자한 찰리 채플린의 영화가 떠오르는 사람이 많을 것이다. 하지만 이 양조장에서 의도한 '모던 타임즈'는 1851년 뉴욕 롱아일랜드Long Island라는 곳에 건설된 유토피아 공동체를 의미한다고 한다. 국가라는 개념 없이 구성원 개개인을 착취하지 않고 관습에 얽매이지 않는, 법이나 경찰 없이도 범죄가 발생하지 않는 즐겁고 이상적인 마을을 구상했던 것. 하지만 13년 뒤인 1864년 모던 타임즈 공동체는 해체되었고, 동네 이름은 현재의 브렌트우드Brentwood로 바뀌었다. 유토피아는 상상할 수 있으나 실제로는 잘 작동되지 않는 모양이다. 지금은 사라졌으나 이상적인 세계를 의미하는 '모던 타임즈'를 브루어리 이름으로 삼았고, 이 때문에 양조장에서 만든 맥주 이름에도 유토피아 신화에 등장하는 단어들이 종종 보인다. 2013년에 오픈한 모던 타임즈 비어는 풍미가 넘치는 맥주, 다양한 스타일의 맥주, 실험적인 맥주를 만드는 것을 모토로 삼는다. 하지만 이곳을 더욱 특별하게 해 주는 것은 바로 이것이다.

## "커피"

모던 타임즈에서는 맥주를 만들 뿐 아니라 커피 로스팅까지 직접 한다. 즉 브루어리이자 로스터리인 셈! 커피는 스타우트 계열 맥주에서 활용도가 높아 카페와 컬래버레이션해 맥주를 만드는 경우도 있는데, 이곳은 맥주와 커피 둘 다 다루는 것이다. 그 때문일까. 모던 타임즈는 매우 다양한 스타일의 맥주를 만들지만 그중에서도 커피를 활용해 만든 스타우트인 '블랙하우스'가 대표 맥주로 인식되고 있다.

겉으로 보면 낡아 보이는 건물의 문을 열고 들어가니 바로 앞에 커피를 판매

사람들로 가득찬 매장

1 여러 잔을 주문하면 나무 트레이에 나온다
2 커피 판매대와 기념품 숍

하는 곳이 보였다. 그곳에서 고개를 오른쪽으로 돌리면 맥주를 판매하는 바와
매장 가득한 사람들, 양조 설비까지 한눈에 들어온다. 칠판으로 된 세 개의 메뉴
판이 바에 걸려 있고, 칠판 하나당 10가지 정도의 맥주가 적혀 있으니 약 30가
지 드래프트가 있는 셈. 그중 두 개의 칠판에는 스페셜 맥주라고 적혀 있다. 대
여섯 가지의 연중 생산 맥주를 제외하면 소량 생산으로 다양한 맥주를 만드는
것을 알 수 있다.

정해진 플라이트도 있지만, 모든 맥주를 5온스로 판매해 원하는 맥주를 고를

수 있다. 그동안 방문했던 다른 매장과의 차이점은 종이에 적어서 전달하는 것
이 아니라 말로 주문한다는 점. 종이에 적는 방법이 익숙해져서 서툰 발음이 걱
정되었지만 용기 내어 직원에게 맥주 이름 4개를 불렀다. 잠시 뒤 투박한 나무
상자에 맥주 네 잔이 나와 들고 가려는데 직원이 잠시 기다리라고 한다. 그러더
니 다른 나무 상자에 맥주 세 잔이 더 나왔다. 아마도 내가 말한 네 개의 단어 중,
한 개를 플라이트로 주문한 것으로 이해한 모양이다. 주문한 것보다 많이 나왔
지만 뭐 어때! 더 많이 마시면 되지! 덕분에 첫 주문부터 맥주 7잔을 마주한 채
풍족하게 맥주 시음을 할 수 있었다. 역시나 페일에일과 IPA는 준수한 수준이
었다. 그리고 기대했던 블랙하우스 또한 만족스러웠다. 전문가가 즉석에서 내
려 주는 핸드드립 커피 같은 신선함과 오트밀로 인해 부드러운 질감이 느껴졌
다. 양조사 친구에게 커피는 산화에 취약해서 신선하게 마셔야 한다고 들은 적
이 있는데, 이곳에서 블랙하우스를 마신 후에야 왜 그런 이야기를 했는지 수긍
이 갔다.

맥줏집이자 카페인 만큼 커피도 맛봐야 후회하지 않을 것 같아 판매대 쪽으

브루어리에서 만든 라떼

로 갔다. 여느 카페와 다름없이 다양한 메뉴가 있었는데 그중 눈에 띈 것은 바로 '버번 배럴 숙성 커피'. 맥주를 좋아하는 사람이 이걸 안 마실 수 없지! 동시에 이 커피를 숙성시킨 배럴에 다시 맥주를 숙성시키면 어떤 맛이 될지 몹시 궁금해졌다. 실제로 최근 미국에서는 이런 엉뚱한 상상을 구현하며 다양한 맥주를 만드는 실험을 하고 있다. 예를 들어 버번 위스키 배럴에 임페리얼 스타우트를 숙성시키고, 이 배럴에 다시 핫소스를 숙성시키고, 또 다시 이 배럴에 세션 IPA를 숙성시키는 방법이다. 결과가 항상 좋을 수는 없지만 이런 실험을 통해 놀라운 맥주가 탄생하고 있다.

귀여운 하트 모양이 그려진 라떼 한 잔을 받아들고, 티셔츠와 전용 잔뿐만 아니라 커피 용품과 원두까지 판매하는 기념품점을 둘러보았다. 커피를 마시며 입안을 정돈했으니 마무리로 다시 눈여겨본 고도수 맥주 몇 잔을 더 주문했다.

커피와 아몬드를 넣고 버번 배럴에 숙성한 알코올 도수 12.6%짜리 스타우트와, 대표 맥주인 블랙하우스에 코코넛과 바닐라를 첨가한 11.3%의 스타우트가 눈앞에 놓였다. 기분 탓인지 커피를 한 잔 마셔서 그런지 또렷하게 느껴지는 커피 풍미가 다른 브루어리의 커피가 들어간 맥주와는 차원이 다른 느낌이었다. 커피를 좋아하는 사람이라면 모던 타임즈는 정말 큰 즐거움을 주리라 확신한다.

모던 **타임즈 비어** Modern Times Beer
주소 3725 Greenwood St, San Diego, CA 92110
홈페이지 http://www.moderntimesbeer.com
이건 꼭! 대표 맥주인 블랙하우스(Black House)

# Ballast Point Little Italy
## 발라스트 포인트 리틀 이태리

모던 타임즈에서 우버를 타고 도착한 동네는 샌디에고의 번화가인 리틀 이태리. 사실 샌디에고에서 제일 유명한 번화가는 '가스램프 쿼터'라는 지역이지만 그보다 약간 위쪽에 위치한 이곳은 보다 세련된 느낌이었다. 리틀 이태리의 도로 양쪽으로 음식점과 카페가 가득했는데, 동네 이름답게 곳곳에 이탈리아 음식점이 많았다. 거리를 조금 걷다가 익숙한 간판을 발견했다. 미켈러 브루잉의 캐릭터가 그려진 간판. 맥주 여행을 가는 곳마다 미켈러바는 자주 보게 된다. 그만큼 맥주 명소에 자리를 잘 잡고 있다는 의미이다.

미켈러바에서 좀 더 걸어서 목적지인 발라스트 포인트 리틀 이태리에 도착했다. 이미 다른 지점에서 공장 투어까지 했던 발라스트 포인트를 방문한 이유는? 이곳이 독특한 맥주를 만드는 R&D 지점이기 때문이다! 엄청난 규모로 맥주를 생산하는 발라스트 포인트에서 소규모로 만드는 실험적인 맥주는 어떨지 기대됐다.

단층 건물 내부에는 100명은 훌쩍 넘을 정도로 사람들이 가득했다. 매장 한편에는 아담한 크기의 양조 설비와 배럴이 있어 이 공간에서 실험 맥주가 만들어지고 있음을 알 수 있었다. 바 구석에 앉아 반갑게 맞아 주는 직원과 인사를 나눈 뒤 독특한 맥주를 추천해 달라고 부탁했다. 바쁜 상황에서도 메뉴판을 꼼꼼히 보며 추천 맥주에 별 표시를 해 주는 모습에서 프로페셔널한 면모를 엿볼 수 있었다.

1 실험 맥주를 생산하기 적합한 작은 양조 설비
2 길쭉한 형태의 매장 내부

    직원이 추천한 맥주는 7가지 과일이 들어간 사워, 벨지안 세종에서 느낄 수 있는 쿰쿰한 향이 도는 라거 등이었다. 그중 4가지를 골라 플라이트4온스 4종에 8달러로 주문했다. 실험 맥주답게 기존 것과는 다른 독특한 향과 맛이 느껴졌다. 그동안 맥주를 주문하면 메뉴판에 있는 설명을 보면서 마시곤 했으나 이번에는 시음하면서 무슨 재료를 사용했을까 추측하며 색다른 재미를 느껴 보았다.

    맥주를 마신 뒤 미처 확인하지 못한 매장의 다른 공간도 둘러보았다. 각종 모임이나 이벤트가 진행되는 공간인 케틀 룸Kettle Room도 보였고, 그 옆에는 맥주와 기념품을 판매하는 매장도 있었다. 매장의 한쪽 끝에는 작은 통로가 있는데, 별관이라고 부르는 게 적합할 정도의 커다란 시음 공간으로 이어졌다. 별관에도 사람들이 가득차 본관보다 훨씬 활기찬 분위기였다.

이번에는 배럴 숙성 맥주에 도전했다. 도수가 높은 편이라 4온스로 주문하기는 부담됐는데, 다행히 2온스 4종을 9달러로 주문할 수 있었다. 소비자 입장을 잘 이해한 플라이트가 갖춰져 있다는 점이 마음에 들었다. 종이로 된 메뉴판에 있는 맥주 이름에 동그라미 표시한 뒤 직원에게 전달하면 설레는 마음으로 기다리는 일만 남았다!

2온스보다 더 많이 따라 준 것으로 보이는 네 잔 중에 우리를 사로잡은 맥주가 있었다. 바로 화이트 와인 배럴에 숙성한 사워 웬치White Wine Barrel-Aged Sour Wench. 사워 웬치는 발라스트 포인트에서 만드는 다양한 사워 맥주에 붙이는 이름으로, 이 버전은 양조할 때 블랙베리를 넣고 화이트 와인 품종인 샤도네이 배럴과 소비뇽블랑 배럴에서 숙성시켰다고 한다. 혀끝을 감싸는 포도맛과 은근하게 퍼지는 나무의 풍미가 매력적이었다.

이곳을 방문하기 전에는 발라스트 포인트를 떠올리면 '소품종 대량 생산하

양손으로 능숙하게 맥주를 따르는 직원

배럴 숙성 맥주 4종 플라이트

는 대형 브루어리'라는 이미지가 강했다. 하지만 리틀 이태리 지점의 발라스트 포인트는 과감하고 실험적인 맥주도 꾸준히 연구하고 있어 색다른 매력을 갖고 있었다. 바라건대 발라스트 포인트의 이런 '크래프티'한 맥주도 국내에서 즐길 수 있으면 좋겠다.

**발라스트 포인트 리틀 이태리** Ballast Point Little Italy
주소 2215 India St, San Diego, CA 92101
홈페이지 https://www.ballastpoint.com/location/
ballast-point-little-italy
**이건 꼭! 배럴 숙성 맥주 4종 플라이트**

# Hamilton's Tavern
## 해밀턴스 타번

샌디에고에서의 마지막 방문지는 해밀턴스 타번. RateBeer에서 토로나도 펍Toronado San Diego, 샌프란시스코에서 방문했던 토로나도 펍의 샌디에고 지점과 더불어 샌디에고 평점 1위98점를 차지한 곳이다. 미서부 지역에 다양한 브루어리의 맥주를 선별해 제공하며 각종 수상 경력도 많은 펍이다. 아울러 75년 넘게 맥주와 와인을 판매하며 이 지역에서 가장 오래 영업 중인 역사적인 의미도 있다.

탭핸들이 가득한 천장과 축제 분위기의 매장

온 매장을 장식한 포스터

원래 이름은 Sparky's였으나 2006년 크래프트 맥주 전문점으로 탈바꿈하면서 해밀턴스 타번으로 바꾸었다. 그런데 이름을 바꾼 재미있는 이유가 있다. 해밀턴은 35년 넘게 거의 매일 이곳을 방문한 단골손님의 이름이다. Tavern은 주점, 선술집 정도의 의미이므로 '해밀턴네 술집'이 가게 이름인 셈이다. 일반적으로 대표의 이름을 붙이지만 오죽했으면 손님의 이름을 가게 명으로 정했을까? 한국에 돌아가면 펍 하나를 매일같이 들락거려서 언젠가 '학저비네 술집'도 하나 만들어졌음 좋겠다!^^

가정집들이 들어선 평범한 도로변에 있는 해밀턴스 타번. 조용하고 고즈넉한 도로 주변의 분위기와는 달리, 매장 안은 그야말로 축제 분위기였다. 자리가 부족해서 서 있는 사람들로 가득했고, 천장에는 수백 개의 탭핸들이 풍년을 맞은 열매처럼 주렁주렁 매달려 있었다. 벽면에는 수십 년은 돼 보이는 맥주 포스터와 각종 브랜드의 네온사인까지 걸려 있어 마치 작은 맥주 박물관에 와 있는 것 같았다. 화려한 분위기에 들뜬 마음을 가라앉힌 뒤 다시 가게를 천천히 둘러보는데, 그동안의 여행에서는 볼 수 없던 것이 보였다. 하늘색과 하얀색이 교차

된 독일 바이에른주의 깃발이 천장에 걸려 있고, 메뉴판에는 메르첸, 헬레스, 헤페바이젠, 쾰시, 고제 등 독일 스타일로 가득 채워져 있었다. 이 정도면 떠올릴 수밖에 없는 독일 축제!

**"옥토버페스트"**

그렇다. 우리가 방문한 날은 해밀턴스 타번에서 '옥토버페스트' 콘셉트로 자체 행사가 열렸다. 미국 크래프트 맥주의 유행이 오히려 독일과 같은 전통적인 맥주 강국에 영향을 주는 요즘이지만, 여전히 미국에서도 클래식 독일 맥주 스타일에 향수가 있는 모양이다. 직원에게 물으니 이날은 평상시의 드래프트가 아닌 독일 스타일의 맥주만 판매한다고 한다. 메뉴를 다시 보니 독일에서 수입한 맥주와 미국에서 만든 독일 스타일 맥주만 있었다. 물론 독일 맥주 스타일도 좋아하지만 한국에서도 상대적으로 접하기 쉽다 보니 희소성 측면에서도 그렇고, 이렇게 유명한 펍에서는 어떤 기준으로 탭리스트를 구성할지 궁금했는데 모든 탭이 독일 맥주라니… 살짝, 아니 꽤나 아쉬운 것이 사실이었다.

독일 맥주만 가득한 메뉴판

그렇다고 그냥 돌아갈 수는 없는 일! 시끌벅적하고 흥겨운 이 분위기를 즐기기로 결정했다. 크지 않은 내부는 테이블에서 마시거나 서서 혹은 주변을 돌아다니며 마시는 사람들까지 있었다. 자정이 다 되어가는 시간에도 사람들로 가득한 활기 속에서 좋은 에너지를 받는 기분이었다. 직원에게 미국 브루어리에서 만든 맥주 두 잔을 추천받아 주문했다. 앞서 두 곳의 방문지에서 맥주만 마시느라 식사를 제대로 못했기에 햄버거와 감자튀김 그리고 프레첼도 주문했다. 독일식 프레첼까지 메뉴에 있는 것을 보면 음식 또한 콘셉트를 맞춘 모양이다. 맥주와 음식을 천천히 즐기면서, 수다를 떨고 있는 사람들을 구경하니 샌디에고 사람들의 흥겨움을 느낄 수 있었다. 아울러 맥주 산책을 마치고 한국으로 돌아가야 하는 우리와 달리 이들은 마음만 먹으면 언제든지 이곳에 들러 원하는 맥주를 마실 수 있을 거라 생각하니 서글픈 느낌도 들었다. 원하던 맥주 스타일을 마실 수는 없었지만 분위기만큼은 잊지 못할 유쾌한 장소, 해밀턴스 타번. 다음 샌디에고 방문 때 우선적으로 방문하고 싶은 곳이다.

이날의 숙소는 해밀턴스 타번으로부터 걸어갈 수 있는 가까운 곳에 있었다. 돌아가는 길에 맥주 여행의 끝이 다가왔음을 실감했다. 즐거웠던 지난 시간을 뒤로하고 샌디에고에서의 마지막 밤을 보냈다.

🍺 **해밀턴스 타번** Hamilton's Tavern
주소: 1521 30th St, San Diego, CA 92102
홈페이지: http://www.hamiltonstavern.com
이건 꼭! 수시로 바뀌므로 추천받거나 자유롭게 선택

# ★ 샌디에고 투어리스트 ★

## 볼거리

### 발보아 공원 Balboa Park
16개 넘는 박물관을 비롯해 공연장, 정원, 산책로 및 샌디에고 동물원이 있는 초대형 복합 공원으로 다양한 이벤트와 행사가 열리는 샌디에고 문화의 중심지.

©Johan Erkki / Shutterstock.com

### 가스램프 쿼터
### Gaslamp Quarter
샌디에고의 역사 지구로 레스토랑과 상점, 유흥 장소가 밀집한 대표 관광지. 과거 노숙자가 모인 암흑 지대였지만, 1980년대 들어 도시 재개발이 진행되어 현대적인 모습으로 탈바꿈했다. 개발 당시 세워진 4개의 가스램프가 지역 명칭의 유래가 되었다.

©meunierd / Shutterstock.com

### 리틀 이태리 Little Italy
1906년 샌프란시스코 대지진으로 인해 많은 이탈리아인 어부들이 샌디에고로 이주했다. 1970년대 들어 지역 경제가 쇠퇴했으나 1996년 리틀 이태리 협회(Little Italy Association)가 형성되어 일대지구를 개선하면서 지역이 활성화됐다. 이탈리아 레스토랑과 골동품 상점, 갤러리, 광장 등이 밀집해 있다.

 **먹거리**

### 캘리포니아 부리또 California Burrito
샌디에고를 상징하는 음식 중 하나. 부리또 안에 감자튀김이
들어간 것이 특징이며 까르네 아사다(Carne Asada, 멕시코 요
리에 주로 사용되는 조각 형태의 숯불고기)와 아보카도 소스, 치즈
및 사워크림 등이 들어간 샌디에고식 멕시코 요리.

### 피쉬 타코 Fish Taco
고기 대신 대구살을 튀겨 넣은 타코. 샌디
에고와 국경이 맞닿은 멕시코의 바하 캘
리포니아에서 만들어진 것으로 샌디에고
에서 오랫동안 사랑받는 음식이다.

PREPARATION

## COURSE 8
# 맥주 산책 준비하기

인천공항에서 직항으로 갈 수 있는 도시는 시애틀, 샌프란시스코, 로스앤젤레스 세 곳이므로 여행 일정에 맞춰서 입국 및 출국 장소를 정하자. 여러 도시를 여행하는 경우 효율적인 여행 동선을 위해 In, Out 공항을 다르게 선택하는 것이 좋다. 또한 일정을 짤 때는 방문하려는 곳의 휴무를 꼼꼼히 확인하여 허탕하는 일이 없도록 하자.

### ❶ 1주일 추천 코스
❶ 시애틀+포틀랜드
❷ 로스앤젤레스+샌디에고

### ❷ 10일 추천 코스
❶ 시애틀+포틀랜드+샌프란시스코
❷ 샌프란시스코+로스앤젤레스+샌디에고

### ❸ 2주 추천 코스
❶ 시애틀+포틀랜드+샌프란시스코+로스앤젤레스+샌디에고

※ 필자가 다녀온 미국 서부 맥주 산책 일정 공유 (2018년)

〈1. 시애틀〉
**9/21(금)** : 9월 21일 18시 인천공항에서 출발, 9월 21일 12시 시애틀 공항 도착.
　　　　　시애틀 한 숙소에서 3박
**9/22(토)** : 시애틀
**9/23(일)** : 시애틀

〈2. 포틀랜드〉
**9/24(월)** : 시애틀에서 포틀랜드 행 볼트버스 탑승. 포틀랜드 한 숙소에서 3박
**9/25(화)** : 포틀랜드
**9/26(수)** : 포틀랜드

〈3. 포틀랜드 근교〉
**9/27(목)** : 포틀랜드 시내에서 렌터카 하루(24h) 대여 후, 포틀랜드 근교로 이동.
　　　　　포틀랜드 근교 1박

〈4. 샌프란시스코〉
**9/28(금)** : 포틀랜드 공항에서 렌터카 반납 후, 샌프란시스코 행 비행기 탑승. 샌프
　　　　　란시스코 한 숙소에서 3박
**9/29(토)** : 샌프란시스코
**9/30(일)** : 샌프란시스코

〈5. 로스앤젤레스〉
**10/1(월)** : 샌프란시스코 공항에서 로스앤젤레스 행 비행기 탑승. 로스앤젤레스 공
　　　　　항에서 렌터카 1주일 대여. 로스앤젤레스 코리아타운에서 1박

**10/2(화) :** 로스앤젤레스 남쪽 롱비치에서 1박
**10/3(수) :** 로스앤젤레스 동쪽 애너하임에서 1박

〈6. 샌디에고〉
**10/4(목) :** 샌디에고 위쪽 샌마르코스에서 1박
**10/5(금) :** 샌디에고 중간 미라마에서 1박
**10/6(토) :** 샌디에고 중심가에서 1박
**10/7(일) :** 로스앤젤레스 공항 근처에서 1박
**10/8(월) :** 로스앤젤레스 공항에서 렌터카 반납 후, 인천 행 비행기 탑승.

※ 이동 수단
• **인천↔미국 왕복 비행기:** 시애틀 In, 로스앤젤레스 Out. 미국 서부 항공권은 100만 원 초반 정도. 성수기 여부와 구매 시기에 따라 80만 원~200만 원까지 천차만별.
• **시애틀→포틀랜드 볼트버스:** 미리 티켓을 예약하면 $20 이하로 구입할 수 있다. 약 3시간 소요. 포틀랜드 여행편 참고.
• **포틀랜드→샌프란시스코 비행기:** 인당 약 10만 원
• **샌프란시스코 → 로스앤젤레스 비행기:** 인당 약 7만 원

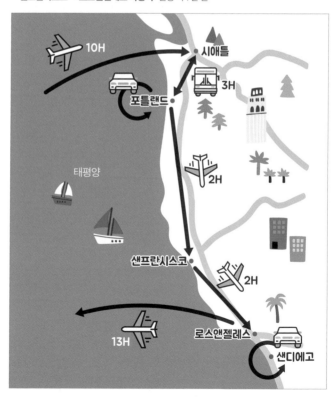

ESTA

여행 허가 비자로, 미국 입국을 위해 반드시 신청해야 한다(https://www.esta-org.com/kr/application). 90일 이내 체류한다는 것이 ESTA 조건 중 하나이므로 입국 심사 시 이를 증명하기 위해 왕복 항공권이 필요할 수도 있다. ESTA 신청서와 왕복 항공권을 휴대전화에 저장 및 출력해 간다.

숙소

호텔 예약 사이트를 통해 예약하는 것을 권장하며 에어비앤비를 이용하는 것도 추천한다. 숙소 예약 시 가장 고민해야 할 도시는 비싼 숙박료로 악명 높은 샌프란시스코. 상당히 허름한 숙소인데도 놀랄 정도로 비싼 경우가 많으니 최대한 심사숙고하여 예약하자.

렌터카

시애틀, 포틀랜드, 샌프란시스코의 경우 우버와 대중교통만으로 맥주 명소를 둘러보기 어렵지 않다. 하지만 로스앤젤레스와 샌디에고의 경우 주요 지점을 옮겨 다녀야 하기 때문에 렌터카 없이는 맥주 명소를 방문하기 어렵다. 렌터카 대여와 반납 모두 로스앤젤레스 공항에서 하는 것이 편하다. 내비게이션은 별도 신청할 필요 없이, 구글 지도의 길 찾기 기능을 사용하면 충분하다.

※국제면허증과 한국면허증을 반드시 챙기자. **주의할 점! 2019년 시행된 영문 운전면허증은 미국에서는 효력이 없으니 반드시 국제면허증을 발급받아야 한다.**

### [주유]

주유 시에는 무인기계에 신용카드를 이용해 셀프주유하면 된다. 기계를 다루기 어려울 땐 주유소 내 매점 직원에게 현금을 내고 주유기 번호를 얘기하는 것이 편하다. 예: 50 dollars on 3.(3번 주유기에 50달러치 넣어 주세요.)

### [주차]

길거리 주차 시 코인기계에 동전을 넣거나 신용카드로 금액 지불 후 영수증을 운전석에 올려놓는다. 가장 중요한 것은 보도블록 연석의 색깔. 연석이 하얀 곳에만 주차가 가능하며 빨간색 및 파란색에는 절대 주차하면 안 된다. 또한 관광지 등 밀집 지역외에는 코인기계가 없어 무료로 갓길 주차하는 것도 가능한데, 이때는 근처의 주차안내 표지판을 잘 확인해야 한다. 표지판에는 주차 가능한 요일 및 시간과 주차 가능한 최대 시간, 주차 금지 시간대 등이 표시되어 있으니 이를 반드시 지켜야 한다. 맥주 여행이 목적인 만큼 차량은 가급적 숙소에 세워 두는 것이 마음이 편할 것이다.

우버

맥주 여행이 아니더라도 미국 여행에서 우버는 필수. 세계적으로 저렴한 한국 교통비를 생각하면 비싸게 느껴질 수 있지만, 미국 교통비 기준으로 보면 가격도 상당히 합리적이다. 또한 미리 택시 가격을 확인할 수 있고, 기사들이 친절하고 등록된 신용카드에서 자동으로 결제되므로 편하다.

우버 외에도 후발주자인 리프트(Lyft)도 동일한 서비스를 제공하는데, 리프트의 가격이 조금 더 저렴한 경우가 많다. 구글 지도에서 길 찾기를 실행하면 우버와 리프트의 가격이 바로 비교되어 나타나고, 이를 클릭하면 앱이 자동으로 실행된다.

원활한 사용을 위해서는 미국 현지 전화번호가 필요하므로, 미국에 처음 도착하자마자 유심을 끼워 미국 번호를 얻은 뒤 우버와 리프트를 가입한다.

미국에서 사용할 유심을 한국에서 미리 구매해 놓자. 데이터 사용량과 기간에 따라 가격이 다양하니 자신에게 맞는 유심을 구매한다. 출국 당일 인천공항에서 수령할 수도 있지만, 택배로 미리 받는 것을 추천한다.

한국에서 은행 애플리케이션 등을 활용해 90% 환율우대를 받고 환전하자(굳이 서울역 환전센터로 갈 필요 없다). 또한 신용카드도 반드시 챙긴다.

미국에서는 110V 전압을 사용한다. 콘센트 모양이 다르니 여행용 멀티 어댑터(또는 돼지코)를 챙겨야 한다(멀티 콘센트도 챙기면 편하다. T형 3구 콘센트 추천). 휴대전화 충전기는 110v/220v 겸용이므로 멀티 어댑터만 꼽아서 사용하면 되지만, 헤어드라이기 등 각종 기기는 전압을 바꿔야 하거나 호환이 안 될 수도 있으므로 주의한다.

**맥주 평가 사이트**

레이트비어(RateBeer)와 비어어드보케이트(BeerAdvocate) 두 곳이 가장 유명한 맥주 평가 사이트이다. 맥주에 대한 평점을 볼 수 있을 뿐만 아니라, 지역별로 브루어리와 펍의 점수도 볼 수 있어 여행 목적지를 정할 때 유용하게 활용할 수 있다. 또한 언탭드(Untappd)는 두 곳과 달리 SNS 성격이 강한 서비스로 좀 더 가볍고 편하게 사용할 수 있다.

# 한국 입국 시 맥주 반입

한국으로 입국할 때 얼마나 많은 술을 가져 올 수 있는지 궁금해하는 경우가 많다. 흔히 입국 시 반입할 수 있는 술은 '1인당 1L 이하 1병($400 이하)'이라고 알려져 있으나 이는 반입 허용 수량이 아닌 '면세' 기준이다. 즉 입국 시 여러 병을 반입하는 것은 가능하며, 다만 1병을 제외한 나머지 병에 대해서 세금을 내야 한다. 그러면 과연 몇 병까지 반입이 가능할까? 세금만 낸다면 100병, 200병을 반입해도 되는 것인가? 필자가 일전에 관세청에 문의한 바로는 '자가 소비할 것으로 판단되는 합리적인 수량'에 한해서 반입이 가능하다는 답변을 받았다. 즉 정확한 숫자가 정해진 것이 아니고 세관장 또는 세관직원의 주관적인 판단이 들어간다는 의미이다.

그렇다면 세금을 낼 각오를 하고 맥주를 많이 반입하면 어떤 일이 벌어질까? 만약 한국 돈으로 1만 원짜리 11병을 구입하여 반입했다면 면세 1병을 제외한 10병, 즉 10만 원에 대한 세금을 내야 하므로 예상세액은 176,840원이다(자진신고 시 감면 받으므로 157,680원). 생각보다 훨씬 많은 금액을 세금으로 내야 한다. 다행히도(?) 맥주의 경우 다른 고가의 주류에 비해 가격이 저렴한 편이고, 여행객들이 기념품 및 선물 목적으로 흔히 사오는 물건이다 보니 세관의 재량으로 세금을 면제하거나 감면해 주는 경우가 종종 있다. 하지만 원칙적으로는 맥주의 경우 총 세금이 구입 금액의 176.848%(관세 30%, 주세 72%*, 교육세 30%, 부가세 10%)나 되기 때문에 상당한 부담이 된다. 그렇다고 세금을 피하기 위해 신고하지 않고 몰래 입국하다 적발되면 가산세까지 적용받아 세금 폭탄을 맞고, 잘못하면 블랙리스트에까지 오를 수 있으므로 절대 해서는 안 된다.

따라서 맛있는 맥주는 여행 현장에서 후회 없이 최대한 많이 마시길 바라며, 비싼 세금을 내더라도 꼭 한국에 가져올 가치가 있는 맥주만 선별해서 반입하길 권장한다. 그리고 반드시 세관신고서에 몇 병의 맥주가 있는지 적어서 세관직원의 확인을 받고 세금을 내도록 하자. 혹시나 세금을 감면해 주는 행운이 따를지도 모르니 마음속으로 간절히 기도해 본다.

* 2020년 1월 주세가 종가세에서 종량세로 바뀜에 따라 과세표준의 72%가 아닌 리터당 830원으로 변경되었습니다. 본문의 계산 금액은 2019년 기준임을 알립니다.

사 진 출 처

Course 1 미국 맥주 이야기

1. 미국 크래프트 맥주 역사

https://www.pilsnerurquell.com/
https://www.history.com/news/brewers-
under-prohibition-miller-coors-busch-
yuengling-pabst
https://en.wikipedia.org/wiki/New_Albion_
Brewing_Company
https://alesincomparison.wordpress.
com/2014/03/07/class-of-88-barleywine-
north-coast-rogue-deschutes/

2. 왜 미국 서부인가

https://en.wikipedia.org/wiki/West_Coast_
of_the_United_States

3. 웨스트 코스트 IPA VS 뉴잉글랜드 IPA

https://www.anchorbrewing.com/beer/
liberty_ale
https://sierranevada.com/wp-content/
uploads/2019/03/pale-ale.png
https://russianriverbrewing.com/brews/
year-round-beers/
https://www.stonebrewing.com/sites/
default/files/beer/primary/2018_ipa_
overview2.jpg
https://alchemistbeer.com/wp-content/
uploads/2019/06/can_heady_beer_
archive_02.jpg
https://www.treehousebrew.com/beers
https://beerandbrewing.com/social-
kitchen-and-brewery-brut-ipa-recipe/

Course 2 시애틀

산책로 쉼터

https://commons.wikimedia.org/wiki/
File:Brettanomyces_plate_04.JPG

https://untappd.com/b/gorilla-brewing-
company-king-kong-soju-barrel-aged-
imperial-stout/3045228

시애틀 투어리스트

먹거리 (해산물) : https://blog.naver.com/
leeyaesle/221693111839
교통 (우버, 리프트) : https://www.
portseattle.org/sea-tac/ground-
transportation/app-based-rideshare

Course 5 샌프란시스코

산책로 쉼터

https://www.anchorbrewing.com/
brewery/our_craft

샌프란시스코 투어리스트

먹거리 (슈퍼 두퍼 버거) : https://www.
instagram.com/p/B1_x-0BlclY/
대중교통 (뮤니모바일) : https://www.
sfmta.com/getting-around/muni/fares/
munimobile

Course 6 로스앤젤레스

로스앤젤레스 투어리스트

먹거리 (에그슬럿) : http://www.eggslut.
com/#gallery

Course 7 샌디에고

산책로 쉼터

https://www.rogue.com/stories/
introducing-voodoo-doughnut-mango-
astronaut-ale

샌디에고 투어리스트

먹거리 (캘리포니아 부리또) : https://www.
instagram.com/p/BehOnnoHQ6x/

미국 서부
맥주 산책